地方治理与社会政策创新研究

——基于杭州的经验分析

邵德兴 著

上海科学普及出版社

图书在版编目（CIP）数据

地方治理与社会政策创新研究：基于杭州的经验分析/邵德兴著.—上海：上海科学普及出版社，2016.12
ISBN 978-7-5427-6771-4

Ⅰ.①地…Ⅱ.①邵…Ⅲ.①地方政府—行政管理—研究—浙江省②地方政府—社会政策—研究—浙江省Ⅳ.①D625.55

中国版本图书馆CIP数据核字（2016）第219811号

责任编辑　吴隆庆

地方治理与社会政策创新研究
——基于杭州的经验分析
邵德兴　著
上海科学普及出版社出版发行
（上海中山北路832号　邮政编码200070）
http://www.pspsh.com

各地新华书店经销　上海龙兴印刷有限公司印刷
开本787×1092　1/16　印张12.5　字数258,000
2016年12月第1版　2016年12月第1次印刷

ISBN 978-7-5427-6771-4　　定价：43.00元
本书如有缺页、错装或坏损等严重质量问题
请向出版社联系调换

内 容 简 介

本书是基于杭州经验,对社会治理与社会政策创新问题的系列研究成果。

由于地方社会政策实践涵盖了养老、医疗、救助、社会保障等诸多领域,本书重点关注四个方面的社会政策,即养老服务政策、健康服务政策、社会救助政策和公共服务体制与激励机制。通过实地考察,对各项社会政策的形成背景、实施现状、存在的突出问题及其根源进行了较全面的分析,并提出了改进的政策建议。

本书注重理论与实践相结合,可供社会政策领域的大学生、研究生、研究人员、政策制定者和管理人员参考阅读。

导 论

一、改革开放以来我国地方治理的两个演进逻辑

与许多西方国家因全球化发展引发地方治理变革不同,我国地方治理有其自身特有的演进逻辑。改革开放以来,这种演进逻辑具体体现在:一是"先经后政"逻辑。改革开放初期,面对国内严峻的政治经济形势和"左"的意识形态禁锢,党的十一届三中全会确定了以经济建设为中心,实行改革开放的重大战略决策。通过中央向地方分权激发地方发展活力,通过政府向企业分权扩大企业自主权,通过引进、吸收国外先进技术和资金,实施出口导向为主的外向型经济等政策措施,我国经济取得了举世瞩目的发展成就。面对经济发展过程中逐渐产生的各种社会矛盾和社会问题,秉持"发展中出现的问题用发展的办法来解决"的理念,希望通过经济发展、做大"蛋糕"来逐步消除社会矛盾,促进社会公平公正。二是"先地方后中央"逻辑。根本上不同于苏联解体后的俄罗斯"休克疗法",我国实行的是渐进式改革道路,许多改革措施都是个别地方先行先试、政策创新,在取得成功经验后,再上升为国家政策并推向全国。然而,市场有其自身规律,经济政策并不能等同于社会政策,改革开放以来我国经济发展和积累的巨量财富,并难免没有完全消除城乡之间、地区之间发展的不平衡及不同群体之间的贫富差距,在实现财富的更加公平合理分配和社会公正方面仍存在一些问题。同时,地方制度创新和"先行先试"能否取得持久成效,避免"政策孤岛"现象,也面临着诸多体制困境。

二、社会政策创新是实现地方治理的有效途径

在当下我国,实现地方社会治理的新的有效途径是社会政策创新。其原因:一是新的政绩评价机制使然。地方政府从以往片面追求经济增长转向强调经济社会协调发展和地方治理,稳妥有效的社会政策创新已经成为彰显干部政绩的新指向,保障和改善民生成为驱动地方官员的基本任务。二是受益于地方自有资金。社会政策的制定和创新离不开地方财力支撑,而在分税制体制结构下,地方财政支出主要依靠地方自有资金加以保障,这使得经济发达地区政府比中西部经济欠发达地区有着更丰沛的自有资金加大公共服务及社会福利事业投入。三是解决社会矛盾的需要。随着我国社会进入转型期和社会矛盾凸显期,原有的社会治理模式已经不能满足新的社会内部发展需要,社会政策创新也成为弥合社会分歧、增进社会团结、扩大社会共识的必然选择。对于我国地区之间、城乡之间发展不平衡问题等,也都需要通过社会政策创新逐步加以解决。

问题是,在现阶段地方政府社会政策创新空间有多大?要回答这个问题有几点是明确的:第一,发展问题依旧是我国社会面临的主要问题。经济结构转型的阵痛,相当贫困人口的存在,中等收入陷阱的考验,以及不确定的外部经济环境等,决定了我国任何

社会问题的解决都必须以适度的经济发展为前提和基础，不能长期超越我国经济和社会发展水平，搞社会福利的"大跃进"或"洋跃进"。第二，地方财力有限，增收压力加较大。由于我国地区之间财力差距很大，而且普遍面临着严重的地方负债难题，尤其是，中西部许多地区长期处于"吃饭财政"状态，决定了当前我国多数地方政府不可能有充足的财力用于实行高福利、普适型的社会福利政策。第三，主要西方国家福利政策的实践表明，社会福利普遍具有刚性，只涨不跌且没有止境。福利政策的细微变动都可能挑动社会神经，引发社会动荡。因此，主要西方国家也在反思福利国家政策，逐步实施"发展性福利"。我国地方社会政策要适应地方经济社会发展水平，切不可落入福利陷阱。因此，地方政府社会政策创新也是有限度的。

三、浙江杭州社会政策创新经验的启示意义

作为我国经济较发达地区，浙江省特别是杭州市在地方治理和社会政策创新方面一直走在全国前列，许多创新经验在全国都具有一定的启示意义。在养老服务政策方面，如养老服务定价机制建设、农村居家养老服务模式探索、实施民办养老机构扶持政策等；在健康服务政策方面，如新型农村合作医疗制度模式探索、重视赤脚医生的历史作用、解决乡村医生社会保障问题、打造特色健康城市建设、推进卫生国际化战略等；在社会救助政策方面，如针对城乡困难群体实行的"四级救助圈"政策、解决农村"夹心层"生活品质问题、推进农村空巢老人帮扶服务机制建设及城乡弱势群体社会政策支持等；在政府公共服务体制与激励机制方面，如医疗卫生体制"四改联动"改革、医疗卫生大部制改革、新型农村合作医疗约束性指标落实政策以及政府管理与公共服务标准化改革等。截至2014年，由中央编译局比较政治与经济研究中心、中央党校世界政党比较研究中心和北京大学中国政府创新研究中心联合组织发起的七次我国地方政府创新奖优胜奖获奖名单中，来自我国东部地区11个省市的获奖42项，占总数的60%。其中，浙江省获奖数9项，占总数的12.86%。而且，在所有70项获奖项目中，与社区建设、民生福利、社会政策直接相关的获奖项目共37项，其中，东部地区26项，占其总数的70.27%。本书研究的问题主要是近年来，浙江省特别是杭州市在社会政策实践方面的一些探索和创新。关注和研究这些社会政策问题，不仅关乎本地民众福利及社会政策完善，而且对于我国其他地区也具有一定的启示意义。

目录
Contents

导 论 ··· 1

第一篇　养老服务政策

第一章　养老服务定价机制建设研究 ·· 5
一、养老服务定价的基础与类型 ··· 5
二、杭州养老服务供给现状 ··· 7
三、现有养老服务定价的问题与困难 ·· 9
四、推进养老服务定价机制建设的对策建议 ·· 12

第二章　农村居家养老服务模式研究 ·· 18
一、农村居家养老服务模式 ··· 18
二、农村居家养老服务存在的主要问题 ·· 25
三、推进农村居家养老服务发展的政策建议 ·· 27

第三章　民办养老机构扶持政策研究 ·· 29
一、杭州民办养老机构发展现状 ··· 29
二、民办养老机构发展面临的突出问题 ·· 32
三、支持民办养老机构发展的现行政策评估 ·· 33
四、发达国家和中国港台地区民办养老机构发展经验 ······································· 37
五、扶持民办养老机构健康发展的政策建议 ·· 40

第二篇　健康服务政策

第四章　新型农村合作医疗制度模式研究 ·· 51
一、新型农村合作医疗制度模式的形成背景 ·· 51
二、新型农村合作医疗制度模式的主要类型 ·· 53
三、新型农村合作医疗制度模式的实施现状 ·· 57
四、新型农村合作医疗制度模式的绩效比较分析 ··· 60

五、新型农村合作医疗制度模式面临的主要问题……………………66
　　六、完善新型农村合作医疗制度模式的主要措施………………………69

第五章　赤脚医生与农村合作医疗制度变迁……………………75
　　一、赤脚医生制度的由来………………………………………………75
　　二、赤脚医生的独特优势及其历史地位………………………………76
　　三、赤脚医生在新型农村合作医疗实施后面临的主要问题…………79
　　四、发挥赤脚医生在新型农村合作医疗制度中作用的政策建议……84

第六章　杭州打造特色健康品质之城研究……………………88
　　一、杭州打造特色健康品质之城的背景………………………………88
　　二、杭州打造特色健康品质之城的现状及存在问题…………………91
　　三、加快杭州特色健康品质之城建设的对策思路……………………93

第七章　推进卫生国际化重点及主要举措……………………97
　　一、卫生国际化发展的基本经验………………………………………97
　　二、杭州推进医疗卫生国际化战略的 SWOT 分析……………………101
　　三、杭州推进卫生国际化战略的重点领域……………………………104
　　四、杭州实施医疗卫生国际化战略的政策建议………………………105

第三篇　社会救助政策

第八章　城乡弱势群体社会政策支持研究……………………111
　　一、社会政策是支持城乡弱势群体的主要手段………………………111
　　二、杭州市弱势群体社会政策支持的现状与主要问题………………112
　　三、完善弱势群体社会政策支持的建议………………………………115

第九章　农村"夹心层"生活品质问题研究……………………118
　　一、杭州农村"夹心层"的规模…………………………………………118
　　二、杭州农村"夹心层"生活品质现状…………………………………121
　　三、杭州农村"夹心层"的产生根源……………………………………124
　　四、提高农村"夹心层"生活品质的政策建议…………………………125

第十章　农村空巢老人帮扶服务机制建设研究………………128
　　一、问题的提出与研究方法……………………………………………128

二、农村空巢老人帮扶服务现状分析 ……………………………………129
三、农村空巢老人帮扶服务机制存在的主要问题 ………………………135
四、推进农村空巢老人帮扶服务机制建设的政策建议 …………………138

第四篇 公共服务体制与激励机制

第十一章 促进政府公共服务创新研究 ……………………………………143
一、政府公共服务创新的内涵与基本趋势 ………………………………143
二、杭州创新政府公共服务的主要经验 …………………………………145
三、杭州创新政府公共服务面临的主要问题 ……………………………150
四、促进杭州政府公共服务创新的对策思考 ……………………………152

第十二章 新型农村合作医疗约束性指标问题研究 …………………………154
一、新型农村合作医疗覆盖率指标的含义 ………………………………154
二、新型农村合作医疗覆盖率指标的执行情况 …………………………155
三、影响新型农村合作医疗覆盖率指标的主要因素 ……………………161
四、完善新型农村合作医疗覆盖率考核指标的建议 ……………………162

第十三章 大部制与医疗卫生体制改革研究 …………………………………167
一、医疗卫生体制的结构及特点 …………………………………………167
二、杭州"四改联动"改革的主要成效及面临的问题 …………………170
三、影响杭州"四改联动"改革深化的主要根源 ………………………176
四、杭州深化医疗卫生体制改革的实践探索 ……………………………178
五、杭州推进卫生大部制改革的政策启示 ………………………………184

后 记 ……………………………………………………………………………187

第一篇

养老服务政策

第一章　养老服务定价机制建设研究

> 随着我国进入人口老龄化阶段，养老服务供求矛盾日益突出。为了应对人口老龄化挑战，各级政府、企业、非营利机构等都在积极探索各种养老服务供给模式，目前已初步形成了以居家养老为基础、社会服务为依托、机构养老为补充，服务方式多元化、投资主体多样化、居家养老服务普及化、服务队伍专业化，覆盖城乡的养老服务格局。然而，现阶段养老服务发展中也面临着一些突出问题。其中，养老服务定价机制问题已成为制约养老服务事业健康发展的瓶颈与关键。

一、养老服务定价的基础与类型

价格是价值的货币表现。一般来说，服务产品的价值量由三部分构成：一是服务过程中被消耗的燃料、物料、辅助材料及服务业固定资产的折旧费等；二是服务劳动者的必要劳动所创造的价值即维持劳动力生产和再生产所必需的生活资料的价值，它表现为服务劳动者的工资；三是劳动者的剩余劳动所创造的价值，它表现为服务部门的利润和税金。[1]

养老服务作为一种服务产品，其定价受到内外部诸多因素的影响。其中，内部因素主要指服务成本和经营目标。其中，服务成本包括地价、固定资产投入（建筑物、服务设施、维修费等）、企业经营成本（主要是员工工资）、税费和其他费用等。外部因素主要包括消费者、竞争市场和政策环境等。其中，消费者是指目标消费者所能接受的价格；竞争市场是指市场供求总量、直接与间接竞争对手的价格情况；政策环境是指各级政府对养老服务业发展的政策规定，它不仅影响养老服务供求关系的变化和市场竞争的格局，而且对养老服务成本与经营目标有着直接的影响，因而是养老服务定价的决定性因素。其作用关系如图1-1。

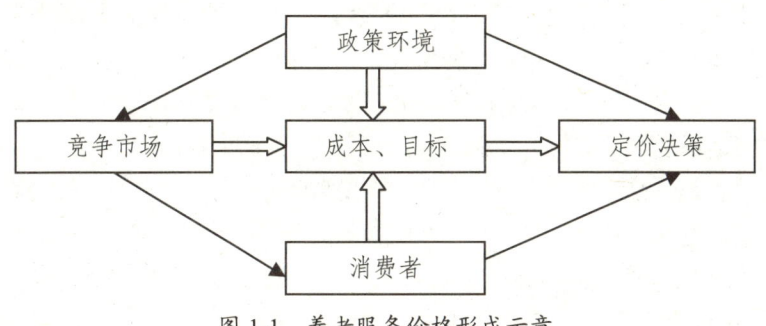

图1-1　养老服务价格形成示意

---

[1] 中国社科院财政与贸易经济研究所课题组：《中国服务业发展报告（五）——中国服务业体制改革与创新》，中国社会科学文献出版社，2007年。

根据公共经济学原理，养老服务是一种准公共产品，其消费既具有非竞争性、非排他性与集体消费等公共产品特征，又具有收费物品、个性消费等私人产品特征。因此，养老服务供给既可由政府直接提供并组织生产，也可政府提供而由社会中介机构、民间组织、慈善团体或私人企业组织生产，当然也可以完全由企业提供并组织生产，为消费者提供多层次的、个性化养老服务。

基于此，养老服务定价，根据其定价主体与经营目标，大致可分为两种基本类型：

1. 市场定价

目前，实行市场定价的养老服务，主要分两种情况：

一是纯民办养老机构，如"金色年华——中国·杭州金家岭退休生活中心"，就是由浙江省马寅初人口福利基金会立项、浙大云天房产公司投资、浙江银发事业发展中心建设并经营的营利性养老服务机构。作为国内首个集养生居住、休闲娱乐、旅游度假于一体，专为退休人士打造的多功能园林式生活社区，其定价实行市场定价，动态管理。

二是公建民营的街道养老机构，如上城区唯康老人公寓、在水一方益寿院、江干区松龄老人公寓、拱墅区爱心老人之家等，其定价也属于企业自主定价。按照杭州市政府相关政策规定，非营利性和营利性养老服务机构应开展自主经营，其收费标准可根据设施条件、服务项目等自主定价，并报物价、财政、民政等部门备案。[1]

2. 政府定价

目前政府定价决策主要有两种类型：

一是政府直接投资的机构养老服务。浙江省物价局颁发的《浙江省定价目录》规定，辖区内政府投资的养老机构普通服务项目，由市、县人民政府价格主管部门实行政府定价。[2] 由于受长期计划经济体制的影响，政府价格主管部门在进行定价决策时，除了审核福利机构的服务成本与经营状况外，往往更多地顾及公办养老机构的福利性与公益性，更多地顾及社会反应，导致公办养老机构定价普遍偏低，而且长期未作大的调整。

二是政府购买的居家养老服务。政府购买居家养老服务其服务对象主要面对空巢、独居、贫困、高龄老人，以及劳模、离休、老居干等特殊贡献老人；其服务定价主要参照市场家政服务业定价水平，即按照略低于家政服务单位小时平均价来确定的。如2004~2005年，家政服务平均定价水平为10元/时，居家养老服务定价为7元/时。从服务方式看，为了提升居家养老上门服务能力，提高服务质量，针对目前社会照料类服务如洗衣、买菜、做饭等市场发育尚不成熟的现状，在确定服务价格的基础上，通过公开招标确定具有一定服务规模和信息化支撑的居家养老服务实体，全面承接居家养老社会照料类上门服务工作。

---

[1]《中共杭州市委 杭州市人民政府关于加快推进养老服务事业发展的意见》（市委〔2010〕24号）。
[2] 浙江省物价局关于颁发《浙江省定价目录》的通知，浙价法〔2010〕239号。

二、杭州养老服务供给现状

1. 机构养老

机构养老是杭州市多元化养老服务体系的重要组成部分。所谓机构养老就是指依靠福利院、养老院、老年公寓、护理院、敬老院、托老所、星光老年之家、老年食堂、居家养老服务站等各类养老服务机构为老年人提供住宿、养护、康复、托管、文化娱乐、配送餐等服务。养老服务机构主要有三大类,即由各级政府举办的福利性养老服务机构、社会力量举办的非营利性养老服务机构和工商部门登记的营利性养老服务机构等。

近年来,随着杭州市经济社会发展,特别是政府对养老服务业政策扶持力度的加大,机构养老快速发展。据统计,截至 2010 年底,全市共有养老服务机构 217 家,养老床位总数达 26036 张,全市每百名老人拥有床位数达 2.23 张(表 1-1.)。

表 1-1 2010 年度全市养老机构概况表[1]

市县 (市、区)	养老机构数量(家)				床位分布情况(张)				
	总数	市区级	社会办	乡镇街道	总床位	市区级	社会办	乡镇街道	其他
上城	16	1	8	7	1078	100	726	152	100
下城	9	2	1	6	727	263		293	171
江干	12	1	7	4	1938	130	1584	204	20
拱墅	5	2		3	883	523		128	232
西湖	10	1	3	6	2721	300	1955	466	
滨江	4	1		3	282	100		168	14
萧山	30	2	3	25	4596	1845	320	2431	
余杭	24	1	5	18	2402	150	570	1597	85
桐庐	12	1		11	1421	200		1021	200
淳安	23	1	2	20	1361	157	145	1059	
建德	16	1	4	11	1676	130	320	1044	182
富阳	24	1	2	21	2078	20	331	1008	719
临安	26	1	1	24	2257	200	60	1726	271
开发区	1			1	8			8	
风景区	2		1	1	100		20	70	10
一福院	1	1			600	600			
二福院	1	1			450	450			
福利中心	1	1			1458	1458			
合计	217	19	37	161	26036	6626	6031	11375	2004
备注:养老机构统计包括 4 家关怀医院、其中市区级 2 家、社会办 2 家;床位数统计其他包含社区托老床位以及社会办关怀医院床位。									

---

[1] 杭州市民政局:《2010 年杭州市社会福利年度报告》,第 14 页。

从养老机构床位数地域分布来看,上城、下城、江干、拱墅、西湖、滨江六城区10245张(含市级养老机构床位2508张),占39%;萧山、余杭两城区6998张,占27%;桐庐、淳安、建德、富阳、临安五县市8793张,占34%。从养老机构类别来看,市、区县级养老机构19家,床位数6626张,占总床位数的25%;社会办养老机构37家,床位数6031张,占总床位数的23%;乡镇街道敬老院260家,床位数11375张,占总床位数的44%;其他床位数2004张,占总床位数的8%。

根据规划目标,到2012年,全市享受机构养老服务人数将达到老年人口总数的3%以上,社会办养老服务机构床位数占总床位数的比例力争达到50%,城市社区及50%以上农村社区建立居家养老服务网点(站)。到2015年,城乡社区居家养老服务网点(站)建设实现全覆盖,老年人普遍享受到居家养老服务,全市实现"9064"的养老格局,即老年人口中,以社区为依托、社会化服务为协助的自主居家养老占90%;享受政府购买服务的居家养老占6%;入住养老机构集中养老的占4%。[1]

2. 居家养老

居家养老是一种介于家庭养老和机构养老之间的新型养老模式。依托家政服务网、居家护理网、社区关爱网、电子监护和紧急救助网等构建社区居家养老服务体系是杭州市养老服务发展的主要形式。

据统计,到2010年底,全市共建成市、县(市、区)养老指导中心15个,乡镇(街道)养老服务中心180个;城市社区居家养老服务站670个,农村社区"星光老年之家"3201个。全市基本实现城乡社区居家养老服务全覆盖(表1-2)。

表1-2 社区居家养老服务体系建设[2]

区域	县(市、区)服务指导中心	街道、乡镇		社区		行政村	
		个数	养老服务中心	个数	居家养老服务站	个数	农村星光老年之家
上城	1	6	6	54	52	0	0
下城	1	8	8	72	71	0	0
江干	1	8	8	120	123	6	75
拱墅	1	10	10	92	54	0	34
西湖	1	11	6	132	79	49	137
滨江	1	3	3	28	26	15	32
萧山	1	28	25	158	35	411	472
余杭	1	20	21	136	134	188	291

---

[1] 《中共杭州市委 杭州市人民政府关于加快推进养老服务事业发展的意见》(市委〔2010〕24号)。
[2] 杭州市民政局:《2010年杭州市社会福利年度报告》,第18页。

区域	县(市、区)服务指导中心	街道、乡镇		社区		行政村	
		个数	养老服务中心	个数	居家养老服务站	个数	农村星光老年之家
桐庐	1	14	10	15	15	183	323
淳安	1	23	20	10	10	425	565
建德	1	16	11	24	22	232	284
富阳	1	25	25	23	23	276	615
临安	1	26	25	11	11	287	356
开发区	1	2	1	25	10	0	12
名胜区	1	1	1	6	5	9	5
合计	15	201	180	906	670	2081	3201

随着杭州居家养老服务工作的广泛开展，居家养老服务内容不断拓展，政府对居家养老服务的财政投入逐步扩大。据统计，2010年度，全市共有1.47万名老人享受到了政府的服务补贴，补贴资金达1979.482万元。

三、现有养老服务定价的问题与困难

1. 公办养老机构定价脱离成本补偿原则，制约养老机构良性运行

杭州市公办公营养老机构基本属于差额拨款事业单位，其建设和运营费用除了部分财政拨款外，其他需要自筹解决，所以也有一定经营压力，需要进行成本收益核算。但调查表明，目前杭州市公办养老机构的床位费、护理费普遍较低，定价脱离成本补偿原则，严重制约公办养老机构的良性运行。

以杭州市福利中心为例，据统计，2010年，市福利中心年总收入为1923万元，其中，市政府财政拨款217万元、床位费778万元、入住老人护理费576万元、老人食堂伙食费198万元、咨询费等其他收入154万元。年总支出为1920万元，其中，167位工作人员的工资支出572万元、食堂原材料等支出198万元、设备维修费17万元、水电气支出420万元、大楼装修改造等其他支出713万元。

从统计数据看，2010年，市福利中心经营状况尚可，收支相抵略有盈余。但是，这种表面"盈余"或"平衡"状态，是建立在土地划拨、大量财政补贴、不计建设与维护成本，以及降低服务人员福利待遇基础上的，在某种意义上也是以牺牲入住老人服务质量为前提的。即使这样，公办养老机构的经营压力依然巨大。

第一，收费标准长期偏低。从杭州市社会福利中心收费标准看，1999年一期开业到现在12年来，周边房地产的价格已经从每平米2000元左右提高到20000~25000元，整整提高了十倍，但其床位费、护理费基本未动，长期保持低水平。其中，单人间床位费从900元/月.床调整为1000元/月.床，双人间从550元/月.床提高到650元/月床；护

理费仅在2009年才调整了一次,增加了60元/月.人。目前,护理员工资每月仅1300~1400元,特护区护理员每月收入也只有1800~2000元,不仅大大低于医院护工收入水平,也普遍低于国内上海、苏州、广州等城市养老护理员收入水平。而同期,杭州市城乡居民收入水平、市场物价水平及市场家政服务人员工资水平都在大幅上涨。由于护理费标准过低、护工收入水平偏低,导致所有公办养老服务机构普遍面临着护工队伍招人难、留人难,高素质护工人才奇缺,整体素质偏低,这必然影响到养老服务行业的健康发展。一方面是申请入住的排队老人就有2000多人,想进而不可得;另一方面,由于护理人员不足导致部分床位空置,如特护区目前有80张床位仍然处于"空置"状态。

第二,依靠大量财政补贴。作为一家差额拨款的事业单位,杭州市社会福利中心除了享受土地划拨、税费全免的政策优惠外,政府每年还有大量投入。其中包括在编人员40%的人头费、专项经费和基建投入等。如,1999年一期工程,政府对基础设施投资就达1.6亿元,平均每个床位达15万元;2005年开业的二期工程,在总共3500万元投资中,政府投入达2000多万元;2010年,政府拨款达217万元;2011年政府在基建投资上财政拨款已达800多万元。如果离开了这些政府财政的支持将很难维持下去。随着时间的推移,各类设备更新、维修成本日趋增大,兼之社会物价持续增长,造成巨大的经营压力。

第三,牺牲服务质量和市场效率。由于护工收入过低,而护理费长期未作调整,为了保障护理人员基本收入水平,只能通过内部挖潜,增加护理人员照护人数。目前,特护区一般是1:7或者1:8,即一个护工要照护七至八名生活不能自理的特护老人,整天吃住在护理房中,基本没有休息日,工作压力可想而知。同时,由于政府定价无法准确反映公办养老服务机构的实际经营成本和市场供求关系的变化,导致公办养老机构难以根据市场需求变化适时调整其床位结构、服务内容与方式,提高服务效率。

2. 定价"双轨制"导致竞争不公平,制约民办养老服务机构健康发展

目前养老服务市场发展已经多元化,从经营模式看,既有公办公营、公办民营,也有民办民营或民办非企业式运营。按理说,除了享有全额政府拨款的公办公营养老服务机构,其他养老机构在服务定价上都应当准确反映其成本收益状况,以确保其生存与可持续发展。

然而,现实情况是,不仅公办公营养老机构长期定价偏低,脱离成本补偿原则,而且其他公办民营甚至纯民办养老机构的服务定价都没有准确反映其经营与成本收益状况,也没有对消费者的合理分层与养老服务市场多元化发展起到应有的导向作用。其原因是:

第一,目前养老服务市场上,公办养老机构居于竞争优势地位,民办养老机构没有定价话语权。因为公办养老机构不仅有财政支持,管理经营模式比较成熟,品牌的社会美誉度、公信度比较高,而且其设施与护理人员素质也比较高且收费便宜。相比而言,

民办养老机构不管其性质属于私营企业还是民办非企业单位的，其社会信誉度普遍较低，而且养老服务行业毕竟属于微利行业，成本回收时间长、利润水平低，加上政府引导支持力度有限，从而在很大程度上影响了民间资本投资积极性。从调查情况看，无论硬件设备还是软件管理，大多数民办养老机构都不占优势。这种情况下，民办养老机构即使享有定价自主权，但面临着提价与入住率的矛盾。所以，市场上的民办养老机构与公办养老机构定价，虽有一定差距，但差距并不大。

第二，公办养老机构的功能定位与入住人员收入结构明显错位。一方面，本应面向"三无"人员、孤寡老人、低收入人群、贫病残老人为主的公办养老机构，由于缺少严格的评价遴选机制或有差别的财政补贴机制，导致真正困难群体、社会弱势人群很难进入公办养老机构，或者难以承受其看起来已经较低的定价水平。另一方面，目前实际入住老人都属于自费寄养老人，家庭收入水平大多居于城镇中上等水平，甚至有许多属于高收入的离退休人群。他们本不必也不应享受过多的财政补贴，却在安享"社会主义优越性"。这势必带来新的社会不公平。同时，一些本应进公办养老机构的重度病残老人、贫困人群却阴错阳差地进入一些民办养老机构，而且他们本应享受的政策优惠却由于部门利益阻扰而迟迟不到位或被截留，从而极大地增加了民办养老机构的经营负担，挫伤其扩大经营积极性。显然，在目前这种混乱的定价体制下，由于政府定价低于市场定价且没有严格的门槛限制与评估，不仅导致公办养老机构"一床难求"，还给民办养老机构带来不平等竞争，部分民办养老机构入住率较低，经营比较困难。

3. 政府购买居家养老服务定价过低，居家养老服务中介难以培育

居家养老是最能满足老年人需要的养老方式，也是当前拓展养老服务市场，充分发挥社会力量参与养老服务的主要载体，各级党委、政府都对此十分重视。

目前城市居家养老服务已经广泛开展，但在发展过程中仍面临一些棘手的矛盾与问题，其中最大问题是居家养老服务定价偏低，普遍低于家政服务市场平均价，不利于居家养老服务实体的发展壮大。如目前杭州上城区政府购买居家养老服务的标准是15元/时，虽然比刚开始时的7元/时和11元/时已有所提高，但仍远远低于市场上家政服务业的收费标准。

如杭州最大的家政连锁企业"三替"集团从2010年4月1日起，其家政钟点服务收费标准就由2008年实行的18元/时调至25元/时，双休日和节假日的收费，调整为27元/小时。如果与家庭保姆或医院护工相比，差距就更大。医院的护工价格是按天计算的。如邵逸夫医院护工，2004~2005年是日均价格40元，后来几年就涨到50元、60元、70元。现在，每天普通病人的护理费为75元、手术病人80元、瘫痪病人85元，护理器官切开的病人则要100元/天。

当前，由于物价持续上涨，服务人员工资也水涨船高。因此，适时调整并适当提高政府购买居家养老服务价格已经势在必行。

4. 养老服务定价缺乏分级分类评定标准，定价权威性、公信度不高

目前在养老服务市场上，无论是政府定价还是市场定价，随意性都比较大，缺少科学的成本核算和质量评价体系，社会参与度与认可度不高，权威性与合法性不足，影响消费者的正常分流。

第一，养老服务定价缺少合理分级。不同层级、不同规模与服务质量的养老服务机构，其定价理应有所区别及档次差异。合理的分级定价不仅反映了养老服务机构的规模、管理服务水平、软硬件设施以及社会美誉度的差异，而且也是不同层次、不同需求消费者合理分流、各取所需的必然要求。但是，近年来，随着国家对养老机构达标评级活动的治理整顿，养老机构已经停止了分级评定工作，导致合理的分级定价也无从谈起。

第二，养老服务定价缺少科学的定价标准。目前许多公办养老机构都存在定价过低，不能反映成本补偿，不能与市场物价变动及相关服务行业定价接轨等问题。事实上，价格高低并不是问题本质。因为真正问题是，养老服务定价或调价的科学依据是什么？价格高低如何准确衡量？如养老服务定价与市场物价变动、职工最低工资调整、职工平均退休金水平之间是什么关系？政府定价的依据是什么？政府定价与市场定价是什么关系？养老机构的成本如何审核、谁来审核？总之，缺少一种合理的定价机制。

第三，养老服务定价缺少配套的制度安排。养老机构定价，不仅要合理反映企业或经营实体的成本收益状况，也需要考虑消费者的需求与承受能力，明确市场定位，考虑政府财政能力以及公办或民办养老机构的竞争状况等。这是一个系统工程。

四、推进养老服务定价机制建设的对策建议

1. 建立与公办养老服务机构资质相适应、动态调整的基本服务价格体系

第一，建立养老服务机构资质评价体系，对现行养老机构资质重新认定。2011年4月，杭州市出台了关于居家养老服务和养老机构服务规范的"两标准两办法"[1]，明确了养老机构服务标准和公办养老机构准入条件。但目前对于养老服务机构分级标准及其定价机制仍没有可资参照的政策依据，而这项工作却是推进养老服务定价机制建设的基础工作。目前，国内许多省市都已制定了养老服务分级评价与管理办法。2008年6月，南京市出台了《南京市老年人社会福利机构收费等级标准》，根据居室条件、公共设施、卫生条件和服务安全等四类评定指标，把养老服务机构定为一至四级，作为其定价的依据。2009年10月，青岛市民政局颁布了《青岛市养老服务机构等级管理办法（试行）》，把养老服务机构划分为二星级、三星级、四星级和五星级等四个级别，实行星级管理。

---

[1] 即《杭州市社区（村）居家养老服务标准（试行）》、《杭州市社区（村）居家养老服务需求评估办法（试行）》、《杭州市养老机构服务标准（试行）》和《杭州市公办养老机构准入评估办法（试行）》，杭民发[2011]50号。

星级越高表示养老服务机构的档次、服务质量越高，服务设施更加完备[1]。2011年8月，绍兴市发改委和市民政局联合出台了《绍兴市区养老服务机构收费管理办法》，规定市区内公办养老机构可在各项软硬件评估的基础上，按照规定的幅度确定不同的收费标准。该政策改革了原有收费制度，打破了"一刀切"的收费标准，增强了公办养老机构的经营活力，对养老机构提升硬件水平、提高管理能力、改进服务质量起到了极大的激励作用。[2]

第二，根据养老服务机构资质确定不同水平的养老服务收费标准。在评定养老服务机构资质的基础上，要根据其规模设施、管理服务和综合绩效等确定不同的收费标准，作为养老服务定价的基准；要适当拉开收费差距，通过价格杠杆和利益机制引导城乡老人入住社区养老机构养老。这既有利于减轻市级公办养老机构的排队压力，也有利于老人的身心健康。国际经验表明，老年人入住社区养老机构养老，有助于维系其原有居住模式、人际关系、家庭氛围和地域熟悉感，有助于老年人能就近、便捷地享受各种服务。因此，各县（市、区）政府和乡镇、街道要加大对社区养老服务机构的公共支持，在基础设施、人才资源的引进开发上加大财政投入，以便使老人都能在自己熟悉的社区享受到价格合理、质量可靠、方便可及的养老服务。

第三，根据养老机构区位条件与服务优势，给予其适当比例的价格弹性空间。在明确各级各类养老服务机构收费标准的同时，还要根据各级养老服务机构的区位条件、服务特色、功能配置、经营现状以及排队情况等确定其价格弹性系数，使各养老服务机构都能结合自身特点，因地制宜，发挥各自优势，充分地发挥价格杠杆作用，以便更好地满足广大老年居民的养老服务需求。

2. 强化公办养老机构的功能定位，服务定价要体现效率与公平的统一

第一，公办养老机构要明确功能定位，强化公益性，更多地向弱势人群倾斜。按照杭州市确立的"9064"养老服务格局，到2015年，入住养老机构集中养老的占4%。在养老服务机构中，既有福利性的公办养老机构，也有非营利性和营利性的其他养老机构。按照政策要求，政府举办的福利性养老服务机构的功能定位是重点解决"三无"人员、"五保"老人、有特色贡献者和困难家庭老人等的基本养老问题[3]，即公办养老机构不能以追求利润作为经营目的，必须坚持公益性原则。对于社会弱势人群要实行政策倾斜，不断加大财政补助力度。同时，也要改进财政补助方式，从"补助机构"转变为"补助到人"。

---

[1] 民政部 全国老龄办养老服务体系建设领导小组办公室编：《全国养老服务标准化文件汇编》，中国社会出版社2010年11月版。
[2] 《绍兴市区养老服务机构收费管理办法》，参见浙江省民政厅办公室编：《浙江民政信息》2011年第3期（总第20期）。
[3] 《中共杭州市委 杭州市人民政府关于加快推进养老服务事业发展的意见》（市委〔2010〕24号）。

第二，公办养老服务机构定价要坚持成本补偿原则，逐步与市场接轨。强调公办养老机构的公益性原则并不等于不讲效率、不讲成本核算、不需要经营管理。在明确公办养老机构功能定位的基础上，公办养老机构服务定价必须坚持成本补偿原则，逐步与市场接轨，使服务定价与市场保持动态平衡。因为，公办养老服务并不等于低价服务，低收入人群并不等于只能享受低质量的养老服务。为此，应加强护理员培训，提高其资质与服务水平，同时也要大力提高护理员待遇，增强护理职业的荣誉感与吸引力。就定价机制而言，无论公办民办养老机构都应体现与其资质等级相适应的基准服务价格。随着市场物价的变化、人力成本的增加及管理服务质量的提升，公办养老机构的定价也要相应地调整，以体现服务成本的投入现状，实现经营的可持续发展。

第三，要改革公办养老机构财政补助方式，实行差别化补贴政策。由于前些年公办养老机构缺少严格的入住老人需求评估，政策掌握不严，公办养老机构有意无意地吸收了大量中高收入老人，而真正贫困的、需要福利性养老机构照护的失能半失能老人却由于种种原因而未能入住，导致公共财政"逆补助"现象，造成了明显的社会不公。同时，也使民办养老机构发展受到不公平竞争的困扰。因此，对公办养老机构的财政补贴必须严格需求评估。除了保证前期的建设性投入以及日常的人头费、维修费、设备更新等专项投入外，对于入住老人的政策性补贴，不能按照入住老人总数进行平均给付，而必须实行差异化补贴政策，即收入低的多补，收入高的少补或不补。

3. 大力发展民办养老服务事业，实行同质同价，政府补贴到人

第一，探索和创新养老服务模式，鼓励公办民营连锁式经营。为了有效应对人口老龄化、高龄化挑战，必须改革现行养老服务体制。政府要积极培育养老服务市场，大力扶持民办养老机构发展。鉴于养老服务的准公共产品特性和公办养老机构仍占据市场主导地位的现实，一方面，要改革和创新养老服务模式，大力推广公办民营式养老服务模式，鼓励实行连锁式经营、品牌化运作，走集团化发展道路。另一方面，要强化政策引导，鼓励有实力、有信誉的民办企业举办养老服务企业，促进养老服务事业多元化发展。

第二，对养老服务补贴实行同质同价，公办民办一视同仁。目前，杭州市已经出台了一系列促进养老服务业健康发展的优惠政策，如降低养老服务机构建设准入门槛，加大对社会办养老机构公助力度，完善与养老服务事业紧密关联的社会保险制度，建立养老服务建设基金等。但是，在政策执行中，公办与民办的待遇仍然不公平，民办养老机构发展仍面临不少障碍。如床位费补助力度不大，且只"补新不补老"；融资难，无政府担保、无贴息优惠；税收无优惠，只免营业税，不免所得税；水、电、有线电视等优惠政策难落实，涉及部门利益阻扰；政府对民办养老机构"不放心"，"怕私自走掉"，等等。总的来看，目前杭州公办养老机构的发展政策配套、条件成熟、优惠条件多，而民办养老机构尚处于发展起步阶段，政策滞后于市场，经营压力大，发展大多举步维艰。既然公办、民办养老机构都是"替天下子女尽孝，为世上父母解忧"，都在为"政府分

忧、为老人造福"。因此，政府补贴政策对公办和民办理应平等对待、一视同仁。

第三，引导和鼓励民办养老机构发展，对入住民办养老机构的老人，所有政策优惠应补贴到人。公办养老机构并不等于低质服务，而民办养老机构也不等于高价服务。在同一评估体系下，无论公办、民办养老机构都可以接受不同收入水平、不同服务需求的入住老人。要鼓励民办与公办养老机构开展良性竞争。对于那些自愿入住民办养老机构的老人，其应享有的政策优惠不应打折扣，所有服务补贴都应到人。随着"50后"、"60后"逐渐进入退休年龄，随着社会保障制度的逐步完善，养老服务市场将面临重大转机。从发展趋势看，人们对养老服务的环境条件、服务品质的要求将越来越高，而要满足人们多层次化、高端化养老服务需求，只能依靠各种民办养老服务的快速发展。因此，必须大力支持民办养老服务机构发展，拓展其发展空间，并鼓励城乡健康老人入住民办养老机构。对于其中的低收入人群，各种价格补贴和政策优惠都要落实到人，不打折扣，以保障其"老有善养"的权利。

4. 完善政府购买居家养老服务定价机制，增加养老服务的有效供给

第一，要适当提高政府购买服务价格，逐步与市场接轨。目前，政府对居家养老服务定价，主要涉及两个层面：一是服务券的价格，主要根据社区居家养老服务标准和社区居家养老服务需求评估办法确定的居家养老服务对象，并考虑政府实施居家养老服务的运营成本与财政承受能力，确定单位小时服务券的价格水平。二是服务人员的工资标准，主要通过设置公益性岗位，招聘"4050"人员从事居家养老服务，而服务人员工资一般按照最低工资的1.2倍，即每月1500左右的标准来确定。从实施情况看，与目前市场物价水平、家政服务人员工资水平相比，服务券的定价和服务人员工资水平已经明显偏低，不利于服务人员队伍的稳定与素质的提高及保障老年人个性化服务的迫切需求。为此，居家养老服务价格应适当提高，逐步与市场接轨，与家政服务价格要大致持平，甚至更高。因为，与家政服务相比，居家养老服务的专业化、职业化要求更高。

第二，要扩大社会机构参与政府购买服务范围，引入竞争机制提高服务效率。当初开展居家养老服务是社区组织发挥自身优势，拓展服务内涵的重要举措，社会参与度不高。随着政府购买居家养老服务规模的扩大，单纯依靠社区组织自身力量，亲力亲为开展工作，不仅力量有限，而且可能带来诸多弊端。因此，整合社会资源，引导和鼓励社会中介组织、家政服务行业等社会力量参与社区居家养老服务，是推进政府购买居家养老服务工作的必然选择。但是，通过政府指定居家养老服务实体来承接居家养老服务仍然存在诸多弊端，如社会参与度不高、竞争不公平、程序不透明、服务效率与满意度有待检验等。因此，必须打破市场垄断，拓宽市场空间，积极引入社会结构参与竞争，通过定价机制引导和推动养老服务业的健康发展。

第三，要完善政府购买服务实施细则，增强服务的针对性与满意度。目前杭州城区的居家养老服务工作已经普遍开展，基本实现了全覆盖。但政策执行中还面临着一些难

题,例如,如何避免居家养老服务对象偏离?如何保障居家养老服务的质量?如何保障居家养老服务人员的人身权益不受侵害?如何平衡不同区域居家养老服务递送的成本差异?如何保障参与居家养老服务实体的竞争公平,避免暗箱操作?如何实现对居家养老服务的实时监控与及时反馈,等等。这些都需要通过完善政府购买服务实施细则加以解决。

5. 建立与物价、最低工资、家政服务市场价等联动的养老服务定价机制

解决现阶段养老服务市场扭曲问题,促进养老服务事业健康发展,其关键是建立公办养老服务定价联动机制。

第一,公办养老服务定价应强化成本核算,逐步与市场接轨。一方面,政府价格主管部门要强化对公办养老服务机构的成本核算,尽可能使养老服务定价准确地反映其实际经营状况。另一方面,要适应养老服务市场环境的变化,积极探索建立养老服务定价与市场物价指数、企业最低工资标准、市场家政服务业平均价等影响养老机构经营成本与绩效的基本要素之间的联动机制,使养老服务定价或调价更具公信力,更有规律可循。见表1-3。

表1-3 公办养老服务定价联动机制建设构想

政府定价种类	收费项目	价格形成因素	定价影响因素	价格联动关系	说明
公办养老服务机构定价	床位费	设施条件、管理要求、服务质量	设施条件、管理水平、服务质量等变化	根据设施、管理服务等变化幅度,确定床位费调整比例	公办养老机构的固定资产折旧费等一般不计入经营成本,床位费基本稳定
	护理费	护理对象类别、服务等级与内容	企业最低工资标准、服务资质要求变化	价格主管部门根据护理成本变化幅度,确定护理费调整比例	企业最低工资标准逐年调整,护理费每年调整一次
	膳食费	实际成本核算	物价CPI指数、膳食提供方式变化	根据膳食供给成本变化幅度,自主(或协商)确定膳食费调整比例	公办养老机构膳食费普遍收不抵支,亏损严重,膳食费应根据CPI变动指数,逐月调整
政府购买养老服务定价	需求评估基础上确定政府购买服务对象及服务内容	根据政府财力,并参照市场上家政服务单位小时平均价	政府财政投入的变化、家政服务市场平均价的变化	按照略低于家政服务市场平均价的标准,确定政府购买养老服务基准价	因政府购买服务对象大多为社会弱势人群,服务资质要求比较高,建议根据服务对象和内容差异,按照不低于或略高于家政服务平均价,确定不同档次的政府购买服务价格

第二，公办养老服务定价决策要扩大社会参与，切实保障消费者的合法权益。养老服务定价决策关系到广大老年人的切身权益，关系到社会和谐稳定。因此，对于公办养老机构来说，除了要严格核定其成本收益情况外，还应该逐步扩大社会参与，保障入住老人的知情权、参与权和意见表达权。政府价格管理部门也要充分倾听各方面的意见和诉求，进行科学决策。其总的原则是，既要保持养老服务价格的基本稳定，同时也要随市场环境的变化及养老机构成本变化而及时调整。当然，在调价的同时，对于社会弱势群体的财政补贴也要及时到位，以保障其养老照护需求。

第三，建立独立的具有权威性的养老服务定价监督与评价机制，及时化解服务定价与调节中的矛盾与争议。养老服务作为一种服务产品，具有无形性、需求不稳定性和顾客需求弹性等特性，容易引起定价争议与矛盾。作为利益的双方，服务提供者与消费者之间的矛盾在所难免。为此，建立一个适当的具有权威性的协商平台就十分必要。不仅在养老机构内部需要有一个服务供求双方的互动平台，而且要建立一个集劳动、民政、物价、老龄等相关政府部门和养老服务供求代表构成的服务定价监督与评价机构，以便及时化解养老服务定价调价中发生的矛盾与争议。

第二章 农村居家养老服务模式研究

> 长期以来，对于农村老年居民来说，家庭养老或子女供养是解决其经济供给、生活照料和精神慰藉等赡养问题的主要方式。然而，随着计划生育政策的长期实施，农村老龄化、少子化问题日趋严峻。尤其是，改革开放以来，随着农村中青年劳动力大批外出打工就业，家庭的赡养功能日益弱化、已难以为继。由于农村老年居民经济能力不足、生活习惯难以改变、敬老院入住对象存在诸多限制等原因，机构养老在大部分农村地区不具有可行性。如何从本地实际出发，按照政府规划确定的"9073"发展格局和城乡统筹的发展思路，整合社会资源，大力发展农村居家养老服务，无疑是解决农村老龄问题的有效途径。

一、农村居家养老服务模式

根据公共物品理论，农村居家养老服务是一种社区准公共物品，既具有一定的公益性与共享性，也具有一定的竞争性、排他性与多层次性特点。所谓农村居家养老服务模式是指农村居家养老服务提供与生产的一种制度安排。它是由服务的提供者、生产者与消费者等基本角色所组成。其中，提供者起着关键的作用。作为一个集体性消费单位，提供者代表一定的集体人口对于某项或者多项公共服务进行选择，解决公共服务消费所带来的融资及共用成本的分担，产品或服务的生产安排、使用和分配等问题。[1]就目前杭州农村居家养老服务实践看，主要有以下四种主要模式。

1. 社区照料服务模式

根据《浙江省社会养老服务体系建设"十二五"规划》，到2015年，浙江省将普遍建立城乡社区居家养老服务照料中心（站）。社区照料服务是目前杭州市最普遍推行的居家养老服务模式。它是以"星光老人之家"为基础发展而来的。

其主要特点是：

（1）服务提供者：村"两委"及老年协会。村"两委"在村养老服务决策及管理组织中起决定作用，日常具体事务交由村老年协会运作；筹资来源多元化，由政府支持、集体资助、社会参与等多元筹资。

（2）服务生产者：助老员及志愿者，其中志愿者一般由党员干部及某些热心公益的低龄老人组成；服务内容包括家政、理发、家电维修、洗衣、送粮油、送餐、送煤气、上门医疗等服务项目。许多村根据自身实际，进一步推出了居家养老服务照料中心，为老人们提供老年食堂、图书馆、棋牌室、活动室、休息室等一条龙服务。

---

[1] 奥斯特罗姆、帕克斯和惠特克主编：《公共服务的制度建构》，上海三联书店，2000年，第16页。

（3）服务消费者：主要是健康老人以及部分失能、高龄、空巢和病残老人。其服务方式主要提供无偿或低偿服务，对困难老人实行政府购买或集体购买，有偿服务还难以开展。总的来看，社区照料服务模式基础较好、适应性强、内容丰富、形式灵活，具有较强的生命力与发展前景。其主要问题在于服务对象大多局限于中心村的健康老人，对于失能、半失能及病残老人或散居的自然村老人来说，社区照料服务力不从心。以富阳市环山乡诸佳坞村为例。

诸佳坞村位于富春江南面的环山乡，下辖3个自然村，人口1973人。其中60周岁以上老人285人，占总人口的14.4%；80周岁以上老人48人，独居老人4人，空巢老人12人，病残且家庭困难老人7人。2011年5月，诸佳坞村投入35万元，通过改建胡氏祠堂、新建楼房，建成了居家养老服务站。其建筑面积1500平方米，内设老年食堂、电视室、棋牌室、休息室、球类室、办公室、阅览室、洗涤室、谈心室等，并在新建村委大楼前建造了室外健身苑。诸佳坞村成立了由村党支部书记为组长的工作小组，聘请2名专职工作人员负责日常服务，并组建了一支由30人组成的志愿者队伍，与老人结对。

服务内容分为五大类：

（1）日常生活照料服务，包括保洁、洗衣、餐饮、理发等。其中，餐饮服务的供餐标准为：60周岁以下的老人每餐7元；60周岁到80周岁老年人每月120元；80周岁以上老年人每月240元。有专职的生活照料服务，如聘请了2名专职工作人员负责日常生活照料包括保洁、洗衣、餐饮等，也有政府（集体）购买服务，如老人理发服务采取发放理发券的形式提供。

（2）医疗保健服务，与社区卫生服务站签订协议，为老年人定期量血压、听诊、建立健康档案。

（3）法律维权服务，组织进村律师举办涉老法律讲座，为老年人提供法律咨询、法律援助等。

（4）精神慰藉服务，专门设置阅览室、休息室、谈心室，为一些心情不好或有家庭矛盾的老年人谈心提供场所。

（5）娱乐文体服务，老年文体设施齐全、内容丰富，村里的登山道、篮球场、游泳池向老年人开放，而且服务形式多样化。

2．老年食堂服务模式

俗话说，"民以食为天"。对于农村老人来说，吃饭是个大问题，尤其是一些高龄、失能或半失能的空巢老人。但由于农村市场经济薄弱，当前除城乡结合部或中心村外，杭州市大部分农村餐饮市场尚未成熟，大多数农村整个村子都找不到一家饭店或小吃铺，甚至买菜的地方都没有，无法通过市场途径为老年人解决就餐问题。同时，除少数经济较为发达的中心村外，杭州市大多数农村老年人食用的大米、蔬菜为自己耕种或子女供给。

为节约开支，农村老年人往往不舍得用瓶装煤气或电饭煲，仍用传统的大灶烧饭，燃料为树枝、茅草或庄稼的秸秆等，由于自耕的蔬菜品种较少、燃料的获得较为困难，不少农村老年人往往一顿饭烧很多，然后分成好几顿甚至好几天吃，基本吃不上什么新鲜营养的饭菜。尤其是，随着城市化、工业化进程的加快，杭州市大多数农村的青壮年都外出务工或到附近的企业上班，老年人一日三餐缺乏照料。即便是老年人与子女同住一村，由于生活习惯、饮食偏好等不同，一些老年人也只能与子女进行分灶吃饭；多子女的老年人家庭甚至还因为老年人轮流吃饭或轮流送餐问题，平添了许多家庭矛盾。

开办老年食堂，不仅可以帮助农村家庭分担养老压力，减轻老年人子女外出工作的后顾之忧；还可以缓解部分老年人与子女之间的家庭矛盾，促进农村地区的和谐与稳定。根据 2010 年桐庐县对 3300 余老年人进行的"养老服务需求情况"抽样调查发现，有 95.8%的老人首选居家养老，有 38.7%的老年人认为吃饭问题在日常生活中最需要帮助和解决。开办老年食堂，为独居、空巢、高龄老年人提供助餐服务，已成为农村老年人最为迫切的需求。

为建立健全与杭州市经济社会发展相适应、城乡统筹的农村居家养老服务体系，促进社会养老服务均等化发展，2011 年，杭州市下发了《市委办公厅 市政府办公厅关于推进城乡统筹农村居家养老服务工作的实施意见》和《农村居家养老服务项目分类实施指导意见和基本工作要求的通知》，明确要求：到 2015 年，在 30%的行政村（社区）建有老年食堂；其中 2011 年在萧山区、余杭区和五县（市）10%的行政村（社区）建有老年食堂，并对农村老年食堂建设场所设施、机构人员、制度建设、服务要求等提出了明确要求，进一步推进了农村老年食堂的建设步伐。截至 2011 年 10 月底，全市已建成农村老年食堂 133 家，每日就餐老年人达 3000 余人。

农村老人食堂作为一种居家养老服务模式，有其多种多样的实现形式，其主要特点是：

（1）服务提供者：一般由村集体举办，政府给予开办或运行补助，即由村集体负责老年食堂的谋划、创设、筹资及具体管理运营。其筹资来源多元化，主要包括：

一是政府开办补助。目前杭州市对建成并经财政、民政等部门验收合格的农村老年食堂，按照每家 2 万元的标准予以一次性开办补助；萧山区、余杭区和五县（市）按照不低于 1:1 的比例给予配套补助；乡镇（街道）按照不低于市级标准的 50%给予配套补助。一般而言，农村老年食堂的开办费用可达到 5 万元以上。

二是政府运行补助。杭州市每年给予六个老城区社区老年食堂（通过民非登记或社区服务业登记）2 万元的运行补助，但对其余地区的社区老年食堂尚未给予运行补助。个别县市如桐庐县，对建成后运营正常的老年食堂各给予每年 1~2 万元的运行补助，并要求乡镇、街道按照不低于县级标准的 50%进行配套补助。

三是村集体经济补助。一些村将部分集体经济收入用于农村居家养老工作，为农村老年食堂的开办、运营提供支持。如桐庐县横村镇富乐村，将村集体的石矿交由村老年协会经营，收入可部分用于老年食堂建设。

四是慈善捐赠。慈善捐赠主要分为企业捐赠、社会团体和个人捐赠。如建德镇乾潭镇下梓村老年食堂开张运行后，2010年度共计接受募捐2万余元，其中包括村耶稣堂600元的捐赠，梓州、姚村、胥江、黄龙等4个村老年协会共800元的捐赠，以及当地村民主动捐赠的大米、油料和蔬菜等实物。

五是伙食费或服务费收入。目前老年食堂对就餐的老年人每人每餐收取一定费用。如富阳市大源镇勤功村老年食堂根据实际，除每月向老年收取300元餐费（一日三餐）外，还向就餐人员收取50元/月的服务费。

（2）服务生产者：主要由村集体或其他社会组织如企业、慈善团体等负责服务的供给，其运营方式主要有：

一是自办型。由村集体出资建设，建成后由村集体经营，主要向老年人提供就餐服务。如建德市三都镇新和村老年食堂。

二是合作型。由村集体出资建设，建成后由村承包给私人经营。在保证为老年人提供优惠就餐服务的前提下，允许其为社会其他人员提供服务，实现营利。如桐庐县瑶琳镇姚村老年食堂。

三是进驻型。依托村内企业食堂为老年人提供就餐服务，村集体对企业食堂提供的优惠部分给予补助。如桐庐县旧县街道西武山村老年食堂。

四是嫁接型。依托村内托老所建设年食堂，优先保障托老所内老人的就餐，同时向村内其他老年人实行优惠开放。如富阳市大源镇勤功村老年食堂。

（3）服务消费者：目前农村老人食堂的服务对象，重点面向高龄、独居、空巢老人，同时向普通村民开放，以弥补运行经费的不足。据调查，大多数农村老年食堂并没有明确的服务对象和准入门槛，只要是村里的老年人都可以随意过来吃；其消费方式一般采取低偿与有偿相结合。以桐庐县江南镇荻浦村为例。

荻浦村是个历史上著名的"孝子村"。现有人口2378人，其中，60岁以上老年人401人，占16.86%；其中80岁以上老年人70多人。2010年5月开办老人食堂，是桐庐县最早出现的老人食堂。这里，饭菜荤素搭配质量较好，价格很实惠。其具体价格是：61周岁以上老人每餐4元，71周岁以上的老人每餐3元，81周岁的老人每餐2元，91周岁的老人每餐1元。对于腿脚不便的、失能半失能老人则派村助老员送饭上门。同时老人食堂也对外营业，标准是每餐6~7元。目前，每天来食堂用餐的老人有30~40人，最多的时候有50多人。

从筹资情况看，其资金主要源于村集体支持，也有部分政府补助与社会资金。其稳定的收入来源是村办菜场的摊位费和逢年过节时村办集市所收的摊位费。同时，县财政每年补助2万元，村老年协会补助2万元。

从运营情况看，村老年协会负责老人食堂的日常管理与运营。该老年食堂聘用2名厨师负责烧菜做饭，工资分别为每月1050元和600元，同时规定除村老年人外，其他村民来此用餐所收费用的15%归厨师。为了解决部分困难老人吃饭难问题，荻浦村组建志愿者团队开展上门服务。

目前全村有15个助老员，其年龄一般为60~70岁。他们身体健康、热心公益，其常年服务对象30人，即一个助老员服务2位老人。村老年协会每月对每名助老员给予50元的经济补助。助老员要求每星期上门1次，了解老人的身体与需求情况，到月底，集中学习交流情况并集中上门服务3小时，服务内容包括搞卫生、洗衣服等。

3. 村老人公寓服务模式

鉴于农村青壮年劳动力大量外出打工创业，留守老年逐渐增多，如何解决农村高龄、空巢、独居老人的日常生活照料和日托、夜托服务已经成为当前推进农村居家养老服务工作的一大难题。

由于乡镇敬老院入院门槛较高，主要吸收农村"五保"或城镇"三无"老人入住，而且在人们的观念中，农村老人普遍认为，只有无儿无女的人才会入住敬老院，敬老院养老面子上过不去，名声上不好听。所以，农村老年人一般不愿进养老院，宁愿在家养老。为了解决这一难题，一些地方探索创建农村老人公寓服务模式，相当于村级养老院。

这种服务模式的优点是，老人们既不用离开自己熟悉的生活环境与居住环境，又能享受到吃、住、行、聊等的便利和比较优质服务，从而把居家养老和机构养老的优点结合起来。

其主要特点是：

（1）服务提供者：主要依靠村集体筹资和决策，村老年协会负责日常管理运营，政府则给予开办及运营补助。村集体负责老人公寓的筹资、服务的生产安排、使用及分配等，如确定入驻老人的门槛与服务标准等，其筹资来源包括政府补助、集体资助、社会赞助等。

（2）服务生产者：一般由村聘请的专职化护理员提供全天候的养老护理服务，同时聘请村卫生室、理发师、电器维修师等专业人士和村志愿者为老人们提供专业化或日常生活服务；服务内容包括饮食起居、文化娱乐、养身保健、医疗卫生等综合性居家养老服务，这样就把老人需要的专业化服务与非专业化的志愿服务结合起来。

（3）服务消费者：其服务对象仅限于高龄、空巢的健康老人，消费方式采取无偿与低偿相结合。以富阳市大源镇勤功村为例。

勤功村位于富阳市大源镇最西南面，面积4平方千米，有山林28.67公顷，人均耕地不足1分，是个人多地少的偏僻山村。全村总人口1220人，365户人家。其中，60周岁以上的老年人230人，占总人口的18.85%，75岁以上老年人80多人，空巢、孤寡老人就有60人。全村常年在外经商或打工的有200户，大多在大源铝合金厂工作。

为解决部分空巢、高龄老人生活照料问题，2009 年，勤功村通过改建废弃小学校舍、整合村避灾中心、星光老年之家，投资 50 万元办起了综合性的村老人公寓（村级养老院）。共有 11 个房间，目前入住老人 23 人，另有 10 人排队。其入住标准为年龄 75 周岁以上的健康、空巢老人。经本人申请，签订协议，每月缴费 400 元。其中，300 元为伙食费，100 元为服务费。入住老人在老人公寓可享受常年的吃住玩等服务。一年中，除了农历 12 月 28 日至正月初八放假，其余 355 天都在服务站。

从筹资情况看，老人公寓筹资主要来自政府与集体投入，以及老人入住缴费收入。以 2011 年为例，政府拨款资金有三块：一是上级政府补助资金 20 万元，包括富阳市慈善总会 8 万元、市居家养老服务站补助 4 万元、杭州市老龄办补助 5 万元、省老龄办补助 2 万元等；二是大源镇政府补助 10 万元；三是杭州市农办下拨的富阳农村公益金项目资金 20 万元。

村集体经济来源主要有两块：一是宅基地复耕开发，每公顷 600 万元，共征地 0.133 公顷，主要用于村道路建设和养老院补助；二是高山养殖种植，以前种番薯的旱地，现在种了山核桃，再过 2 年也有收入了。

其运行成本主要分两块。一是护理人员开支：村里聘请了 3 名服务员，1 男 2 女，男服务员兼任站长和老龄委秘书长，女服务员负责烧菜、洗衣、搞卫生等。3 人都本村人，年龄 60 岁左右，身体健康、做事勤快，每人每月工资 1200 元。二是日常运行费用，如每年水电、煤气、设施等运行费用大致 5~6 万元，相当于入住老年人人均 2000 元贴进去，缺口由村集体补足。

总的来看，勤功村老人公寓服务模式，其优点是明显的：一是养老不出村，子女放心、老人安心，深受村老人们欢迎。该行政村由 4 个自然村组成，前后村相距 3 千多米，路不平，老人行走不便，子女在外不放心。办村养老院后，大家都放心了，可以集中吃住、聊天、玩乐等。二是资源整合、充分利用，把农村闲置的教室、祠堂、星光老人之家、救灾中心等集中利用，最大限度地提高资源利用效益。三是能把农村分散的居家养老服务与村养老院机构养老服务有机结合起来，把专业化、职业化护理服务与农村的邻里互助、银铃互助，以及党员干部和其他热心公益的志愿者服务结合起来。因此，这是一种具有一定推广价值的农村居家养老服务模式。

4．户院挂钩模式

在传统福利体制下，农村敬老院主要面向"五保"老人，由政府实行集中供养。但是，这一政策在推行中逐渐遇到一些新情况。由于政策要求，五保老人必须将其所拥有的个人财产交由政府支配，从而引起了一些五保老人亲属的反对，导致许多符合入住条件的五保老人未能享受到集中供养的政策优惠；由于部分空壳村集体经济薄弱，难以支付五保供养经费，也导致部分符合条件的五保老人被排除在敬老院之外。这些情况导致农村乡镇敬老院空置现象十分普遍。

另一方面，由于乡镇敬老院日常运行经费不足以及护理能力不到位，也使得部分已经入住敬老院集中供养的五保老人由于健康原因只得回家由家人或亲属护理，出现了户院挂钩的居家养老模式。这固然是针对五保供养老人的特殊的制度安排，但对于解决农村失能半失能、病残及孤寡老人老有所养、老有善养问题也具有一定启示意义。所谓"户院挂钩"是指60周岁以上孤寡老人，符合进敬老院条件，但由于其患精神病、严重弱智、传染病、常年瘫痪等，本人又不愿意进敬老院人员，政府允许其回家供养的居家养老服务模式。

其主要特点是：

（1）服务提供者：由乡镇政府出资购买服务，并由乡镇敬老院负责五保老人供养的筹资、养老服务的生产、分配与实施等；其资金来源一般由两部分构成，一是政府投入，二是集体支持。政府每人每季度补助520元生活费，生活费一季一发，直接打入其银行账号；村集体每人每年提供800~1000元补助。

（2）服务生产者：由敬老院、家属或亲属共同承担五保老人的居家养老服务，其中主要责任由家属与亲属承担。服务内容包括吃、穿、住、用、医等所有服务项目。按照正常程序，户院挂钩老人，入挂前必须写申请，本人自愿，且与镇政府、敬老院签订协议。每季度520元由政府补助给老人。平时生活费、医药费自理，由家属照顾管理。

（3）服务消费者：政府购买服务以及家属或亲属的无偿服务。以桐庐县江南镇五保供养中心为例。

江南镇五保供养服务中心成立于2004年9月。从2010年起，该中心对社会老人开放。现有72个房间，可入住144名老人。工作人员17人，其中6人是专职工作人员，包括院长1人，由镇民政助理员兼任，做饭1人，护理2人，从事一些简单护理工作，无职称有上岗证，医生、会计都由镇工作人员兼任，其他都是合同工。其单位性质属于乡镇事业单位，2011年起转为事业编制。其服务对象是69岁以上、无传染病的"五保"老人，以及儿女在外工作，无时间照料的空巢老人。

目前，全乡镇共有"五保"老人1100多人，包括部分"三无"人员。其中，在供养中心有126个"五保"老人，其中常住老人74人，实行户院挂钩的有52人，多数老人能生活自理。目前寄养的自费老人不多，都为子女在外面经商，无时间照料老人而送到敬老院，费用完全自理。

其收费标准为：自费寄养老人每月800元。实行户院挂钩的，政府每季度补助520元，其对象主要是那些有传染病、精神病的老人。他们住在家里，由亲属照顾。户院挂钩五保老人的供养经费来源有三块构成：县政府、乡镇政府、村集体各三分之一。其中，县政府每季度是520元，按照当年农民年均收入的60%计算；村集体每人每年800~1000元，但多数村集体经济薄弱，导致供养经费拖欠不能到位。目前，敬老院自己养猪、种菜，补贴运行经费之不足，全年收支能基本平衡。

二、农村居家养老服务存在的主要问题

1. 筹资来源问题

调查中，农村基层居家养老服务主办机构、经营主体反映的最突出、最普遍问题是筹资难问题。

其主要原因是：

（1）政府投入不足。长期以来，政府在农村养老社会事业建设上财政投入不足，而且投入方向上重城镇养老轻农村养老、重机构养老轻居家养老、重硬件轻软件、重关系投入轻制度保障。这些年各级政府对农村五保集中供养工作十分重视，投入规模较大，但农村敬老院入住率很低，五保老人本就不多，且很多人不愿意到敬老院，导致大量敬老院床位闲置、得不到有效利用，而急需支持的农村居家养老服务却由于资金不足而举步维艰。如桐庐新建的养老福利中心，一期投入 6000 万元，二期还需要 4000 万元，加上各种配套设施、人工运行成本，投资规模浩大，但入住老人及其他民政救助对象却寥寥无几。这种情况非常普遍，这是导致农村居家养老筹资问题的重要根源。而且农村基层干部举办居家养老服务机构，所需资金也大多靠关系、靠主要领导出面到有关部门"化缘"支持，没有制度化的筹资保障机制，导致筹资机制不健全、不稳定，随意性太大。

（2）集体经济薄弱。举办居家养老服务机构，开展居家养老服务活动主要依靠村集体的领导与管理，与村集体经济的强弱关系密切。但是，目前杭州市农村集体经济大多薄弱，空壳村、赤字村很多，许多村连村干部务工费都发不出来，更谈不上支持发展养老福利事业。目前居家养老工作搞得好的村大多也是靠土地置换、拆迁补助款或部分集体山林收入支持，离开了这些收入基本上可以说一事无成。

（3）社会参与意识淡薄。在中国目前国情下，强政府弱社会，社会慈善意识薄弱，对于养老服务事业社会参与不足。除了部分"孝"文化基础较高的农村或农村经济比较发达，老百姓比较富裕的地区外，在大多数农村社会筹资非常困难。

（4）农村老人养老观念落后。养儿防老、自主养老根深蒂固，付费养老意识不强，宁可在家受困受苦也不愿意去养老机构如敬老院，导致任何付费养老活动难以开始，农村养老产业发展十分艰难。

2. 队伍建设问题

农村居家养老事业发展也离不开队伍建设，但是目前，无论管理人员、专业护理人员还是志愿服务人员都面临人才短缺、后继乏人的难题。

（1）管理人员短缺。目前农村居家养老服务的管理人员主要是村干部和村老龄协会人员。由于村干部平时业务繁忙，大多兼职，开展工作的程度全凭村干部本人的觉悟、意识与能力，而老年协会人员普遍素质低下，难以发挥农村居家养老服务的核心作用。

（2）专业护理人员短缺。从事居家养老服务的护理人员大多是由农村低龄、健康

老人组成的志愿者，他们虽然具有一定的服务意识与服务热情，但往往缺乏服务技能，甚至自身也需要帮助，而社会化、职业化的专业护理服务则极其短缺，也没有形成有效的、制度化的参与渠道与政府购买服务机制。

（3）志愿者队伍短缺。目前农村志愿者多为村党团员干部及其家属、入党积极分子及部分热心公益人士，在服务方面是形式重于内容，老百姓的认可度不高，实际效益有限。

3．服务消费问题

这涉及什么人有资格享受居家养老服务，以什么方式获得居家养老服务以及获得什么样的居家养老服务，即服务的对象、标准、方式及内容等。

现在的主要问题是：

（1）对象偏差。来居家养老服务站或服务中心享受到服务的多半是健康、低龄、素质较高、家庭经济条件比较好的老人，而真正需要服务的那些高龄、失能、半失能或病残老人往往得不到服务，即使入住农村敬老院的五保老人，一旦身体有病仍然得回家由家属或亲属来护理。

（2）方式单一。农村老人只愿意接受无偿或老人食堂等低偿服务，或政府（集体）的免费购买服务，而不愿意接受有偿的、市场化的居家养老服务，导致专业化、职业化的居家养老服务难以在农村开展。

（3）内容贫乏。现阶段农村居家养老服务质量低下、内容千篇一律，许多居家养老服务站实际上等于麻将室，而且设备陈设都是几件套，根本没有考虑到农村实际与老人们的真实的、个性化需求。即使政府举办的农村敬老院也不尽如人意，入住老人普遍感受不佳。

4．政策配套问题

由于长期以来，政府在社会发展上重视不够，导致相关政策严重滞后、服务不配套。

（1）养老与医疗不配套。人到老年往往病多，养老与医疗是不可分开的。但是，目前养老与医疗卫生政策分属于不同的政府部门，政策制定与执行难以同步。如有的养老服务站虽然办起来来了，但老人们的医疗问题仍然解决不了。特别是，老人护理的风险很大，但是目前仍缺乏制度化的护理保险制度；户院挂钩老人的医疗问题也难以解决；高龄、失能老人、病残老人的家属服务补助政策及"喘息"服务政策也亟待建立等。

（2）硬件与软件不配套。目前政府对养老服务的投入大多用于造房、买设备，用于人力资源培训的太少，而且相关的职业等级评定与待遇政策也亟待完善。

（3）城市与农村不配套。随着工业化、城市化与城乡一体化发展，特别是随着新农村建设的推进，养老服务也有个城乡统筹问题，如何吸引城里老年人来农村养老？如何打破城乡地域界限，统筹考虑建设区域性的养老护理服务中心，如何统筹解决城乡病残、失能失智老人的养老护理难题等都需要相关政策的支持。

三、推进农村居家养老服务发展的政策建议

1. 转变发展理念，强化农村居家养老服务工作

老龄问题不只是个年龄结构问题，而且也涉及社会公共财富在社会不同年龄人群中的分配、协调与平衡。为老年群体创造生存发展的良好环境，是构建和谐社会的重要内容，只有维护好、发展好老年群体的根本利益，才能促进社会结构的和谐。

发展农村居家养老服务事业，必须树立新的发展理念，包括养老服务城乡统筹发展理念，机构养老与居家养老并重理念，政府主导养老事业与社会资助养老、家庭和个人自主养老相结合的理念，政府、社会为老服务与尊重老人养老意愿、提高老人自主选择能力相结合的理念，发展养老服务事业与促进养老服务产业化、职业化、专业化发展相结合的理念等。

2. 加大资金支持，增加农村居家养老服务后劲

养老服务事业是社会公益性事业，离不开公共财政支持。由于农村县乡基层政府财权与事权不对称，财政筹资能力有限，地区发展不平衡，所以特别需要加大省市级政府的统筹发展力度与农村居家养老服务财政专项的转移支付支持。

为了促进农村居家养老服务发展，特别需要注意以下几点：

一是加大政府购买服务力度。从财政收入、彩票收益中适当安排专项资金，对农村生活困难老人，特别是对于家庭有失能、半失能、失智、病残老人的，要实行政府出资或部分出资购买服务券等形式，并探索将已经在城镇部分社区推行的"喘息"服务政策延伸到农村居家养老服务中。

二是制定出台"扶持和优惠"的政策，给予社会办的养老机构以一定的财政补贴、贷款和税收方面的政策倾斜，提高民间资本参与养老事业的积极性。

三是积极鼓励企业、社会团体、个人和国内外慈善机构对居家养老给予捐赠，设立居家养老事业专项发展基金，调动全社会力量共建共享。

四是鼓励和推广农村公寓服务模式，普遍建立农村"没有围栏的养老院"，加大财政扶持力度。

五是加大对农村居家养老服务护理人员的专业化、职业化技能培训的财政投入，鼓励职业学院开设农村养老护理专业，加大政策支持鼓励大学生到农村就业，开辟新的就业渠道，同时完善相关法律制度特别是职业等级与从业规范，增加养老护理人员收入水平，促进农村居家养老事业健康发展。

3. 狠抓队伍建设，提升农村居家养老服务质量

居家养老服务人员应具备家政服务、康复护理等专业知识，这样才能满足老人多方面的需求，如清扫、购物、护理、康复以及精神方面的需要，如陪同游览、陪同读书、看报、聊天等。发展农村居家养老服务事业，就必须对相关工作人员加强培训，强化教

育，提高职业道德和业务素质。要建立服务人员定期培训制度，学习养老设施的经营与管理、护理专业、老年心理学等课程，增长居家养老知识和才能。建立相应的检查约束机制，对各项服务作出制度性的安排和标准化的要求，对不合格工作人员坚决清除出队伍，确保居家养老工作落到实处。

目前最重要的是：一要加大对现有护理服务人员的专业技能培训或业务轮训，提高服务水平；二要引导城乡专业服务人员如电器维修、理发、饮食服务、医疗保健、心理慰藉等人员到农村居家养老服务站提供专业服务，扩大政府或集体购买范围；三是从农村本地实际出发，从农村无业、赋闲的中青年人员中选拔、培养乡土化、地域化的居家养老服务人才，或实行订单式培养模式委托相关高等院校或示范性城镇养老机构培养农村居家养老护理人员；四是加大对农村基层干部队伍和农村志愿者队伍的养老服务相关知识培训，提高农村居家养老服务管理与服务质量。

4. 创新政策体系，促进农村居家养老服务发展

农村居家养老服务是一项得民心、暖人心的夕阳工程，要通过政策创新，切实促进此项工作的积极作用，针对不同类型的老年群体，提供不同层次的居家养老服务，使有限的资源发挥最大的效益。

为此，一是加大对农村失能、半失能、失智和病残老人的政策支持，切实解决其养老与生存困境，提高其生活质量。这涉及对这部分人群的养老、医疗、救助、最低生活保障、日常生活照料的"喘息"服务等一系列政策的制定与创新。

二是要抓紧制定城乡高龄老人照护服务保险制度，鼓励保险机构与企业开发新的保险产品，满足人口老龄化、高龄化与空巢化发展的迫切需要。

三是要重视城乡老人的精神慰藉问题，加大政策支持。高龄老人、非自理老人各种疾病增多，生活自理难，与子女的沟通也越来越少，常常会产生孤独寂寞感。对他们应以上门照料服务为主，除了为老人提供医疗、护理、洗涤、购物等服务外，还要重视心理咨询等全方位服务。

四是对丧失生活自理能力的老人和缺少家庭照顾的高龄老人，仍需要通过养老机构来解决，使他们在养老机构得到多方面的照料服务和精神慰藉。在服务形式上，可以包括上门服务（居家服务）、社区设施服务（如日间照料中心、医疗护理中心、社区活动中心）、社区支援服务（如结对关心、认养）等，方便老年人根据自己的需求和习惯选择不同的服务项目和服务形式。

第三章 民办养老机构扶持政策研究

> 改革开放以来，杭州个体、私营等非公有制经济快速发展，民间资本参与养老服务事业发展的政策环境不断改善。但目前民办养老机构在土地、税费等政策落实与完善方面，在人才培养、经营管理与社会认同等方面还存在着诸多难题。尤其是，随着国家房地产调控政策的不断收紧，人口老龄化、高龄化的加深，特别是第一代独生子女父母相继进入老龄阶段，社会对优质养老养生服务业发展的需求日益迫切，促使一大批房地产企业开始转向养老养生产业，由此产生明显的政策缺位已经严重影响到养老服务业的健康发展。因此，研究民办养老机构扶持政策具有重要的现实意义。

一、杭州民办养老机构发展现状

随着杭州市经济社会发展和独生子女政策的长期实施，人口老龄化、高龄化程度逐步加深。据统计，截至 2012 年底，全市 60 岁及以上老年人口 127.89 万人，占总人口的 18.26%。其中，80 岁以上高龄老人 19.99 万人，占老年人口总数的 15.63%。[1] 为了应对人口老龄化、高龄化严峻挑战，近年来，杭州市大力推进以"居家养老为基础，社区为依托，机构为补充"的社会养老服务体系建设，促进民办养老机构发展。

1. 发展规模

民办养老机构是指由政府机构以外的法人、公民个人以及其他社会组织利用非国有资产，以独资、合资、合作、联营、参股、租赁等方式举办的为老年人提供住养、护理、托管、医疗等服务的机构，包括养老院、托老所、老年公寓、老人护理院等。

据统计，截至 2012 年底，杭州市共建有养老机构床位 41616 张，每百名老年人拥有床位数 3.25 张，高于全省平均水平。其中，社会办养老机构 84 家，床位数 14725 张，约占总数的 35.38%；护理型床位 13621 张，占养老床位总数的 32.73%，较好地解决了失能、失智老人的养老问题。[2] 见图 3-1。

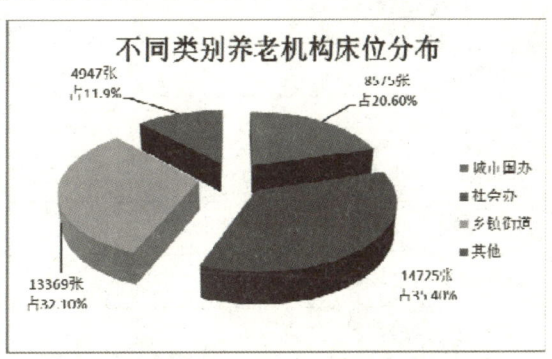

图 3-1 2012 年杭州民办养老机构发展规模

---

[1] 杭州市民政局：《2012 年度杭州市社会福利事业发展情况》。
[2] 杭州市民政局：《2012 年度杭州市社会福利事业发展情况》。

2. 机构类型

民办养老机构根据机构性质办理不同的登记手续。全市以民办非企业单位管理的非营利性民办养老机构及以企业管理的营利性民办养老机构分别是66家和5家，未登记13家。

根据建设方式不同，民办养老机构可分为用地自建、租房经营和公办民营三种形式。其中，利用非国有资产用地自建的民办养老机构5家，共计床位数3141张，占社会办养老机构床位数的21.33%；租房经营的民办养老机构62家，共计床位数10588张，占71.90%；公办民营或国资与民资合办的民办养老机构17家，共计床位数996张，占6.76%。

此外，今年还有西湖区周浦老年公寓（1000床）、山缘老年公寓（2000床）等社会办养老机构正在建设中。[1] 见表3-1。

表3-1　2012年度全市养老机构概况表

市、县（市、区）	养老机构数量（家）				床位总体情况（张）		床位分布情况（张）			
	总数	城市国办	社会办	乡镇街道	2012年新增床位数	2012年底总床位	城市国办	社会办	乡镇街道	其他
上城区	17	1	12	4	516	1936	650	814	235	237
下城区	15	2	5	8	862	2389	263	1510	427	189
江干区	14	1	10	3	590	3018	149	2716	153	
拱墅区	19	2		17	447	1998	624	181	1149	44
西湖区	16	1	8	7	326	3915	300	2806	566	243
滨江区	5	2		3	240	594	340		240	14
萧山区	36	2	9	25	881	6740	1845	2464	2204	227
余杭区	32		14	18	942	4064		1930	1711	423
桐庐县	13	2	0	11	337	2154	506	0	1001	647
淳安县	24	1	3	20	683	2420	157	230	1353	680
建德市	24	3	10	11	672	2831	250	953	1295	333
富阳市	29	1	7	21	711	3338	618	570	1296	854
临安市	23	2	5	16	725	3481	365	531	1646	939

---

[1] 国研中心：《杭州市社会办养老机构发展现状及对策建议》，2012年10月。

市、县(市、区)	养老机构数量（家）				床位总体情况（张）		床位分布情况（张）			
	总数	城市国办	社会办	乡镇街道	2012年新增床位数	2012年底总床位	城市国办	社会办	乡镇街道	其他
开发区	1		1		42	83			8	75
风景区	2	1	1		20	147		20	85	42
福利中心心	1	1			0	1458	1458			
市一福院	1	1			0	600	600			
市二福院	1	1				450	450			
合计	273	23	84	166	7994	41616	8575	14725	13369	4947

3. 区域分布

从民办养老机构的地域分布看，杭州市六城区（包括风景区）共36家，萧山、余杭两区共23家，五县市25家，分布占机构总数的42.86%、27.38%和29.76%。

从床位数分布看，六城区（包括风景区）共8047张，萧山、余杭两区共4394张，五县市2284张，分布占机构总数的54.65%、29.84%和15.51%。

可见，无论是机构数还是床位数，主要集中在市区。见图3-2。

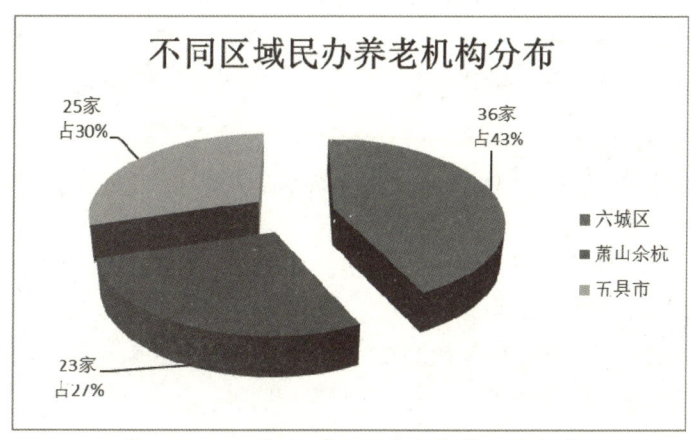

图3-2　2012年杭州民办养老机构区域分布

4. 服务对象

按照功能定位，杭州市养老服务机构实行分类管理。其中，福利性养老服务机构是杭州市国办养老服务机构的主要定位和发展方向，重点解决"三无"人员、"五保"老人、有特殊贡献者和困难家庭老人等基本养老问题；非营利性养老服务机构，主要面向经济条件一般的城乡普通老年人群提供养老服务，此类人群的养老费用以个人承担为主，经过养老需求评估后由政府予以适当补助；营利性养老服务机构，主要面向经济条件较好的老年人提供养老服务，收费实行市场化运作，养老费用由个人或家庭承担[1]。

但由于现阶段养老服务定价机制不完善，对入住老人缺少严格的需求评估和合理分流，社会上对民办养老机构还存在一些认识误区等，导致入住民办养老机构的老人群体存在很大差异。其中，既有普通老人也有困难老人，既有健康自理老人也有需要介助和介护的病残老人。据统计，截至 2012 年底，杭州市民办养老机构在院服务对象共计 **5846** 人。其中，属于政府救助范围的低保、五保困难老人分布有 **72** 人。

二、民办养老机构发展面临的突出问题

虽然杭州市民办养老机构取得了较快发展，但目前仍然面临着土地、资金、人员等诸多困难。

1. 用地保障问题

一是项目落地难。由于养老设施具有公益性，不能提供较好的收益回报，各级政府在建设用地的规划方面，一般较少安排专门用于养老机构建设的社会福利机构用地。特别是，老城区由于开发早，人口密度大，用地紧张，养老设施发展空间有限，许多有意兴建养老机构的民间投资往往由于土地问题导致项目无法"落地"。[2]

二是用地成本高。如果民办养老机构登记为民办非企业单位，用地属于社会福利性质，虽然可以行政划拨拿地但不能以土地抵押贷款；如果民办养老机构登记为企业单位，用地属于商业用地，虽然可以用土地抵押贷款但必须缴纳高昂的土地使用税和房产税，极大地增加了养老服务机构的资金压力与经营风险。

2. 政策缺位问题

一是养老机构双登记问题。由于民办养老机构用地难，在现有政策框架下，依靠收取床位费、护理费等在短期内很难收回投资成本。为了规避经营风险，一些大型民营企业就采取以招拍挂形式取得出让土地，然后拿出一部分土地做养老服务项目。如筹建批复中的萧山紫荆园养老养生中心，定位为民办非营利性机构，采取双登记，既在民政部门登记为非营利性的民办非企业单位，同时又到工商部门登记为营利性的企业单位。那么，紫荆园养老养生中心能否享受其他非盈利机构同等的优惠政策呢？

二是床位使用权出租问题。为了尽快收回项目投资，杭州市部分民办养老机构如金色家园、山缘及萧山紫荆园等采取了床位使用权 10 年、20 年，乃至 50 年出租形式，一次性收回成本。那么，这种项目究竟是养老服务项目还是房地产项目，其性质很难界定，目前也缺少相应的政策规范。

---

[1]《中共杭州市委 杭州市人民政府关于加快推进养老服务事业发展的意见》（市委〔2010〕24 号）。
[2] 国研中心：《杭州市社会办养老机构发展现状及对策建议》，2012 年 10 月。

3. 税费减免问题

一是政策统一问题。养老服务具有一定的公益性，作为民办非企业养老机构能否享受与公办养老机构同等的税费优惠政策？

二是政策执行问题。即已经制定公布的税费减免政策能否得到有效贯彻执行？如杭州市规定，养老服务机构用电、用水、用气等与居民用户实行同价，并免收相应的配套费；免收福利性、非营利性养老服务机构企业所得税；对养老院类的养老服务机构提供的养老服务免征营业税，对各类非营利性养老服务机构免征自用房产、土地的房产税、城镇土地使用税等[1]。但是，该政策的某些规定并没有得到很好的执行。如国税部门认为，他们不归地方政府管辖，税费减免政策可以不执行；水务、电力、电信等部门明知有政策优惠却故意推诿扯皮，延缓政策执行；医保审批环节多，卫生、社保部门在医保、医院开办申请上为难民办养老机构。

4. 公平竞争问题

一是定价不合理。养老服务价格机制尚未理顺。公办养老机构收费主要采取政府定价方式，由于有财政补贴，定价与民办养老机构相比较低，且长期未作大的调整。这不仅极大限制了民办养老机构的发展，也造成了许多老年人宁愿长期在公办机构排队等候入住，也不愿入住民办机构。

二是服务市场混乱。由于定价机制不合理导致服务群体错位，为了减少床位空置率，民办养老机构往往收住了一些本该由公办养老机构收养的困难老人，加大了经营压力。

三是床位费补新不补旧。对新办养老机构的床位补助标准已经提高，但对于已经多年运行的民办养老机构，政策出台前的床位是否可以得到"追溯"补偿呢？目前也缺少相应的政策支持。

5. 社会偏见问题

社会公众普遍对民办养老机构存有偏见。为此，宁可苦等公立养老床位却不愿进民办养老机构。政府部门、新闻媒体也普遍偏重于公立养老机构，而对于民办养老机构关注不够，基本上属于自生自灭的境地。这种偏见极大地增加了民办养老机构的经营成本，影响其健康发展。

三、支持民办养老机构发展的现行政策评估

为了应对人口老龄化、高龄化挑战，2005年起，杭州市每年都出台促进养老服务事业发展的政策，支持民办养老机构发展的政策体系已初步形成。但从政策实践看，这些政策或是没有完全落地、或是缺少配套措施、或是留有空白，需在科学评估基础上加以完善。

---

[1]《市委办公厅市政府办公厅关于加快推进养老机构建设的意见》（市委办[2009]33号）。

1. 用地政策

目前杭州市在民办养老机构用地政策上，主要体现为支持保障与规范限制"两手抓"的态势。

（1）重视用地规划、实施分类供地。即强调要科学制定养老服务机构设施布点规划和实施计划，把养老服务设施建设作为与幼儿园、中小学等社区配套设施同等重要的内容，纳入社区配套用房建设范围。同时，在供地方式上，强调要根据养老服务机构的性质定位实行分类供地：即对福利性、非营利性养老服务机构建设用地，采取行政划拨方式供地；营利性养老服务机构建设用地可采取招拍挂出让或租赁方式供地；对农村集体经济组织使用本集体经济组织土地兴办养老服务机构的，可依法办理农村集体建设用地使用手续。

（2）强化用地监管，严禁养老用地变相搞房地产。如违反有关政策规定，各级财政有权收回各项补助资金，并由相关部门依照有关规定进行处理。但问题是，以民办非企业单位登记养老服务项目，用地属于公益性质的福利用地，不能做银行抵押贷款，筹资压力比较大；而如果以企业登记，可以通过招拍挂出让拿地解决银行贷款问题，但税费负担太重，且养老服务项目属于微利行业，通过收费很难收回成本，经营风险较大。

2. 信贷政策

为了鼓励民间资本投资社会福利事业，解决民办养老机构融资难问题，国家已经出台了有关扶持性政策，要求各类金融机构要在防范风险的基础上，创新和灵活运用多种金融工具，加大对民间投资的融资支持，加强对民间投资的金融服务。同样，杭州市也要求金融部门积极支持养老服务设施的发展，增加对养老服务机构及其建设项目的信贷投入，适当放宽信贷条件，并提供优惠利率；要求建立养老服务建设基金。

2011 年到 2015 年，每年投入 1000 万元建立养老服务建设基金，由市财政局和市民政局负责共同管理。但问题是，目前大多数政策仍停留在纸面上，金融机构投资民办养老机构的积极性不高，导致民办养老机构普遍融资难，筹资压力大，执行力弱，没有真正扭转融资难困境。

3. 定价政策

杭州市养老机构定价机制，主要分为两种类型：政府定价和市场定价。政策规定，福利性养老服务机构收费标准按照补偿成本的原则确定，并逐步与市场接轨；非营利性和营利性养老服务机构应开展自主经营，其收费标准可根据设施条件、服务项目等自主定价；营利性养老服务机构主要面向经济条件好的老年人提供养老服务，收费实行市场化运作，养老费用由个人或家庭承担。

但问题是，无论公办民办，现有定价都没有真正反映企业的实际成本与经营状况。在统一的养老服务市场下，公办养老机构收费偏低，制约民办养老机构合理定价与健康发展。

4. 结余分配政策

《民办非企业单位登记管理暂行条例》和《民办非企业单位登记暂行办法》都规定，民办非企业单位不得从事营利性经营活动，盈利不得分配，解体时财产不得私分。但非营利性的定性与社会资金投资养老机构追求资金回报的本质有所冲突；民办非企业收益不能分红，投资不能收回，房产不能用来抵押贷款，这些条件极大地限制了社会力量投资养老机构的积极性，导致政策难以有效落实。

为此，杭州市委[2010]24号文提出，非营利性养老服务机构在扣除办院成本、预留发展基金以及按照国家有关规定提取其他必需的费用后，出资人可以从办院结余中取得合理回报。这对于激发民间资金投资积极性，保护经营者合法权益必将起到重要作用。但这一政策实施效果如何还有待观察。

5. 财政补助政策

主要包括两部分：

（1）建设补贴（补砖头）。杭州市委办[2009]33号文规定，非营利性社会办养老服务机构新建或改扩建新增的床位，由市财政给予一次性建设补助；对营利性养老服务机构，除采用招拍挂方式取得土地外，可按照有关非营利性养老服务机构补助标准的60%进行补助，不征收营业税；其他建设和运营项目规费等享受与非营利性养老服务机构同等优惠政策。

（2）运营补贴（补人头）。杭州市委办[2009]33号文规定，对六城区的非营利性社会办养老服务机构和入住的特殊困难老人，市、区两级财政给予寄养补助，所需经费由市、区各承担50%。

但问题是，建设补助补新不补旧（2008年前），对于已经开办多年的民办养老机构是不公平的；运行补助对象仅限于本地户籍人口也不符合养老养生产业城乡统筹、做大做强的政策导向；而现行补助政策偏重于非营利性养老机构，对于通过招拍挂拿地的营利性民办养老机构也不太公平。

6. 税费优惠政策

各级政府都规定了针对民办养老机构的税费优惠政策。杭州市委办[2009]33号文规定：减免养老服务机构的有关税费：养老服务机构用电、用水、用气等与居民用户实行同价，免收相应的配套费；免收养老服务机构电话、有线电视、宽带互联网一次性接入费；免收福利性、非营利性养老服务机构企业所得税。对养老院提供的养老服务免征营业税，对各类非营利性养老服务机构免征自用房产、土地的房产税、城镇土地使用税；企业通过公益性社会团体或者县级以上人民政府及其部门，用于公益事业的捐赠支出，在年度利润总额12%以内的部分，准予在计算应纳税所得额时扣除。个人向非营利性养老服务机构的捐赠，通过慈善总会等机构的，可在缴纳个人所得税前予以全额扣除等等。

但问题是，由于政策并未明确指向民办养老机构，导致部分政府部门有意拖延政策的执行或不执行。尤其是，对于营利性民办养老机构如何能够同等享有税费优惠？仍然有待于政策创新与突破。

7. 金融服务政策

杭州市委办[2009]33 号文规定，金融部门要积极支持养老服务设施的发展，增加对养老服务机构及其建设项目的信贷投入，适当放宽信贷条件，并提供优惠利率。杭州市委[2010]24 号文提出，建立养老服务建设基金。由各级财政、福利彩票公益金、福利性养老服务机构积累资金按一定比例出资建立养老服务建设基金，交银行托管，主要用于帮助解决用房自建的社会办养老服务机构创办初期的资金困难。杭州市委办[2011]15 号明确要求，2011 年到 2015 年，每年投入 1000 万元建立养老服务建设基金，由市财政局和市民政局负责共同管理。

但问题是，由于养老服务业具有一定的公益性，市场回报率不高，投资回收周期长，导致金融机构投资养老服务业积极性不高，而政府设立的建设基金规模太小，作用有限。

8. 老年护理保险政策

杭州市委[2010]24 号文提出，完善与养老服务事业紧密关联的社会保险制度。支持商业保险公司推出商业性的老年护理保险产品，鼓励集中入住养老机构的老年人参加商业保险公司推出的老年意外伤害保险，由市财政按保险金额的 1/3 给予补助。杭州市委办[2011]15 号也强调，建立和完善与养老服务事业紧密关联的政策性保险制度。政策性综合责任保险费用由养老机构支付。入住养老机构的老年人的保险费用由市财政按投保金额的 1/3 给予补助。

但问题是，民办养老机构面临的经营风险主要不是老人跌倒等意外伤害风险，而是疾病、痴呆、失能半失能等医疗护理风险。现行政策规定的每床 60 元的政策性综合责任保险，保障范围有限，没有对养老机构老人产生的医疗费用纳入保险范围，同时缺乏专门针对老人护理需求的护理保险产品。

9. 医养结合政策

研究表明，无论是居家养老还是机构养老，都存在就近医疗的强烈需求。[1]医养护一体化已成为应对人口老龄化、高龄化的必然选择。杭州市委办[2009]33 号文、杭州市委[2010]24 号文和杭州市委办[2011]15 号文都明确支持各类养老服务机构开展社会化老年医疗卫生服务和老年病护理服务。对提供基本医疗服务的老年病护理机构，符合相关条件的，可纳入基本医疗保险机构定点范围。

但问题是：发展医养结合型民办养老机构涉及民政、卫生、残联等多个职能部门，存在着多头管理、各自为政现象；在民办养老机构建设中，存在着审批程序复杂、审批时间太长，甚至有意阻扰的现象。同时，现行政策也需要进一步细化与配套，如政策规

---

[1] 国务院发展研究中心：《杭州市养老服务的现状、问题及政策建议》，2012 年 10 月。

定，医保要在养老机构开办一年后才能开通，如何保证入住老人的健康与安全？如何将养老机构中的医护人员纳入医生/护士职称体系等。

10. 公共服务政策

针对民办养老机构的公共服务主要体现在两方面：一是人才培训，二是日常监管。杭州市委办[2009]33号文和杭州市委[2010]24号文等明确要求，强化对养老服务机构，尤其是营利性养老服务机构的服务范围、服务质量及服务费用收支情况的日常监督和年度检查。

在队伍建设方面，要求加强养老服务组织和人才队伍建设，推行养老服务机构工作人员和居家养老服务助老员持证上岗、定期培训制度，提高养老服务专业化水平；要认真落实养老护理员（助老员）工资待遇，提高养老护理员队伍的素质与服务水平。目前存在的主要问题是，现有社区和各级民政部门从事养老工作的监管力量严重不足，同时政府购买服务力度也有待于加强。

四、发达国家和中国港台地区民办养老机构发展经验

人口老龄化是个全球性问题，西方发达国家和中国港台地区都先于中国大陆进入老龄化社会，其应对老龄化的许多经验和教训，都值得我们吸取和借鉴。

1. 发达国家经验

第一，回归社区，重视家庭。19世纪后期到20世纪50年代，欧美国家在解决人口老龄化问题特别是老年人照料问题时，大多采取对老年人集中供养的方式，大型养老服务机构普遍存在，之后政策转变为关闭这些大型养老机构，提供基于当地社区的养老设施。政策转变的原因是：（1）大型机构产生依赖性而不是让人更加独立。（2）留在自己家里的老人们生活得更健康更快乐。（3）机构很难为老人提供个性化的服务（如个人护理）。（4）大型机构成本很高。（5）如果养老系统以机构护理为基础，就会忽略家庭护理。于是，很多国家提出让老人回归家庭，采取一种将居家和社会服务相结合的养老方式即居家养老。居家养老使老年人不必脱离原有的居住环境和社会关系，也方便子女在闲暇时照顾老人，老人的情感需求能够得到充分满足。同时，居家养老能够充分整合利用家庭、社区的资源，使养老成本大大降低。居家养老服务机构提供的专业服务也能使老人的生活质量得到较好的保证。目前，居家养老已经成为欧美等发达国家老年人养老的主要方式，有80%左右的老年人接受居家养老服务，有5%~15%的老年人采用机构养老。[1]

第二，需求为本，分类管理。国外养老模式体系建设的重要经验之一，就是充分考虑老年人的全方位需求。老年人的需求主要包括四个方面：一是经济提供，二是生活照顾，三是医疗护理，四是精神慰藉。由于西方发达国家人均收入较高，社会保障制度和

---

[1] 缪百年，《国内外养老模式及其发展》，http://blog.soufun.com/11685752/11274560/articledetail.htm。

医疗体系较健全，经济提供和医疗护理不再是老年人养老的主要问题，而生活照顾和精神慰藉却受到了重点关注，特别是精神慰藉问题越来越引起重视。为了使老年人生活更加充实和情感需求得到满足，西方发达国家采取了让老年人回归社会的各种措施，比如鼓励老年人重新就业、参加各类社会组织、参与各类公益性活动等，也包括让老年人重新回归家庭。不仅应考虑老年人需求的全面性，而且要根据老年人年龄阶段、身体状况、个性特征以及经济条件的差异，建立分阶段、分层次、分级别的养老模式体系。[1]

第三，多元整合，功能互补。国外发达国家解决老龄化问题的一条重要经验是，整合政府、社会、家庭和自愿者等多种资源，提高养老服务的整体功效。（1）发挥政府的保障和引导作用。就养老服务模式而言，政府的作用首先是对困难老人的保障作用。政府的养老服务最初都是从保障孤寡、残疾老人的养老开始的。至今政府对于困难老人的保障功能非但没有削弱，反而得到了加强。如英美等国都建有大量福利院，专供低收入、孤老等生活困难的老人养老。其次是对社会养老服务的引导作用。养老本质上是一种社会公共事务，应依靠政府来引导，纳入社会管理和公共事务管理范畴。如制定养老的法律和服务标准，监督养老服务的质量和服务水平，营造全社会敬老爱老的氛围，维护和保障老年人的合法权益等。（2）调动家庭和社会力量的积极性。养老是全社会的共同责任。由于独立意识增强和家庭养老观念逐渐淡化，很多老年人不再和子女生活在一起。但是随着人们对老年人情感需求认识的不断深化，家庭的作用在西方又开始引起重视，如有些国家已在探索给予因照顾老人而不能工作的家庭成员一定的补贴或提供弹性工作机会等。私人部门在西方国家的养老服务中也发挥着非常重要的作用。在英国，私人部门兴办的养老机构占到养老机构总数的60%左右，还有大量的私营企业从事着社区的日间养老照料服务。（3）发挥慈善组织和志愿者的积极作用。2001年，英国有590万志愿护理者，其中大部分属于社区志愿组织。志愿服务形成了许多种形式，如互助型养老、储蓄型养老等。[2]

第四，科学评估，突出重点。西方发达国家大多对入住养老机构的老年人实行分级管理。根据身体健康状态、生活自理程度及社会交往能力，老年人可分为自理型、半自理型和完全不能自理型三级，从半自理到完全不能自理再分级。不同级别的老年人入住不同类型的养老机构。在所有国家，有功能障碍老人的护理的主要来源是自我照顾和家庭护理。当其中一个或两个来源都不可用时，才会产生对机构护理的需求。为了帮助老年人留在自己家里，对家庭提供必要支持、与家庭共同分担护理工作是十分重要的。这包括一系列对家庭护理员提供的支持性服务，尤其是日间照料和喘息照料。[3]政府资金给付

---

[1] 王鸿春、鹿春江：《国外都有哪些养老模式》，北京日报，2010年3月18日。
[2] 王鸿春、鹿春江：《国外都有哪些养老模式》，北京日报，2010年3月18日。
[3] 谢菲尔德大学社会政策与老年医学教授 Alan Walker，林肯大学社会政策教授 Carol Walker：《杭州实地调研后的一些感想》，2012年10月。

应基于所支持的老年人的数量、提供服务的范围、服务的利用和服务的质量结果。能否享受政府资助和补贴服务，应根据需要而不是依据预先确定好的人群，应对申请人的健康情况和社会经济条件进行详细评估，以确定那些最需要护理的人们如老年痴呆症患者。[1]

第五，尊重传统，彰显特色。西方发达国家较早进入老龄化社会，机构养老也较为成熟，但每个国家都有其自身特点。如美国人提倡个人独立，老年人独立性很强，一般不与子女同住，选择住老年公寓的比例相对较多，所以"以房养老"模式在美国得到广泛认同；日本、新加坡等深受儒家文化影响的国家，比较注重传统的家庭养老与人文关怀，因而家庭养老仍是主要养老模式。欧洲是全球最早进入老龄化的地区，各国的养老服务模式也各具特色。如法国的养老服务模式比较多样，其养老机构主要由收容所、老年公寓、护理院和中老年医疗服务机构等组成。[2]在丹麦，目前最流行的是自助养老社区。在那里，老人们可以约上老友，或是志趣相同的伙伴住在一起，共同建设属于他们自己的家园，独享的公寓住宿，共享的餐饮、花园，个性化的小手工艺车间、小农场等，还可共同租用特别的照料服务。目前，异地养老、跨国养老产业在欧洲渐成潮流。挪威的卑尔根、奥斯陆、贝鲁姆等市已经先后在西班牙南部开设了大型养老公寓，那里低廉的地产价格、充足的阳光，吸引着越来越多的企业和老年人。

2. 中国港台地区经验

第一，重视居家养老服务。香港总的养老服务理念是以人为本、小区照顾、持续照顾、老有所为。香港的政策制定者常常提出，香港虽然是高度发达的社会，但与西方社会有重要的不同。在传统儒家文化的影响下，老人与子女、与亲友、与近邻的关系往往是紧密的。入住养老院意味着老人需要与陌生人建立新的联系，这对老人常常是巨大的挑战。因此，在可能的情况下，政府尽量让老人居家养老，而政府则拨出大笔资金协助其社区养老。[3]调查表明，只有不到4%的老年人喜欢住养老院。在台湾地区，面对不断加剧的老龄化趋势，台湾当局除了实施"双年金制度"（即居民年金制度和劳工保险年金制度）保障其经济安全，实行健康保险制度满足其医疗健康需要外，也特别重视居家社区照顾服务。其长期照顾对象不仅包括老年服务接受者，亦包括其家庭和家庭中的主要照顾者，以维护其社会权。[4]

第二，重视发挥民间机构作用。香港养老服务的一个重要经验在于，养老服务既要政府投入大量的财政资金，也要发动民间力量。香港的民间社会一直较为发达，养老服

---

[1] 谢菲尔德大学社会政策与老年医学教授 Alan Walker，林肯大学社会政策教授 Carol Walker：《杭州实地调研后的一些感想》，2012年10月。
[2] 李巍：《国内外养老模式研究》，《经济与管理》2012年第12期。
[3] 《如何解决养老问题，向香港学习》，http://forum.home.news.cn/thread/108402065/1.html。
[4] 陈伟：《英国、我国香港与台湾地区养老服务之理念与经验——对我国内地"社区居家养老服务"的借镜与反思》，《南京工业大学学报（社会科学版）》，2015年6月第14卷第2期。

务一开始也是由民间社会来提供。20世纪70和80年代,香港社会、经济结构产生极大的变化,大量老人无法由有血缘关系的家庭来关照。因此,政府推出一系列养老服务,不仅在财政上支持社区养老,还培养了大量的养老服务团队和民间团体。香港养老服务体制的最大特点就是政府主导下的社会化,政府处主导地位,民间机构承担90%的养老服务。[1]即大多数的养老、安老服务都由民间机构来完成,政府负责提供大量的财政资金投入养老服务。比如,2010至2011财政年度,香港政府拨给养老服务的金额高达40亿港元。其中,38亿多港元是拨给民间机构。

第三,重视提供专业化服务。香港高度重视养老服务的专业化。1997年颁布的《社会工作者注册条例》规定,非注册人员没有到福利机构专业岗位任职的资格。目前香港从事养老服务的人员约3万人,其中专业社会工作人员约占50%。政策的监管确保了养老服务的质量,同时提高了养老服务专业人员的地位。搭建养老服务架构要从两方面入手:硬件和软件。硬件方面,政府应制定好的政策,提供场地和设施,并且有好的制度监管运作。软件方面,服务员培训很重要,有利于服务推广。[2]

第四,重视爱心慈善作用。养老服务是香港政府公共服务的一部分。香港政府没有高调宣布要增加多少床位或要求民营资金介入。政府履行其应有的职责:给养老服务提供财政支持,对养老服务进行日常监察,而民营机构也没有高调做善事。因为,养老服务作为公益事业最需要爱心。2010至2011财政年度,香港政府拨给养老服务金额达40亿港元。其中,38亿多港元是拨给民间机构。有些机构获得数千万甚至上亿元港元,而员工的工资却一直维持在较低的水平。许多从业者把献爱心第一位,因此宁愿从金融行业转入社会服务业来服务社会。[3]

五、扶持民办养老机构健康发展的政策建议

1. 从战略高度扶持养老产业发展,制定专门政策解决养老基地发展困境

第一,随着老龄化时代的到来,发展养老产业势在必行。随着我国人口老龄化、高龄化的加剧,随着城乡居民收入的提高,家庭规模变小及社会观念转变,越来越多的老年人选择入住养老院,养老产业供需矛盾日益突出。特别是,随着第一代独生子女的父母相继进入退休年龄,养老产业有望进入"爆发式"发展阶段。但是,长期以来,政府是发展养老机构的主体力量,公立养老机构也长期占据市场主导地位。但是,在老龄服务体系建设中,政府不是万能的,老龄服务体系的建设也不能全靠政府,必须大力扶持民办养老机构发展,把举办养老事业与发展养老产业结合起来。杭州地处东南沿海,风景秀丽,自古享有"上有天堂、下有苏杭"之美誉,得天独厚的自然条件,使杭州发展

---

[1] 高江虹 杨亦宁:《香港养老:民间机构承担九成服务》,《中国民营科技与经济》2011年第9期。
[2] 高江虹 杨亦宁:《香港养老:民间机构承担九成服务》,《中国民营科技与经济》2011年第9期。
[3] 《如何解决养老问题,向香港学习》,http://forum.home.news.cn/thread/108402065/1.html。

休闲养老基地具有无可匹敌的竞争优势。因此，必须从战略高度规划、扶持休闲养老产业发展。

第二，养老产业具有特殊性，需要给予特殊的政策支持。为了适应人口老龄化和国家房地产调控的新形势，国内许多房地产企业如绿城、万科等都把目光转向养老地产。同时泰康人寿、中国人寿等保险公司亦纷纷启动养老产业项目。然而，养老地产开发将不同于普通住宅，它势必将有大量资金沉淀用于后续服务。由于配套政策缺失，目前养老地产普遍面临着高成本、高风险的困境。为了促进休闲养老产业的健康发展，政府应给予相应的政策支持。（1）用地政策。养老地产项目特别是休闲养老基地具有养老服务和房地产开发的双重属性，是一种融合复合地产和现代服务业的新型地产行业。因此，在用地政策上，在采取招拍挂出让方式供地的同时，应根据其入住老人数量以及配套的公共服务设施面积等，给与其土地使用税和房产税等适当减免，降低其资金压力与经营风险。在符合土地利用总体规划和相关城乡规划前提下，鼓励其利用村集体建设用地投入建设农村养老机构。（2）运行模式。为了促进养老产业发展，使休闲养老基地能够通过市场运作顺利建设和运行，应允许采取产权房与使用权房、租赁房混搭的模式，实现休闲养老地产与民办养老机构的结合，使之较快地收回建设投资。建议休闲养老基地的产权房应不受限购政策和房产持有套数的限制，价格和面积也可以放开，但必须保证有一定比重的使用权房和租赁房，以满足老人不同的、可能随身体状况而变化的居住需求。[1]（3）补助政策。从理论上讲，休闲养老基地可按登记性质享受相关营利性养老机构或非营利性养老机构的相关扶持政策，但由于其居养型的特点，不同于传统的护理型和助养型养老机构，社会各界对养老基地是否给予社会办养老机构相应的建设补助和运营补助存在着较大的分歧。养老机构内的所有床位，只要是提供给老人居住，为老人提供了机构养老服务，这类床位就应认定为养老床位，应给予享受同等的床位建设补助和寄养等补贴。（4）融资政策。拓宽融资渠道，鼓励商业保险公司，养老基金等对休闲养老基地建设提供金融支持，探索养老保险产品和养老住宅相结合的模式。

第三，扶持养老产业的政策重点是鼓励大型民办养老机构发展。目前民办养老机构作为社会养老体系的重要补充受到越来越多的重视，但发展面临重重困境，如规模小、功能不足、条件偏低、社会评价较差等。为此，政府应把休闲养老产业作为战略性新兴服务业加以扶持。特别是，对于大型的社会化休闲养老机构更要在项目用地保障、财政资金补贴以及相关费用减免方面采取更多优惠政策。如成都市就规定，对通过招商引资新建的特别重大社会化养老机构建设项目用地，可采取政府"一事一议"的方式研究解决建设项目用地问题。[2]对于大型民办养老机构的功能定位，可采取国际通行的持续照

---

[1] 浙江省公共政策研究院、浙江大学公共政策研究院：《休闲养生养老基地发展前景和政策支持》，政研参考（专报）第 83 期。
[2] 《成都市人民政府关于加快社会化养老机构发展的意见》（成府发〔2011〕38 号）。

料退休社区模式（Continuing Care Retirement Community）。这是一种起源于美国的复合式老年社区，通过为老年人提供自理、介护、介助一体化的居住设施和服务，使老年人在健康状况和自理能力变化时，依然可以在熟悉的环境中继续居住，并获得与身体状况相对应的照料服务。[1]

2. 改革养老行政管理体制，整合养老服务监管机构，提高民办养老机构扶持政策执行力度

第一，老龄政策碎片化严重影响民办养老机构扶持政策的贯彻执行。我国老年人养老、医疗保障等政策碎片化现象比较严重，十多个部委都可以出台政策。如医疗保险，城镇职工、城镇居民基本医疗保险由社会保障部门主管，"新农合"由卫生部门主管，不同部门出台的政策很难衔接与转化，导致政策难以执行。就杭州市民办养老机构扶持政策而言，近年来虽然出台了许多优惠政策，但由于民办养老机构发展涉及发改委、规划、土地、财税、社保、民政等许多部门，协调难度很大，导致大量已经制定、出台的优惠政策不能真正落地。

第二，改革民办养老服务监管体制，提高政策执行力。养老既是一项社会公共事业，也是一个朝阳产业，推进民办养老机构快速发展，需要各部门通力合作。为此建议：（1）建立常设的跨部门的全市社会养老事业发展联席会议制度，归并、整合市发改委、财政、规划、土地、税务、社保、工商、卫生、民政、老龄等相关职能，负责全市养老事业发展的规划协调与政策制定。（2）促进老龄委、民政局的功能整合。市老龄委与市民政局的职能关系交叉重叠，市老龄委属于虚设的议事协调机构，民办养老机构发展主要由市民政局社会福利处具体负责，规格太低、权威性不足，协调难度大，严重影响政策执行力。建议将杭州市老龄委下属办事机构老龄办，与市民政局社会福利处的部分职能整合，实行双重领导，并在街道和社区分别建立相应机构，负责全市民办养老机构发展的规划、协调、组织、管理，维护老年人权益等。（3）全面梳理、整合民办养老机构发展政策，协调部门力量，完善和创新民办养老服务政策体系。如针对杭州市失能半失能老人、精神病老人和痴呆老人的养护困境，出台老龄护理保险政策、鼓励喘息服务的补贴政策、大病保险政策和医养护一体化政策等。

3. 以需求为导向，改革民办养老机构财政补助方式，实现从补"砖头"、补"床头"到补"人头"的转变

近年来，为了应对人口老龄化挑战，鼓励民办养老机构发展，政府对民办养老机构建设和运营进行一定补助，俗称补"砖头"、补"床头"。为了提高人均床位比例目标，新增床位还被纳入政府部门绩效考核指标进行强力推动。这种床位补贴政策的确在一定

---

[1] 周恬弘：《持续照护退休社区(CCRC)介绍》，http://blog.sina.com.cn/s/blog_7510f15b0100phbq.html。

程度上提高了民间资本开办养老机构的积极性。同时也促使一些民办养老机构盲目扩张，导致床位空置率较高等问题。同时，由于公办养老机构收费标准较低，政府通过多种形式对其建设和经营进行了"隐性补贴"，而大部分入住公办养老机构的老年人并非是最需要得到补贴的低收入失能老年人。[1]其结果是，希望入住公办养老机构的老人排队等候，而许多民办养老机构却少有问津，资源浪费严重。为了解决这一问题，有必要全面清理财政补助政策，实行需求导向，逐步实现由补"砖头"、补"床头"到补"人头"的转变。

第一，完善民办养老机构补助政策，从以补"砖头"、补"床头"为主转变为补"人头"为主。（1）坚持现行补助政策。为了鼓励民间资本投入兴办养老机构，降低民办养老机构建设成本和经营压力，补"砖头"、补"床头"政策仍然具有积极意义。但是，为了从根本上化解民办养老机构发展困境，政府有必要首先在土地政策上进行调整。在用地上，要进一步明确、细化用地自建养老机构的土地取得操作程序，并在每年用地总量中确定一定比例的土地定向用于民办养老机构建设。如果是非营利性民办养老机构，一律采取行政划拨土地，与公办养老机构采取一视同仁的土地政策；如果是营利性民办养老机构，也应实行优惠政策，降低企业用地成本。同时加强监管，促使民办养老机构真正地把土地用于养老服务事业，防止其利用政策优惠取得土地却被用于其他营利活动。（2）完善补助方式。根据民办养老机构实际入住老人数以及按照"两标准两办法"确认的入住老年人类型确定补助标准，加大补助力度，改革补助方式，提高对民办养老机构的补贴效率。即要把政策从现行的补"砖头"、"床头"为主调整、完善为补"人头"为主，补贴标准由现在的120元/月再提高1~2倍，鼓励老年人入住民办养老机构。[2]

第二，改革公办养老机构定价机制，实行费随人走，适当提高收费标准，促进养老机构公平竞争。定价机制不合理是影响民办养老机构健康发展的重要根源。由于市场定价与政府定价的"双轨制"，导致公办与民办养老机构竞争不公平，制约民办养老服务机构的健康发展。为此建议：（1）强化公办养老机构的功能定位，公办养老服务定价既要体现政策导向，也要逐步与市场接轨，体现效率与公平的统一。在功能定位上，公办养老机构要强化公益性，更多地向弱势人群倾斜，重点解决"三无"人员、"五保"老人、有特殊贡献者和困难家庭老人等的基本养老问题[3]。在定价机制上，公办养老服务机构定价必须坚持成本补偿原则，逐步与市场接轨。在财政补助方式上，要实行差别化补贴政策，即财政补贴必须严格需求评估。除了保证前期的建设性投入以及日常的人头

---

[1] 张翔、林腾：《补"砖头"、补"床头"还是补"人头"——基于浙江省某县养老机构的个案调查》，社会保障研究, 2012年04期。
[2] 余岱：《积极构建城乡统筹适度普惠的养老服务体系 打造敬老养老模范城市》（内部资料），2013年2月20日。
[3]《中共杭州市委 杭州市人民政府关于加快推进养老服务事业发展的意见》（市委〔2010〕24号）。

费、维修费、设备更新等专项投入外，对于入住老人的政策性补贴，不能按照入住老人总数进行平均给付，而必须实行差异化补贴政策，即收入低的多补，收入高的少补，高收入的不补。要实行费随人走，并适当提高公办机构收费标准，增收部分用于补助经评估符合入住公办养老服务机构的困难老年人和提高护理人员待遇，运用收费杠杆调节对公办机构的过旺需求。（2）大力发展民办养老服务业，改革价格补偿办法，实行同质同价、优质优价，政府补贴到人，促进公私养老机构良性竞争。尤其是，按照费随人走的基本原则，不管是营利性养老机构还是非营利性养老机构，寄养补助政策都应一视同仁、按照统一标准给予补助。

4. 参照《民办教育促进法》的政策精神，研究制定扶持民办养老机构健康发展的用地、准入等重大政策

民办养老与民办教育一样具有明显的公益性，并非纯粹的营利行业。参照《民办教育促进法》和《民办教育促进法实施条例》的有关规定，对于解决目前制约民办养老机构快速发展的瓶颈问题，促进政策创新具有一定的借鉴意义。

第一，用地政策。《民办教育促进法》第五十条规定，新建、扩建民办学校，人民政府应当按照公益事业用地及建设的有关规定给予优惠。那么，如何解决民办养老机构用地问题呢？根据民政部《关于鼓励和引导民间资本进入养老服务领域的实施意见》的政策精神，解决民办养老机构用地问题有三条途径：即在符合用地规划前提下，民办非营利性养老机构行政划拨供地；民办营利性养老机构市场出让供地，政府应当按照公益事业用地及建设的有关规定给予税费优惠；自主供地或政府供地实行公办民营。目前需要研究解决的是，如何让那些通过市场出让方式获得土地的民办养老机构得到更多的政策优惠，减轻其土地使用税和房产税。为此建议：（1）无论是行政划拨供地还是通过市场出让供地，养老服务都具有一定的公益性，其供养对象与社会功能是相同的。所以，养老床位的一次性建设补助和运行补助标准也应一视同仁。（2）为了弥补出让土地过程的巨额前期投入，尽快回收投资，保障企业正常经营，应允许其通过床位使用权出租的形式招租客户，但养老项目必须独立经营，且租用合同必须一年一签，政府和社会对其经营活动及收益使用要进行必要监督。（3）对于大型的、综合性民办养老项目，其用地可借鉴成都市经验，通过"一事一议"方式解决。

第二，金融政策。《民办教育促进法》提出，国家鼓励金融机构运用信贷手段，支持民办教育事业的发展。《中华人民共和国民办教育促进法实施条例》和民政部《关于鼓励和引导民间资本进入养老服务领域的实施意见》也提出，鼓励金融机构加快金融产品和服务方式创新，通过创新信贷品种、增加信贷投入、放宽贷款条件、扩大抵押担保范围等方式，加大对民间资本进入养老服务领域的金融支持。目前一些私募基金已开始投资国内养老地产。2010年12月25日，挚信资本投资1亿元入股国内养老企业亲和源股份有限公司，共同合作进行养老产业的投资与运营。这标志着养老产业的发展进入

资本运作的时代。[1]但总的来看，民办养老机构在融资方面依然面临着政策瓶颈，亟待政策创新与破解。其主要困难是，养老机构用地属于福利用地不能贷款，而通过招拍挂拿地的民办养老机构，可以抵押贷款但面临着沉重的税费负担。为此建议：（1）对于以民非登记的非营利性民办养老机构，由于其用地可以通过行政划拨取得，不能银行抵押贷款。为了解决其融资困难，地方政府可设立民间投资担保基金，鼓励金融机构支持民办养老机构发展；可借鉴民办学校设立发展基金接受社会捐赠，并依照有关法律、行政法规的规定接受监督；在农村贫困地区举办非营利性的民办养老机构，可申请国家相关的信贷优惠政策。（2）对于以企业登记的营利性民办养老机构，应适当减免其土地税和房产税，以降低其运营成本；对经营性和协议出让的养老服务机构用地，不要定性为福利用地，而作为商业用地中的"其他商服用地"，鼓励相关银行给予信贷支持；对于大型的综合性民办养老机构，可支持企业通过股票、债券市场进行融资，或引入国外资本进行合资合作建设。

  第三，财税政策。《民办教育促进法》要求，县级以上各级人民政府可以设立专项资金，用于资助民办学校的发展，奖励和表彰有突出贡献的集体和个人。民政部《关于鼓励和引导民间资本进入养老服务领域的实施意见》也明确要求，加大对民间资本进入养老服务领域资金支持。根据杭州市委办[2011]15号规定，2011年到2015年，杭州市每年投入1000万元建立养老服务建设基金，用于项目总投资在100万元以上的社会办养老机构的贴息支持。养老服务既是一种新型服务业，也是具有一定公益性和外部性的社会公益事业，这就决定了财税政策支持必不可少。市级政府层面设立专项建设资金虽然十分必要但目前的规模还是太小，贴息要求太严，扶持力度不够，有必要进一步深化现行政策，加大资金支持力度。为此建议：（1）进一步扩大市级财政专项建设资金规模，加大对民办养老服务机构的资金支持，同时在县（市、区）政府层面也要设立相应的扶持基金。（2）将休闲养老产业发展纳入战略性新兴服务业范畴，实施有利于休闲养老产业发展的财税体制机制，通过发挥财政资金的杠杆效应，引导社会资金投入。（3）税收方面。对社会办养老机构提供的育养服务费免征营业税；对非营利性社会办养老机构还可免征自用房产、土地的房产税、城镇土地使用税；对营利性社会办养老机构如将取得的育养服务收入营利部分只要直接用于改善养老条件的，可享受其相应已缴纳的各种税收属地方留成的部分中的减半补助，由同级财政部门返回补助。

  第四，分配政策。《中华人民共和国民办教育促进法实施条例》规定，出资人根据民办学校章程的规定要求取得合理回报的，可以在每个会计年度结束时，从民办学校的办学结余中按一定比例取得回报。杭州市委[2010]24号文也明确，非营利性养老服务机构在扣除办院成本、预留发展基金以及按照国家有关规定提取其他必需的费用后，出资人可以从办院结余中取得合理回报。显然，民办养老机构肯定会有盈利动机，但养老本

---

[1] 吴炜：《新型养老产业_正在到来的商业蓝海》，《中关村》2011年2月11日。

身又偏公共事业。如何平衡好其中的关系？为鼓励社会力量兴办养老机构，应允许非营利性社会办养老服务机构参照民办教育机构进行适当利润分配，提高民间资本参与的积极性。政府应给予民办非营利养老机构更大的支持，创造一个与公办机构公平发展的环境，同时也要加强对民办养老机构的监管，促使其提升服务品质。[1]

5. 推进城乡统筹，扩大社会参与，优化资源配置，促进民办养老机构的集团化、规模化、品牌化发展

目前杭州市民办养老机构大部分集中在六城区及萧山、余杭两区，分布于五县（市）的民办养老机构不仅规模小、数量少，而且大多经营管理水平较差，很难适应农村人口老龄化、空巢化发展对机构养老服务越来越增长的需求。另一方面，由于农村敬老院服务低劣，床位空置率普遍较高；而农村中青年大量外出打工就业，也导致许多房屋空置，资源得不到充分有效的利用。因此，如何统筹城乡养老机构发展，优化整合社会资源，促进民办养老机构集团化、规模化、品牌化发展已成当务之急。

第一，鼓励异地养老，鼓励城镇老年人到农村养老。异地养老就是遵循比较优势原理，利用移入地和移出地不同地域的房价、生活费用标准等的差异或利用环境、气候等条件的差别，以移居并适度集中方式养老。目前杭州市部分近郊乡镇敬老院便收留了一些城镇老人入住，建德梅城的严东关长寿院也有许多来自上海、金华的城镇老年人入住。这里低廉的物价、清新的空气、新鲜的蔬菜等都成为吸引城镇居民的重要因素。目前制约跨地域异地养老的主要问题是社保、医疗等公共服务配套没有跟上，亟待解决。如现阶段农村合作医疗仍是县级统筹，城镇职工和城镇居民医保还没有实行省级统筹，不同地域的医疗补偿标准差异较大；养老保险个人账户还不能实现异地转移接续；尤其是政府财政补助资金包括政府购买服务政策也是局限于本地区，实行属地管理，无法惠及其他地区。这些都应该逐步解决。

第二，鼓励大型、品牌民办养老机构跨地区连锁经营。目前杭州市农村民办养老机构普遍规模较小、管理不规范、分布不合理，给政府及社会带来诸多安全隐患。同时，部分城市民办养老机构如上城区"在水一方"老人公寓等，却由于地域狭小，规模扩大受限，急需寻求合作机构。因此，强化政策支持，通过公办民营、民办公助、公私联营等各种方式，鼓励有实力、懂经营的品牌民办养老机构向城市周边及农村发展，实现连锁经营，既是企业发展的需要，也是杭州市统筹城乡养老社会事业发展，促进民办养老机构集团化、规模化、品牌化发展，提高服务水平的有效途径。这就要求突破现有政策的局限，如打破地域与所有制的限制，允许和鼓励城市有实力、懂经营、有信誉的非营利性民办养老机构与其他民办养老机构一样可以向农村市场拓展，实行连锁经营。

第三，推进区域性、养医结合型的养老服务中心建设。目前农村敬老院服务水平低

---

[1] 蔡若愚：《政府应给予民办养老机构政策和资金支持》，http://www.howbuy.com/news/1258621.html。

下,床位空置率高,开展社会服务进展缓慢,特别是适合老年人养老需求的养医结合型大型、综合性养老机构严重短缺。因此,应大力推进区域性的养医结合型养老服务照料中心建设。为此,要在重点推进中心镇、中心村养老服务的同时,协调卫生与民政、老龄工作职能,促进乡镇敬老院和乡镇卫生院(卫生服务中心)的功能整合,提高资源配置效率。目前在政策层面需要解决得问题是:对于综合的、养医结合型区域养老服务中心建设,必须打破部门与行业界限,解决好养老机构中医护人员专业职称评定与培养问题,平等对待,并同步解决好护理老人的医疗与社会保障问题,免除其后顾之忧。

6. 适应人口老龄化、高龄化发展需求,完善扶持民办养老机构发展的相关配套政策

第一,探索实施长期护理保险制度。长期护理保险(简称 LTCI)就是指被保险人因为年老、严重或慢性疾病、意外伤残等,导致身体上的某些功能全部或部分丧失,生活无法自理,需要入住机构接受长期康复和支持护理,或在家中接受他人护理时支付的各种费用给予补偿的一种健康保险。按照各国情况和传统的不同,长期护理保险可以分为两大类:第一类有商业保险公司作为主体,属于商业保险的范畴,采用自愿保险的方式,该类以美国为代表;第二类由政府作为管理主体,属于社会保险范畴,采用强制保险的方式,该类以德国、日本为代表。由政府管理的长期护理保险又分以下几种类型:(1)单独作为法定的护理保险制度;(2)作为医疗保险制度的一部分;(3)实施基本以实物给付的护理服务制度;(4)实行以公费负担的护理津贴制度。[1]根据中国现行社会保障体制,杭州市长期护理保险制度可由商业保险公司为主体,采取自愿保险的方式,政府对参保老人给予财政补助。

第二,护理员专业化、职业化培训及权益保障政策。受身心状况的制约,高龄和失能老人需要实行机构养老,因而十分需要具有某些专业学科的专业护理人员。为了推进民办养老机构发发展,政府在建设以供养型、护理型为主的基础性、示范性养老机构,为"三无"、贫困和失能老年人提供养护、康复、托管服务的同时,应大力加强养老服务培训资源的供给,有条件的院校应设立养老服务专业,着手培养中高级人才;通过制定岗位专业标准和操作规范,抓好在职人员职业道德、专业知识和岗位技能培训,逐步提高养老服务队伍的专业化水平。[2]与此同时,要通过法律和制度保障养老护理人员合法权益,提高其收入水平和社会美誉度。总的来说,目前养老人才培养滞后于养老产业的发展,要加大对养老服务、康复护理人员的补助与扶持政策,如解决人员的补贴和职称等。最近出台的《浙江省老年服务与管理类专业毕业学生入职奖补办法》规定,对新入职非营利性养老服务机构从事养老服务、康复护理工作的学生,工作满 5 年给予一次

---

[1] 上海市老龄科学研究中心:《国外长期护理保险简介》,中国老龄网 2009 年 7 月 29 日。
[2] 车辉:《中国养老服务队伍素质不高 专业人才亟待职业化》,《工人日报》2011 年 1 月 4 日。

性奖补。但五年的时间过长，对于留住人才不利，建议在具体执行时，能按年或半年给予落实。目前对已经在护理岗位工作多年的有学历的人员还没有政策补助，这对于稳定养老护理队伍、留住护理人才不利，建议也要考虑给予奖补。

　　第三，完善民办养老机构发展的相关法律。促进民办养老机构大发展离不开相关法律法规的完善。目前中国养老产业的立法不足体现在多个方面：管理机构不明确，没有专门的行业组织；行业标准和规范不统一，可操作性差；扶持政策不到位，缺乏明确的土地支持政策、金融支持政策（如倒按揭政策、长期护理保险、房地产信托投资基金-REITs等）、税收优惠政策（如个人税收递延型养老保险试点）等政府扶持。基于国内外经验，杭州市完善扶持民办养老机构发展相关法律，主要应关注以下方面：（1）进一步完善地方鼓励性政策的实施细则，如土地、税收、补贴等。（2）营利性养老机构开业许可制度进一步细化，完善修订民办养老机构管理的相关规定。（3）完善老年人社会福利和保险制度，如"养医合一"、"倒按揭"和"以房养老"。（4）修订完善养老护理专业人员、养老服务、养老建筑设计和养老机构管理方面的行业标准。（5）规范民办养老机构新的经营模式，如床位长期出租、老年公寓会员卡、入住金、分时度假等。

第二篇

健康服务政策

第四章 新型农村合作医疗制度模式研究

> 为了破解农民看病难、看病贵,消除农村居民因病致贫和因病返贫问题,杭州市从2003年起推行新型农村合作医疗制度。现阶段实施的新型农村合作医疗制度主要有两种运行模式:一是以萧山为代表的城乡二元型大病统筹模式,二是以桐庐为代表的城乡并轨型大病统筹模式。实践表明,不同的制度模式面临着不同的问题,也有着不同的制度绩效。比较研究这两种制度模式的运行绩效,对于构建社会主义市场经济条件下的新型农村医疗保障体系,全面建设小康社会具有重要的现实意义。

一、新型农村合作医疗制度模式的形成背景

任何一种制度模式的形成与运行都有其特定的社会环境。杭州新型农村合作医疗制度模式的产生与运行也有其特定的社会、经济与历史背景。

1. 社会经济背景

改革开放以来,杭州市经济快速发展,人民生活水平稳步提高。据统计,2005年,杭州市国内生产总值为2918.61亿元,人均GDP从2001年首度突破了3000美元、2004年突破了4000美元之后,2005年又突破了5000美元,五年之中实现了三次飞跃。城镇居民人均可支配收入16601元,农村居民人均纯收入7655元。

然而,在经济快速发展的同时,经济与社会事业发展"一条腿长、一条腿短"的问题越来越突出,特别是农村医疗卫生事业发展滞后,财政投入不足,农民"因病致贫、因病返贫"问题严重。据统计,2003年,全市卫生事业费占同级财政支出比例仅为2.81%,比前三年的3.51%、3.12%、2.90%还有下降,距国家要求的卫生事业经费要占同级财政5%的要求相距甚远。地方财政长期投入不足,已经严重影响了杭州市医疗卫生事业的健康发展,影响了职工队伍的稳定和业务水平的提高。尤其是各级疾病预防控制体系管理不顺,直接影响了基层防保网络的正常运转。

目前,在全市177个乡镇中,已有51个建制乡镇卫生院转制,绝大部分村卫生室已成为仅从事医疗活动的个体诊所,村级预防保健功能严重不足,农村公共卫生网络的网底有破裂的危险。同时,新型农村合作医疗发展也面临诸多困难。2004年杭州市农村教育与社会保障调查结果显示,36.2%的农民对农村医疗卫生状况不满意或不太满意,对目前农村合作医疗中"报销少、看病贵、不方便"反映强烈[1]。

因此,如何统筹城乡经济社会发展,建立适应社会主义市场经济发展需要的新型农

---

[1] 傅立群:《2004~2005年杭州社会发展总报告》,见《杭州蓝皮书:2005年杭州发展报告·社会卷》,杭州出版社,第14~16页。

村医疗保障体系,已经成为杭州市"十一五"时期必须面对和着力解决的一项重要的社会工程。

2. 历史背景

新中国成立以来,农村合作医疗制度一直是解决我国农民医疗保障问题的基本途径。与全国各地一样,杭州农村合作医疗的发展也经历了一个大起大落的曲折过程。

在20世纪60年代,依靠集体经济支持和强大的政治动员,杭州农村逐步建立起各种不同形式的合作医疗保健制度,到70年代末,已经覆盖了全市90%以上的大队(村)。这时期实行的农村合作医疗制度模式主要是集体经济支持下的社区集资医疗保障制度。改革开放以后,随着集体经济的瓦解和联产承包责任制的推行,绝大多数农村合作医疗自行垮台,到90年代,维持农村合作医疗的村已经寥寥无几。

1996年底全国卫生工作会议上,国务院再次强调重建农村合作医疗保健制度。为此,杭州市从1998年起开始恢复与重建农村合作医疗保健制度。据统计,到2001年末,全市394万农业人口中已有163.2万人口参加了农村合作医疗,参保率为41.4%。

当时,杭州推行的农村合作医疗制度模式主要有三种类型:一是纯福利型合作医疗,其特点是个人不出资或出资很少,资金基本上由村集体支付,而且医疗费报销比例比较高。主要在杭州的江干区、滨江区、西湖区和拱墅区等少数行政村实行。二是纯风险型合作医疗,其特点是医疗费用报销的起点比较高,相当于城镇职工的医疗保险,但集资金额不多,抗风险能力有限,多见于建德、淳安等经济欠发达县市。三是风险福利型合作医疗,其特点是个人出资较多,集体和政府给予适当补助,医疗费用不分门诊、住院均给予不同比例的报销,多见于余杭、萧山、桐庐等地。

这期间,由于农村合作医疗覆盖面低、筹资水平和报销比例极不平衡、农民受益面小,发展十分缓慢。如2001年,杭州市农村合作医疗筹资总额为3700万元,报销总金额为3658万元,农民人均报销为85.3元。但是,仅江干区就筹资1293万元,报销医疗费1483万元,占全市筹资和报销总额的34.95%和40.5%。如果除去江干区,全市农民年人均筹资总额仅14.2元,其中县(市、区)财政补助款仅1.74元,个人集资人均仅3元[1]。

为了贯彻落实《中共中央、国务院关于进一步加强农村卫生工作的决定》(中发〔2002〕13号),深入了解杭州农村医疗卫生发展现状,杭州市人大、市卫生局等单位在2002年9月组织开展了农村医疗保障制度的专题调研。调查发现,杭州农村合作医疗发展中普遍存在着"三低"现象,即筹资水平低、覆盖面低、保障水平低,难以适应农村经济社会发展水平和农民健康保障需求,亟需建立新型农村合作医疗制度。

---

[1] 宣杭丽、陈洵礼、郑燕娜:《杭州市医疗保障问题的分析与思考》,《中国农村卫生事业管理》2003年第9月第23卷第9期。

为此，杭州市委、市政府根据《国务院办公厅转发卫生部等部门关于建立新型农村合作医疗制度的意见》（国办发〔2003〕3号）和浙江省人民政府《关于建立新型农村合作医疗制度的实施意见（试行）》（浙政发〔2003〕24号）文件精神，从统筹城乡经济社会发展需要出发，相继出台了《关于建立新型农村合作医疗制度的若干意见（试行）》（杭政函[2003]158号）和《关于医药卫生和医疗保险救助体制改革的若干意见》（杭委发[2003]18号）等文件，决定从2003年起推行新型农村合作医疗制度。

与传统的社区福利型农村合作医疗制度相比，新型农村合作医疗制度是由政府组织、引导、支持，农民自愿参加，个人、集体和政府多方筹资，以大病统筹为主的农民医疗互助共济制度。它在保障对象、统筹层次、筹资与补偿方式，特别是政府作用方面都具有许多新特点，具有较多的社会医疗保险的性质。

二、新型农村合作医疗制度模式的主要类型

新型农村合作医疗制度模式是指新型农村合作医疗参保、筹资、补偿、医疗服务和基金监管过程中政府、医疗服务机构和参保农户之间的关系模式。杭州新型农村合作医疗制度模式主要有两种基本类型：一是以萧山为代表的城乡二元型大病统筹模式，二是以桐庐为代表的城乡并轨型大病统筹模式，简称为"萧山模式"和"桐庐模式"。

从总体上看，这两种制度模式都是按照上级政策文件精神建立的，以财政补贴引导、农民自愿参加、县级大病统筹为主，重点解决农民因患传染病、地方病等大病而出现的因病致贫、返贫问题的新型农村合作医疗制度。它们在指导思想、价值原则与制度构架方面具有许多相似性，但在运行方式上却有着许多不同的特点。

1. 萧山模式及其运行特点

萧山是全国著名的经济强县（区）。2003年8月，萧山区被列为浙江省首批27个新型农村合作医疗试点县（区），并于当年10月1日开始实施。萧山区实行的是城乡二元型的大病统筹模式，这是目前杭州市各县（市、区）最典型的新型农村合作医疗制度运行模式。其主要特征是：

第一，城乡二元型新型农村合作医疗保障体系。萧山模式的一个主要特征是建立了一套独立于城镇基本医疗保险制度的新型农村合作医疗制度模式，在参保对象、资金筹集、补偿方式、医疗服务等方面具有明显的城乡二元特色。

（1）参保对象。规定除已参加城镇职工基本医疗保险的人员外，其余户籍在本区的所有农业人口及非农业人口均以户为单位参加。

（2）筹资方式。所有对象以整户为基本单位，并按每人每年20元标准缴纳合作医疗费。区、镇（街道）财政各按应参加人口总数分别给予每人每年10元的补助。其中，最低生活保障线以下的人员、五保户及重点优抚对象的个人缴费部分，由区、镇（街道）财政负责解决。

（3）补偿方式。按规定参加农村合作医疗的人员享受大病（指住院治疗的疾病）医疗待遇和门诊药费减免待遇。其用药范围、诊断项目、医疗服务设施等标准参照区城镇职工基本医疗保险制度执行。

（4）医疗服务。新型农村合作医疗实行定点医疗制度。凡具备住院条件、取得《医疗机构执业许可证》的非营利性医疗机构，以及经军队主管部门批准有资格开展对外服务、并经地方卫生行政部门变更注册取得执业许可证的军队医疗机构，均可向区农医办申请农村合作医疗定点资格，区农医办按定点医疗机构管理细则和实际需要确定定点医疗机构。由区农医办与各定点医疗机构签定协议，明确职、权、利关系。

（5）配套政策。为了保证大病统筹新型农村合作医疗制度的顺利实施，建立了农村贫困人群和优抚对象的医疗救助制度。政策规定，凡户籍在本区范围内的新型农村合作医疗参保人员因患各种重大疾病住院或患严重慢性病和残疾需长期看病服药及灾害性事故造成重大伤害，经各类医疗保险、新型农村合作医疗报销帮助后，仍存在严重就医困难，且影响家庭基本生活的，可申请社会医疗救助。

第二，卫生行政部门在新型农村合作医疗监管运作中起主导作用。表现在：

（1）卫生行政部门在政策制定与执行中起着主导作用。在萧山模式中，有关新型农村合作医疗政策制定、调整及政策执行主体都在卫生局，"农医办"及农村合作医疗费用结报中心就设在卫生局，由卫生局直接进行领导具体管理。

（2）卫生行政部门是新型农村合作医疗定点医疗机构的监管主体。在合作医疗制度实施中，能否实行对医疗机构的有效监管，对于控制医疗费用、保证服务质量、维护消费者利益具有十分重要的意义。在萧山模式中，县（市、区）卫生局作为各类医疗卫生机构的行业主管部门，在对定点医疗机构监管中具有不可替代的重要作用。

（3）卫生行政部门也是新型农村合作医疗基金管理、风险控制的主体。农村合作医疗基金实行以收定支、收支平衡和公开、公平、公正的原则进行管理，必须专款专用、专户储存，确保基金的安全、完整。由于缺乏独立的社会保险经办机构，在萧山模式中，所有参保对象医疗费用的审查审核、补偿结报，定点医疗机构服务偿付，以及合作医疗基金的运营与风险控制等基金运营、监管业务，都是由卫生局所属的新型农村合作医疗管理办公室及费用结报中心来负责办理。可见，萧山模式实际上就是由县（市、区）卫生局主管和经办的新型农村合作医疗制度模式。

第三，新型农村合作医疗制度的推行主要依靠政府的行政推动。新型农村合作医疗制度作为一种新型农民医疗互助共济制度，农民既是合作医疗的参与者，也是合作医疗服务的消费者与受益者。虽然在参保方式上，要求以户为单位自愿参保，但在很大程度上还是依靠政府行政推动，农民参保的主动性与积极性不高。在萧山模式中，有关新型农村合作医疗的参保、筹资、补偿、管理等政策的确定与推行，基本上是政府意志的产物，农民在制度管理与运行中，参与渠道不多，缺少组织手段，利益表达与聚合能力不强，基本上仍属于被动的参与者和"沉默的大多数"。见图4-1。

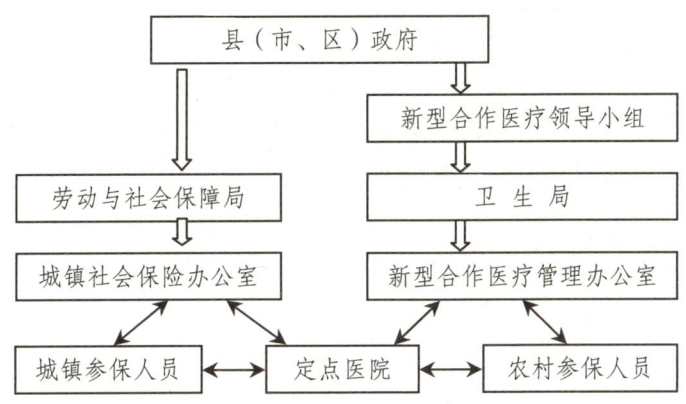

图 4-1 新农合萧山模式的运行关系图

2. 桐庐模式及其运行特点

桐庐县是国务院批准的沿海地区经济开放县,也是杭州市最早开展农村医疗体制改革的地区。1999 年,桐庐县委县政府决定重建农村合作医疗制度,至 2001 年后,全县 23 个乡镇全部参加合作医疗。2003 年 9 月,被列为浙江省推行新型农村合作医疗制度试点县。桐庐县实施的新型农村合作医疗制度是城乡并轨型的"三医合一"制度模式。其主要特征是:

第一,城乡并轨、"三医合一"的新型农村合作医疗基金运作体系。所谓城乡并轨是指新型农村合作医疗的保障范围、标准及定点医疗机构管理都实行城乡并轨政策。具体地说,参加新型农村合作医疗的农村居民,其门诊及住院医疗费用报销参照城镇职工基本医疗保险暂行办法的规定,享受合作医疗大病医疗保险待遇,"药品目录"、"诊疗目录"、"医疗服务设施和支付标准目录",城乡居民按照统一的标准执行。同时,定点医疗机构的确认也参照城镇职工基本医疗保险暂行办法的有关规定执行。

所谓"三医合一",就是指按照"管理职能不变,经办机构合一、结报平台统一,网络共建共享"的原则,把新型农村合作医疗报销、城乡困难群众医疗救助、优抚对象医疗费补助的操作职能归入到县社险办(医保经办机构)的工作机制。其中,新型农村合作医疗管理、考核工作仍由县卫生局负责;城乡困难群众医疗救助对象的审定、优抚对象医疗费补助对象的审核由民政局负责;城镇基本医疗保险由县社险办(县劳动和社会保障局)负责。各项医保经费独立建账,分户管理,各相关职能部门分工合作。

第二,劳动和社会保障部门在新型农村合作医疗制度运作中起主导作用。与萧山模式不同,桐庐模式由于建立了"三医合一"的制度平台,劳动和社会保障部门在新型农村合作医疗制度运作,特别是基金监管中发挥主导作用。具体表现在:

(1)在基金监管上,由社会保障部门所属的社会保险办公室兼管新型农村合作医疗基金的管理、使用、审核、结保等具体业务,会同财政、审计等部门对农村合作医疗资金收支、运行情况进行监管和风险控制。

（2）在医疗服务监管上，虽然县卫生局作为医疗卫生行业主管部门负有对所有医疗机构监管的主要责任，县农医办作为县卫生局的临时机构负责农村合作医疗相关政策的制定，但由于医疗费用结报中心设在县社会保险办公室，因而县劳动与社会保障部门就通过医疗费用的审核、支付而在事实上行使了对新型农村合作医疗定点医疗机构的监管责任。

（3）在参保对象上，政策规定，所有户籍在本县的农业人口，以户为单位参加合作医疗，按每人每年20元标准缴纳合作医疗经费，由县农医办负责参保农民的个人筹资；参保农民的医药费报销则由镇乡、街道合作医疗办公室负责汇总送县社险办审定，报销经费由社险办划到镇乡、街道医保办，由镇乡、街道医保办报销到人。县社险办每月将资金拨付情况和报销情况通报县农医办。可见，在桐庐模式下，县劳动与社会保障局无疑起着枢纽作用。

第三，将医疗救助纳入新型农村合作医疗服务保障体系。由于"桐庐模式"实行了"三医合一"制度，医疗救助政策已不仅仅是保证新型农村合作医疗制度顺利实施的必要补充，而成为新型农村合作医疗制度的有机组成部分。政策规定，所有持有效低保证、困难职工救助证的城乡居民及因病（灾害事故）治疗造成家庭实际生活低于城乡最低生活保障标准的困难人员，在经各类医疗保险报销和各种互助帮困后，医疗费负担仍有困难且影响家庭基本生活的，均可申请医疗救助。其中，城乡困难群众医疗救助和优抚对象医疗补助经费，由民政局、财政局负责筹措；上级拨入和财政安排资金直接划入社险办，县慈善总会列支经费由县慈善总会（民政局）划入县社险办；最低生活保障线以下的人员及五保户的个人缴费部分由县、乡镇两级政府各承担50%；救助对象和优抚对象的医药费报销，由县社险办负责，县民政局负责享受对象的审核。见图4-2。

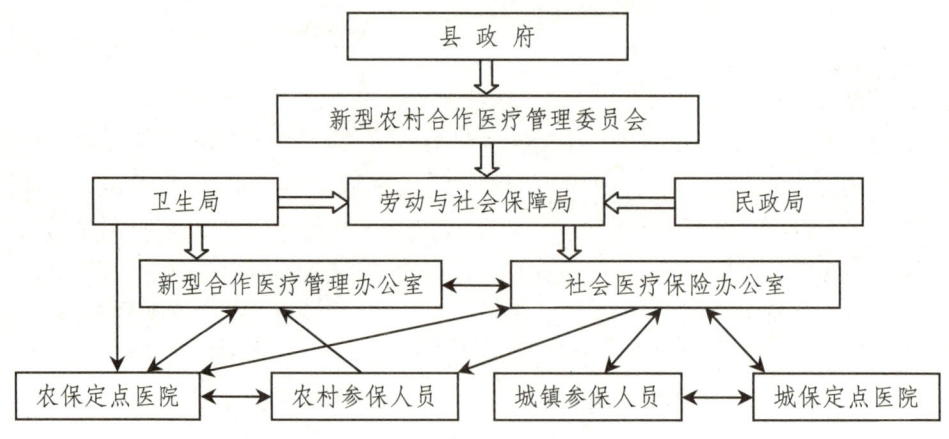

图4-2 新农合桐庐"三医合一"模式的运行关系图

三、新型农村合作医疗制度模式的实施现状

1. 萧山模式的实施现状

从 2003 年 10 月至 2005 年 10 月,萧山新型农村合作医疗制度模式已经运行了两年。这期间,其参保、筹资、补偿、医疗服务等实施情况如下:

第一,参保筹资情况。参保筹资环节是新型农村合作医疗制度实施的首要环节。从 2003 年到 2005 年,萧山新型农村合作医疗参保、筹资情况进展顺利,都有较大幅度增长。其中,参保人口从 87.97 万人扩大到 94.10 万人,增长了 6.97%,农民参保率由 90.69% 提高到 96.84%,基本上实现了应保人口的全覆盖。筹资标准总体上较低,但也有所提高,从年人均 40 元提高到 55 元;筹资总额从 2003 年的 4811.54 万元增加到 2004 年 5232.82 万元,增长了 8.76%,其中,政府筹资从 3061.05 万元提高到 3457.49 万元,占筹资总额的比例从 63.62% 提高到 66.07%,同期农户个人筹资则从 1710.48 万元提高到 1773.94 万元,分别占 35.55% 和 33.90%。(这里,政府筹资包括县乡财政资金、省财政补助资金及市财政以奖代拨资金等)显然,在萧山模式的筹资结构中,公共资金已经占据了主导地位。

第二,补偿收益情况。从 2003 年到 2004 年,萧山新型农村合作医疗补偿水平有所提高。其中,补偿总额从 3150.31 万元提高到 4333.61 万元,增长了 37.56%;报销人次从 651913 人增加到 692164 人,增长了 6.17%;次均报销从 48.32 元提高到 62.61 元,增长了 29.57%。由于实行"补大+补小"的补偿政策,总体受益面比较大,已经从 74.1% 上升到 75.6%,其中大病受益面从 2.83% 提高到 3.11%;平均受益率从 20.2% 提高到 24.31%,其中大病受益率从 16.5 提高到 19.09%。

第三,医疗费用分布情况。从 2003 年到 2004 年,萧山新型农村合作医疗大病住院医疗费总额和住院人次下降,其中医疗费用从 15710.7 万元下降为 11716.4 万元,降幅为 25.42%;住院人次从 24913 人下降为 17401 人,降幅为 30.15%。但是,县乡医疗机构次均住院医疗费用则有所上升,其中,乡镇卫生院从 2097.2 元上升为 2224.6 元,县级医院从 5055.9 元上升到 5290.8 元。在住院病人及医疗费用分布情况看,乡镇卫生院所占比例极小,主要集中在县级医院。其中,医疗费用分布方面,2003 年在乡镇卫生院的只占 1.17%,而县级医院则占了 66.38%;同样,2004 年,两者所占比例分别是 1.40% 和 59.06%。

2. 桐庐模式的实施现状

2003 年 6 月,桐庐县开始新型农村合作医疗制度的试点,2004 年 7 月推行了"三医合一"的制度方案。桐庐模式两年来的实施情况如下:

第一,参保筹资情况。桐庐模式实施以来,新型农村合作医疗覆盖面逐年扩大,参保率不断提高。从 2003 年到 2005 年,参保人口由 17.79 万人增加到 28.4 万人,参保率

从57.4%提高到90.8%；筹资总额从370.3万元提高到1368.1万元，其中，政府筹资从192.43万元增加到800.2万元，其占筹资总额的比例也由51.97%提高到58.49%；农户个人筹资从177.87万元增加到560万元，在筹资结构中所占比重从48.03%下降到40.93%。可见，在桐庐模式下，农民个人筹资所占比较大，但有不断下降趋势，而政府的主导作用则趋于增强。

第二，补偿受益情况。从2003年至2004年，桐庐县新型农村合作医疗补偿总额从251.67万元提高到694.96万元，报销人次从1429人增加到3754人，次均报销从1761.16元提高到1851.25元；参保对象补偿受益面也从0.8%提高到1.48%。2005年，桐庐县对新型农村合作医疗补偿政策做了重大调整，实行了大病医疗统筹兼顾乡镇卫生院小病门诊报销，导致补偿受益情况发生了显著变化。从2004年到2005年，医疗费用报销总额从694.96万元迅速增加到1202.4万元，增长了70.02%；补偿人次从3754人增加到130134人，增加了126380人；受益面则从1.48%迅速扩大到34.8%，其中，大病受益面为2.6%。可见，采取什么样的补偿政策，对于农民的医疗服务利用及其实际受益将具有决定性影响。

第三，医疗费用分布情况。从2004年到2005年，桐庐县新型农村合作医疗住院病人及医疗费用分布情况有了新的变化，主要表现在县乡医疗机构住院人次增加，而次均费用有所下降，这与桐庐县调整医疗补偿政策有很大关系。其中，乡镇卫生院住院人次有243人增加到757人，医疗费用由171.92万元增加到270.4万元，而次均医疗费用则从7074.9元下降到3571.99元；县级医疗机构的住院人次由2718人提高到5717人，医疗费用由1922.11万元增加到2825.3万元，而次均医疗费用则由7071.78元下降到4941.93元。在住院病人及医疗费用总的分布看，县级医疗机构也占绝对主导地位。其中，住院病人分别占到72.4%和57.72%，而医疗费用则占到78.88%和61.88%。

3. 农民需求现状

新型农村合作医疗制度是政府主导的制度变迁，所以，公共政策导向对于合作医疗制度运行具有决定性作用。但是，作为一种农民互助共济的医疗保障形式，新型农村合作医疗制度生命力和可持续发展的基础，还在于农民对于新制度的认同和积极参与。

为了解和掌握现阶段农民对新型农村合作医疗制度的意愿和看法，我们对萧山、桐庐两县区经济发达程度不同的六个乡镇、十个行政村（居委会）的部分农民进行了随机访谈和问卷调查，总共发放问卷300份，回收有效问卷262份。通过SPSS10.0统计软件分析，结果如下：

第一，参保意愿。调查表明，共有214人参加了新型农村合作医疗，占总数的83.9%；没有参加的37人，占总数的14.5%。对于参保原因，绝大多数人认为是出于"化小钱买平安"的愿望（萧山54.5%、桐庐58.2%）；其次是因为"村里代缴"（萧山27.7%、桐庐17.2%）。而不参保的原因则各不相同，或是农民急功近利、缺乏保险意识，或是农民缺少合作的意识与能力，或是怕吃亏，或是只保大病不保小病等等。

第二，筹资意愿。作为一种医疗互助共济制度，筹资难是制约农村合作医疗健康发展的瓶颈所在。调查显示，多数人主张新型农村合作医疗筹资应坚持"个人自愿缴费为主"的原则（萧山32.7%、桐庐51.7%），其次是"个人自愿缴费为主、政府、集体适当资助"的原则（萧山25.7%、桐庐17.2%）。那么，在没有政府财政资助或村里补助的情况下，人们是否会参加新型农村合作医疗呢？绝大多数人愿意参加（萧山66.4%、桐庐74.5%）。在萧山，52.7%的人认为目前的农村合作医疗筹资"水平太低，希望逐步提高"，而在桐庐，62.4%的人认为"水平正合适，希望保持稳定"。

第三，补偿意愿。实行大病医疗统筹是新型农村合作医疗的一个重要特点，补偿方式直接关系到参保农民的切实利益，并且对其参保的积极性也有着深刻的影响。调查表明，绝大多数人主张"以大病为主兼顾小病"，占总人数的53.1%（其中，萧山42.9%、桐庐61.0%）；其次是赞成补偿"住院及大额医疗费用"，占总人数的29.1%（其中，萧山33.9%，桐庐25.5%）；而主张只补偿"门诊小额医疗费用"的只占总人数的3.5%。这说明，现阶段，以补偿小病门诊为主的传统农村合作医疗对农民已经没有吸引力，但只强调大病住院医疗费用补偿的"补大"模式也存在缺陷，实行以大病统筹为主兼顾小病门诊的补偿政策是目前较受农民欢迎的制度形式。

第四，就医意愿。新型农村合作医疗制度的实施对农民就医意愿有何影响呢？调查表明，在萧山，平时看病就医选择"小病去村卫生室，大病去县市大医院"的，占总人数的47.8%，而在桐庐，选择"小病去村卫生室，大病去乡镇卫生院"的占总人数的47.9%。可见，小病去村卫生室已成多数农民的共识。关于农民对县乡村三级医疗服务机构的看法，对于村卫生室，其共同的看法是"医药费比较便宜"（萧山65.5%、桐庐55.1%）、"医术比以前的赤脚医生好"、"服务态度比较好"，但在"医疗设备"、"服务质量"方面都存在问题；对于乡镇卫生院，其多数看法是"看病较为方便"（萧山77%、桐庐55%）、"医疗设备落后"（萧山86.7%、桐庐79.5%）和"服务质量差"（萧山77.7%、桐庐80.7%）；对于县市级医疗机构，人们较普遍的看法是"医药费太贵"（萧山60.4%、桐庐94.2%）、"看病很不方便"（萧山59.5%、桐庐89.9%），对于医生水平（87.7%）、服务态度（71.2%）、医疗设备（90.6%）和服务质量（79.1%）等方面则比较满意。

第五，制度认识。调查表明，大多数农村居民对于新型农村合作医疗的功能作用持肯定态度，认为新型农村合作医疗"能够切实减轻农民的大病经济负担"（88.7%）、"有利于方便群众看病就医"（75.3%）、"解决农民因病致贫、因病返贫问题"（76.1%）、"密切党群干群关系"（78.5%）、"实现城乡统筹发展"（88.8%）等。这说明建立新型农村合作医疗制度是得民心、合民意的。但是，从实际经验看，无论是萧山模式还是桐庐模式，农民参保的主动性与积极性都不高。那么，造成这一反差的根源何在呢？在萧山，主要是"医疗补助少，影响积极性"（65.5%）；而在桐庐，主要是"报销手续太麻烦"（60.2%）。

对于导致农民"看病难"的主要根源，比较一致的看法是"医院药费太贵，吃不起"（萧山52.2%、桐庐71.6%）、"农村缺少医疗保障制度"（萧山24.8%、桐庐95.5%）和"农民收入太低，没钱看病"（萧山21.2%、桐庐14.9%）。对于建立和实行新型农村合作医疗的关键，比较一致的看法是"增加农民收入"（29.8%）和"保持政策稳定"（24.9%）。这说明，一个明晰而稳定的政策构架对于增强农民信任与心理预期，实现合作医疗的可持续发展是至关重要的。

四、新型农村合作医疗制度模式的绩效比较分析

就医疗保障制度而言，世界上不存在一个普适性的理想制度模式，其评价指标也无统一的标准。因为，各个国家的国情不同，各种制度模式也有其不同的社会条件。世界卫生组织在对各国医疗卫生体系进行评价时，特别是针对全社会卫生资源利用情况和卫生服务提供情况，提出了公平、效率、透明度、可及性和适用性等五项衡量指标，作为各国医疗保障制度比较的一般标准。这里，我们着重就新型农村合作医疗制度的公平性、有效性、可及性等方面对"萧山模式"和"桐庐模式"的运行绩效进行简单的评价。

1. 公平性分析

关于公平，有两重含义，一是机会公平，二是结果公平。在医疗保障领域中，一般来说，为大多数国民提供的基本医疗保障制度要强调结果平等，即所有国民只要患病，就应该得到国家规定的医疗保障服务。对市场提供的补充性医疗保障项目则应强调机会平等，即所有人都有权利根据自己的意愿和能力获得相应的医疗保障服务。

比较医疗保障制度模式的公平性，一般可从筹资和医疗服务提供两个方面来分析。其中，筹资方面的衡量标准有二：一是受益原则，二是支付能力原则。按照受益原则筹资就是谁受益谁支付，而且支付量与受益量直接挂钩。由于通常穷人比富人更多地利用医疗服务，所以，穷人应该多支付，这对穷人是不公平的。按照支付能力原则筹资就是谁有钱谁支付，支付和是否受益无关，所以富人应该多支付，这对富人又是不公平的。所以，这两条原则都体现公平，但是这两种公平是无法同时实现的。医疗服务提供方面的衡量标准也有两条：一是看是否为有同等需求的患者都提供了医疗服务，二是看同样的患者接受的医疗服务是否同等。

首先，就筹资的公平性而言，总的来看，新型农村合作医疗制度实行的是个人缴费、集体扶持和政府资助相结合的多元筹资机制。不论穷人富人，在筹资标准上都是统一的。考虑到大多数农民的支付能力有限，现阶段农民参保的积极性还不高，所以在筹资上，目前普遍实行的是低筹资、广覆盖、加大公共支持的政策导向。这种筹资政策体现了新型农村合作医疗具有农民互助共济和政府引导、支持相结合的特点，具有公平性。

就萧山模式和桐庐模式来说，在2003年和2004年，萧山区新型农村合作医疗人均筹资标准分别为40元和55元，其中，个人自筹各为20元；当年农民人均纯收入分别

为 7600 元和 8626 元，个人自筹占当年农民人均纯收入的比重分别是 0.0026%和 0.0023%。与之相比，在同期，桐庐县新型农村合作医疗人均筹资标准都是 40 元，其中，个人自筹为 20 元；当年农民人均纯收入分别为 5480 元和 6120 元，个人自筹占当年农民人均纯收入的比重分别为 0.0036%和 0.0033%。

可见，目前新型农村合作医疗筹资标准都是很低的，无论家境贫富都没有筹资压力。而且，对于少数筹资有困难的农村五保户、低保户和优抚对象，政府都给予了经济扶持。这就从制度保证了绝大多数农村居民参保机会的公平性，没有任何人因为贫穷而受到排斥。就这点而言，萧山模式与桐庐模式并无本质区别。

其次，从医疗服务的公平性而言，新型农村合作医疗强调县级大病医疗统筹为主，重点解决农民因患传染病、地方病等大病而出现的因病致贫、返贫问题。这种制度模式是按照保险原理进行设计的。根据健康保险的原理，最有经济效率的风险分担方式，莫过于在较大的投保人群中，对发生频率较低但治疗费用较高的疾病进行保险（费尔德斯坦，1993）。但是，由于大病住院的发生率低，每年享受大病住院医疗服务的人数毕竟很少，大多数参保农民不可能得到补偿，对于那些身体健康的人来说，参加新型农村合作医疗只能是做贡献。所以，从受益原则来看，新型农村合作医疗服务公平性就比较差。同时，由于穷人对医疗服务需求大而实际利用率低，而富人由于经济能力较强而得到了更多的医疗服务，从而实际形成了穷人补贴富人的现象。因此，即使同等的缴费标准对于穷人来说也是不公平的。

就萧山模式和桐庐模式来说，一方面，从参保人群医疗服务的整体受益水平看，由于补偿机制设计的不同，导致两种制度模式下参保农民实际受益上存在显著差别。萧山模式在医疗费用补偿上实行"补大又补小"的政策，2003 年度和 2004 年度，分别有 651913 人次和 692164 人次获得不同程度的医药费用补偿，报销总额分别为 3150.31 万元和 4333.61 万元。其中，门诊报销人次分别是 627000 人和 663661 人，报销医药费总额分别是 485.00 万元和 930.69 万元；大病住院报销人次分别是 24913 人和 28503 人，报销医药费总额分别是 2665.31 万元和 3402.92 万元。总体受益面分别是 74.1%和 75.6%，其中大病住院受益面分别是 2.83%和 3.11%；总体受益率分别为 20.2%和 24.31%，其中，大病受益率分别为 16.5%和 19.09%。与之相比，桐庐模式实行的是大病住院医疗费用统筹政策。2003 年度和 2004 年度，共有 1429 人次和 3754 人次获得大病住院医药费用补偿，报销总额分别为 251.67 万元和 694.96 万元，其总体受益面分别是 0.8%和 1.48%。显然，由于补偿政策的差异，萧山模式能够使绝大多数参保对象得到不同程度的受益（74.1%、75.6%），而桐庐模式却仅有极少数参保对象受益（2.83%、3.11%）。可见，在医疗服务的公平性上，萧山模式比桐庐模式更具有优越性。

另一方面，再从社会弱势人群的医疗救助情况看，据萧山区民政局统计，2005 年，全区共有城乡居民 122 人获得了医疗救助，其中，低保户 59 人、五保户 6 人、重点优抚对象 16 人、特困人员 4 人、低收入困难人员 37 人，投入救助资金 65.8233 万元，人均救助 5395 元，其中获得救助最高的一人为 5.6 万元。桐庐县在 2005 年 6 月正式出台了《桐庐县城乡困难人员医疗救助办法》，通过降低门槛，提高救助比例，全县共有 72 人获得了医疗救助，救助资金 30.1 万元，人均救助 4180 元，从而在一定程度上减轻了农民看病贵的压力。但是，由于医疗救助对象和农村困难人群并不完全重合，而且获得医疗救助本身是在获得新型农村合作医疗或其他医疗保险补偿的基础上实施的。所以，对于那些即使有病而因为经济原因，该就诊而未就诊、该住院而未住院的农村贫困人口来说，是难以享受到医疗救助待遇的，这也影响到制度模式的公平性。

总之，在筹资上看，萧山模式与桐庐模式都具有公平性；但是，在医疗服务上看，虽然总体上看，新型农村合作医疗制度的医疗服务公平都比较差，但是相比而言，萧山模式比桐庐模式更具有公平性。

2. 效率性分析

判断一种医疗保障制度模式是否有效率也可以从筹资和医疗服务提供两个角度来分析。在筹资方面主要是看是否建立了一个好的筹资机制能够筹集到足够的资金，在医疗服务方面主要是看对医疗服务质量和服务成本的影响。

一种好的医疗保障制度应该提供优质的医疗服务。但是，能够提供优质的医疗服务的医疗保障制度并不一定都是好的制度，因为它可能成本高昂，造成有限资源的低效利用，过高地投入成本，即使短期内筹集到足够的资金，也难以实现可持续性发展。所以，理想化的制度模式应该综合考虑资金筹集和服务提供的关系，即在资源给定的前提下，用最低的成本提供最优的服务。如果一种制度模式达到了这种状态就是有效率的。当然，从经济学上看，制度效率也有宏观效率与微观效率之分，两者并不总是一致的。

首先，从筹资效率看。新型农村合作医疗制度坚持国家、集体与个人多方筹资的原则。由于集体经济发展不平衡，集体企业大多已经改制，大部分农村集体经济已经空壳化，导致各地集体筹资部分差异很大，资金来源也不稳定。在集体经济比较强的地区，往往能够部分、甚至全部替代农民个人筹资。所以，新型农村合作医疗筹资主要由两部分构成：一是政府公共筹资，二是农民个人筹资。其中，公共筹资一般都占主导地位。而考察新型农村合作医疗制度模式的筹资效率，也可以从两方面看：一是看筹资规模与方式，二是看筹资成本及运作成本。

从总体上看，由于目前新型农村合作医疗制度都处在试点阶段，制度实施主要依靠行政推动，运行的规范性还比较差，容易受到长官意志的影响，尤其是农民个人筹资还要靠乡村干部一家一户地上门收取。所以，从总体上说，筹资效率是不高的。但是，在成本控制方面，不同的制度模式往往有很大差异。就杭州地区来说，由于经济比较发达，地方财政收入增长较快。所以，新型农村合作医疗公共筹资部分，一般都能及时、足额到位。市财政每年也对县（市、区）财政补助资金到位与使用情况进行监督，所以，公共筹资效率都比较高。

从调查情况看，目前存在的问题是，省财政补助资金或市财政以奖代拨资金的到位普遍比较滞后，补助数额的随意性也比较大。如按照《浙江省人民政府关于建立新型农村合作医疗制度的实施意见（试行）》（浙政发〔2003〕24号）的规定，省财政根据各地经济发达程度不同，对经济欠发达地区、中等发达地区和经济发达地区的参保人口将分别给予每人每年10元、5元、3元的补助。萧山区2003年和2004年的参保人口分别为87.97万和91.56万，按照年人均3元的补助标准分别应是263.91万元和274.68万元，而实际到位资金则为329.4万元和128万元。2005年省市补助资金则至今仍没有到位。桐庐县2003年和2004年的实际参保人口分别为17.79万和25.33万，按照省财政人均5元的补助标准分别应为88.95万元和126.65万元，而实际到位资金则为0元和191.6万元。可见，政府公共筹资部分投入的随意性比较大，从而在一定程度上加重了县乡级财政的筹资压力。但是，最大筹资压力来自农民个人筹资部分。

尽管问卷调查显示，农民参保筹资的意愿比较强烈，而且主张以个人自愿缴费为主。但是，从制度实践看，目前，无论是萧山模式还是桐庐模式都是依靠政府行政推动，农民主动投保的积极性并不高。所以，每年到了筹资阶段，从县到乡镇、村，都是把它作为一项政治任务和中心工作来抓，耗费大量的行政成本，筹资效率低下。

再从筹资及运行成本看：萧山区实行城乡二元型大病统筹制度模式，农医办设在卫生局，并建立了独立于城镇医疗保险的新型农村合作医疗费用结报中心。2003年，萧山区专门投资了500多万元用于新型农村合作医疗的信息化管理，建立了中心计算机系统，使用中国电信宽带网络联网，改造医院HIS系统60家，建成88万人的数据库，初步实现了参保农民出院实时结报，节省了管理运行成本，方便了参保农民。但总的来看，前期硬件投入成本比较大。

从制度运行成本看，农医办作为卫生局所属的事业单位，现有工作人员14人，其中，编制人员1人，临时人员13人。全年基本费用支出34.78万元，包括控制性经费6.34万元（包括在职人员基本工资及专业津贴、在职人员奖金补贴、社会保障费、控制性公用经费等），包干性经费28.44万元（包括临时工作人员补贴、缺编经费、包干性公用经费等）；项目支出2068万元（包括农村合作医疗补助、业务经费、宣传经费、合作医疗证、系统运转维护费等），总计2102.78万元。如果平摊到每个参保人员，等于人均成本22.34元。可见，萧山模式的运行成本也是比较大的。

与之相比，桐庐县实行城乡并轨型"三医合一"的制度模式，按照"管理职能不变，经办机构合一，结报平台统一，网络共建共享"的原则，自2004年7月起，医疗费用的结报工作则全部由社会保障局社险办（医保经办机构）一家承担，从而为整合社会保障信息化网络资源和管理力量，避免重复投入，提高办事效率，统一标准，公平公正，方便群众提供了制度渠道。由于共用了城镇职工基本医疗保险费用结报系统，2004年，桐庐县只投入了 85 万元，购置了 PC 服务器 2 台、IBMP650 小型机 1 台、网络交换机 1 台、备份磁带库及备份软件等设备，就使全县 28 多新型农村合作医疗参保人员实现了医疗费网上实时结报，实现了专业化的管理服务。各联网医疗机构、药店也不需支付二笔网络使用费，从而大大地减少了网络运行等成本。显然，桐庐模式在前期硬件投入成本要低得多，实现了资源的集约利用。

从制度模式运行成本看，目前，桐庐县新型农村合作医疗管理办公室设在县卫生局，现有临时人员 1 人，县财政每年补助经费 5 万元（不足部分由卫生局内部调剂解决）；劳动和社会保障局社险办，现有医疗费结报专职人员 6 人，计算机网络、软硬件管理员 2 人，其中医保专职员 1 人，财务科也配备了相应人员。这些人员基本是原来城镇基本医疗保险的工作人员，只有 2 人是增加农村合作医疗费用结报业务后新招聘的。如果按照年人均 4 万元的基本支出，加上农医办临时人员 1 人的支出，其基本经费支出总共大约为 13 万元。如果分摊到每个参保人员，人均成本仅 3.87 元。可见，在现阶段，无论是萧山模式还是桐庐模式，在农户个人筹资方面都缺少有效方法，筹资成本比较高。但是，在制度模式运行成本上，桐庐模式与萧山模式相比具有较明显的优势。

其次，从医疗服务效率看。医疗保障制度模式对医疗服务效率的影响，主要体现在医疗服务质量和服务成本方面。在社会医疗保险制度下，由于存在着"第三方付费"机制，社会医疗保险机构采取严格的医疗费用结算办法来控制医疗费用支出，提高服务效率；同时，在社会医疗保险制度下，实行雇主雇员共同缴费和费用分担机制，提高了参保人的费用意识，减少了医疗卫生资源的浪费。因此，相对于没有第三方付费的其他医疗保障制度模式，社会医疗保险制度模式的微观效率是比较高的。

新型农村合作医疗带有一定程度的社会医疗保险性质，作为一种国家支持的农民医疗互助共济制度，它没有建立起第三方付费的有效的费用监控制度，导致医疗服务费用高昂、资源浪费严重，服务效率难以提高。就杭州情况看，在萧山模式下，由于农医办设在卫生局，属于社会保障的工作由卫生部门独家管理，既是管理方，又是供给方，管办不分，严重影响了医疗服务监管的效能。

2004 年与 2003 年相比，萧山区乡镇卫生院的住院医疗费总额由 183.3 万元下降为 164.4 万元，住院人次由 874 人下降为 739 人，降幅分别为 10.3%和 15.45%，而次均医疗费用却由 2097.2 元上涨到 2224.6 元，增幅为 6.07%；同期，县级医疗机构住院医疗费总额由 10429.3 万元下降为 6919.9 万元，住院人次由 20628 人下降为 13079 人，降幅分别为 33.65%和 36.6%，而次均医疗费用却由 5055.9 元上涨到 5290.8 元，增幅为 4.65%。

相比之下，在桐庐模式下，由于"三医合一"体制在一定程度上实现了医疗服务的管办分离，有利于改进对定点医疗机构的监管方式，即除了政府卫生行政部门的和农医办开展的行业监督外，增加了社会保险机构的监管作用，从而有助于提高医疗服务的微观效率。因此，在服务效率上，桐庐模式比萧山模式更为有效。2005 年与 2004 年相比，桐庐乡镇卫生院住院医疗费总额从171.92万元上涨到270.4万元，住院人次从243人提高到757人，增幅分别达57.28%和211.52%，而次均住院医疗费却由7074.9元下降为3571.99元，降幅为49.51%。同期，县级医疗机构住院医疗费总额从1922.11万元上涨到2825.3万元，住院医疗人次从2718人提高到5717人，增幅分别为46.99%和110.34%，而次均医疗费用却从7071.78元下降到4941.93元，降幅为30.12%。显然，医疗服务人次的增加和次均医疗费用的降低，是医疗服务效率提高的表现。

总之，当前杭州新型农村合作医疗制度模式，包括萧山模式与桐庐模式都没有真正解决好农民个人筹资机制问题，投入成本大，筹资效率不高；但是，由于桐庐模式实行了"三医合一"运作机制，较好地解决了卫生行政部门管办不分的监管难题，同时又避免了新型农村合作医疗制度运行中的重复投入所带来的浪费，降低了制度运行成本，从而提高了桐庐模式的医疗服务效率。

3. 可及性与可得性分析

基本医疗保健服务的可及性与可得性是各国政府对医疗保健领域进行管理和监督的重点。改善基本医疗保健服务的可及性，即保障服务供给，提高服务质量，使所有社会成员都可以方便地获得质量可靠的服务。而改善基本医疗保健服务的可得性，即规范医药机构行为、遏止医药价格飞涨，并实行收入再分配，使全体国民尤其是低收入者有能力购买这些服务。

新型农村合作医疗制度与传统农村合作医疗的一个重要区别就是以大病医疗统筹为主，解决农民因病致贫、因病返贫，但本质上仍属于基本医疗服务保障的范畴。因此，在实施新型农村合作医疗过程中，如何强化政府对城乡医疗资源的配置，增加政府投入，改善农村医疗卫生条件，如何推进医疗卫生体制改革，有效控制农村医疗服务价格，加强农村社区卫生服务体系建设，提高农民医疗卫生服务的可及性与可得性，就是一个关系到新型农村合作医疗制度可持续发展的重要问题。

医疗服务的可及性与医疗资源的配置、医疗服务体系是否完善有着直接的关系。传统农村合作医疗的一个重要的特点与优点就是由于建立了较完善的农村三级医疗预防保健体系，并且有比较稳定的集体经济支持。这对于保障农民获得基本医疗保障起了巨大的作用。但是，改革开放以来，随着集体经济的解体，由于指导思想的失误，农村合作医疗制度及其三级医疗服务体系也基本解体了，自我保障、自费医疗已经成了绝大多数农村居民唯一的保障手段。

那么，推行新型农村合作医疗制度后，农村居民在医疗服务的可及性与可得性方面的现状如何呢？从杭州情况看，各地在推行新型农村合作医疗过程中都进行了农村医疗卫生体制改革，调整了乡镇卫生院的布局，部分乡镇卫生院随着行政区划调整已经改制为产权多元化的民营医院。同时，大力开展乡村一体化的社区卫生服务体系建设，因而都在一定程度上改善了农村居民的就医环境，提高了医疗服务的可及性。

但是，各地区在社区卫生服务方面的发展是不平衡的。如在萧山区，随着医疗卫生体制改革的不断深入，区—镇（街道）—村农村三级公共卫生体系也不断加强。目前，全区已建立26个社区卫生服务中心，19个镇创建成省、市级以上卫生镇，14个镇（街道）设立社区卫生服务中心，设立了20多个社区卫生服务站，有119个行政村设置了医疗点，从事村医疗点服务的卫生人员有589人，农民看病难问题得到了有效缓解，大多数农村居民都可以就近享受到医疗、预防、保健、康复、健康教育、计划生育等"六位一体"的社区卫生服务。尤其是，萧山区卫生局配合药监局在全区范围里开展了镇（街道）卫生院创建"规范药房"和村（社区）卫生室创建"合格药房"，即两房创建活动，为从源头上规范基层医疗机构的药品质量，使基层医疗机构达到"购药渠道规范、硬件设施合理、制度记录健全、药品质量保证"的目标，确保农民群众用药安全有效发挥了重要作用。

到2005年6月底，全区50家镇（街道）卫生院中，有49家完成了规范药房创建工作，占总数的98%；439家村（社区）卫生室中，有406家完成了合格药房创建工作，占总数的92.5%。通过以上措施，萧山农村医疗卫生服务的可及性与可得性大为提高。相比而言，桐庐县在社区卫生建设中要相对滞后，大多数社区卫生服务中心只是乡镇卫生院的翻牌而已，在运作机制上也缺少社区居民的有效参与。因此，从医疗服务的可及性上看，萧山模式要优于桐庐模式。

而从医疗服务的可得性看，2004年，萧山区次均住院医疗费为5187元，农民人均纯收入为8626元，这意味着农民住院一次的医疗费用就相当于其人均纯收入的60.13%；同年，桐庐县农民人均纯收入为6120元，次均住院医疗费用为4519.79元，相当于人均收入的73.85%。可见，在总的医疗费用不断膨胀的情况下，桐庐县农民住院医疗负担比萧山还要高些。这在客观上必然要影响到农民获得基本医疗的可得性。

总之，随着新型农村合作医疗的实施，无论萧山模式还是桐庐模式，农村居民医疗服务的可及性都有了一定提高，但是，由于农民收入水平的差异，特别是社区卫生服务体系建设的差距，萧山模式在可及性方面比桐庐模式更具有优势。

五、新型农村合作医疗制度模式面临的主要问题

1. 制度功能定位问题

根据政策规定，新型农村合作医疗制度要"重点解决农民因患传染病、地方病等大病而出现的因病致贫、返贫问题"。目前杭州农村实行的都是强调大病住院医疗和特殊病种门诊医疗统筹制度模式。这种"补大不补小"的制度模式，在实践中必然带来两方面问题：

一是参保人口的总体受益面和受益率普遍过低，影响了农民参保的积极性。据统计，在2003年和2004年，萧山新型农村合作医疗参保农民大病补偿受益面为2.83%和

3.11%，受益率为 16.5%和 19.09%；桐庐新型农村合作医疗补偿受益面仅为 0.8%和 1.48%。从农民需求看，萧山和桐庐的参保农民中赞成补偿"住院及大额医疗费用"的人数比例分别仅占 33.9%和 25.5%，而主张补偿方式"以大病为主兼顾小病"的分别占 42.9%和 61.0%。但问题是，实行大病统筹兼顾小病门诊的补偿模式必然导致有限的合作医疗基金使用的分散，起不到化解大病、重病医疗风险的保障作用，而如果要保持较高的补偿水平只能提高筹资规模和缴费标准，则又将增加农民筹资压力和继续参保的积极性。

二是乡镇卫生院处境艰难，影响了参保农民医疗服务的可及性与可得性。据统计，从 2003 年到 2004 年，萧山新型农村合作医疗住院医疗费用分布中，乡镇卫生院所占比例只有 1.17%和 1.40%，而县级医院则分别占到 66.38%和 59.06%。而在 2004 年和 2005 年，桐庐新型农村合作医疗住院病人分布中，县级医疗机构分别占到 72.4%和 57.72%，而乡镇卫生院只占到 6.47%和 10.31%。可见，目前实施的新型农村合作医疗制度模式，对于技术力量、医疗设备相对较差的乡镇卫生院很不利。同时，病人过多地集中在县级大医院，客观上也增加了病人的医疗负担。据统计，全省新型农村合作医疗大病住院病人次均医疗费用，县级医疗机构是乡镇医疗机构的 1.67 倍。

2．政府作用问题

目前杭州新型农村合作医疗制度实践中，政府作用方面存在的主要问题：

一是政府职责不清，越位与缺位并存。现行农村合作医疗制度强调大病医疗统筹而忽视基本医疗保健，而大病医疗保险服务具有较明显的私人物品性质，理应属于市场调节范畴；而基本医疗保健服务则具有更多的准公共产品性质，属于市场失灵或供给不足的物品，应主要由政府提供。

二是政府在合作医疗制度推行中过多强调行政推动，缺少法律与制度保障。目前我国行政运行体制是一种"政绩"导向的压力型政治动员体制，新型农村合作医疗制度的实施情况主要取决于政府主要领导的重视。当现任领导重视了，它就能雷厉风行，在短期内迅速见效，而当领导一走或不再重视时，它就迅速降温，人走茶凉，偃旗息鼓。因此，如何使农村合作医疗的发展走上常态化、制度化轨道仍然是其发展面临的一个严峻挑战。

三是县级财政压力过大，合作医疗的公共筹资缺乏可持续性。实行分税制以来，由于财权上收、事权下压，导致县乡政府财政压力普遍较大；取消农业税后，乡镇基层政府的财政收入下降，许多原由乡统筹负担的事业支出，如农村义务教育费、计划生育费、优抚安置费、民兵训练费、乡村道路建设费等开始列入县市财政预算支出范围，导致县级财政压力进一步增大；由于村集体经济大多解体，部分经济落后村的村干部误工补贴支付困难，许多县市也把它列入县财政补贴的范畴，这也增加了县级政府的财政负担；此外，由于受合作医疗财政补助资金拨付方式的影响，导致省市政府财政配套资金到位普遍比较滞后,从而使新型农村合作医疗制度的实施主要依靠县级财政的支持。县级财政支出过大,将使新型农村合作医疗制度的可持续发展面临隐患。

3. 医疗服务机构监管问题

"看病难、看病贵"是目前制约农村居民医疗服务利用的重要根源,导致小病不治、大病硬拖,甚至"因病致贫、因病返贫"。

调查表明,在参保农民中,有55%的人认为"医院药费太贵,吃不起"(萧山52.2%、桐庐71.6%)。其主要原因是"农村缺少医疗保障制度"(萧山为24.8%,桐庐为95.5%),特别是医疗服务缺少有效的监管措施,导致新型农村合作医疗制度在医疗费用控制与减轻参保农民医疗费用负担方面都没能取得实质性进展。2004年,萧山和桐庐的新型农村合作参保农民在县级医疗机构住院,次均费用分别为5290.8元和7071.78元,占其全年人均纯收入的61.34%和115.55%。

造成监管不力的主要根源是现行农村医疗管理体制存在缺陷,主要表现在:

一是管办不分的农村医疗管理体制。新型农村合作医疗大多数是由政府卫生部门主办的,而农村医疗服务机构也基本上是由政府所有和经营的。这种管办不分的医疗管理体制使政府卫生部门与定点医疗机构形成了复杂的利益关系,严重削弱了政府对医疗服务监管的效能。虽然桐庐模式下推行了"三医合一"的费用补偿结报机制,在一定程度上克服了医疗行政部门管办不分的弊病,但医疗服务监管的主要责任仍是政府卫生部门。同时,开展农村合作医疗必然要涉及到人、财、物、技术、制度等诸多因素,它们分属不同部门管理,包括财政、卫生、人事、药品监督、劳动与社会保障以及工商等,它们相互间职责纵横交错,利益关系纷繁复杂,往往牵一发而动全身。这种复杂的利益关系也影响了卫生行政部门行业监管的效力。

二是农医办的功能不健全。按照政策规定,农医办是实施新型农村合作医疗制度的具体经办机构,负责加强对定点医疗机构服务质量和费用的监管。但是,在杭州市,目前"农医办"的地位并不明确,如萧山区是卫生局所属的事业单位,而桐庐县则仅仅是一个临时性机构,监管能力十分有限。

4. 农民工的医疗保障问题突出

随着杭州工业化、城市化和城乡经济一体化的发展,如何统筹城乡社会保障的发展,特别是解决大量外出农民工的医疗保障问题,已经成为当前新型农村合作医疗发展中的一个突出问题。

根据第五次人口普查资料,2000年,萧山区外出人员共114586人,其中打工经商人员为58860人,占51.37%;桐庐县外出人员总共为57202人,其中打工经商人员为33784人,占59.06%。[1]

---

[1]《浙江省2000年人口普查资料》,中国统计出版社,2002年4月。

由于受城乡二元结构的影响，外出打工人员的医疗保障问题越来越突出。目前主要涉及两方面问题：

一是城镇农民工的医疗保障问题。由于农民工在城市收入水平较低，工作不稳定，劳动关系不规范，参保积极性普遍不高；由于许多城镇用工单位片面追求经济利益，忽视职工权益保障，不愿意给农民工投保；而地方政府也为了增强本地竞争力，强调降低企业劳务成本，有意无意地放松了对农民工权益保障的监督，导致农民工难以享受城镇基本医疗保障。同时，目前新型农村合作医疗实行县级统筹，即使参加了新型农村合作医疗，外出农民工也难以享受到本地医疗机构提供的医疗卫生服务。

二是农村外来人口的医疗保障问题。在杭州市农村，由于村办企业、乡镇企业较多，来自外省或外县市的农民工也比较多，由于他们缺少本地户籍，也难以参加新型农村合作医疗，只有极少数人员购买商业医疗保险。因此，农民工不仅受到城乡二元结构的排斥，而且也被排斥在新型农村合作医疗制度之外。

因此，如何打破户籍限制，尽快使城镇农民工纳入现有医疗保障救助体系，或者将合作医疗与城镇医疗体系结合起来，使农民工在城镇也能够得到平等、及时的医疗保障就是当前新型农村合作医疗发展中必须面对的一个重要问题。

六、完善新型农村合作医疗制度模式的主要措施

为了统筹城乡经济社会发展，保障农村居民的基本医疗需求，建立适应社会主义市场经济发展需要的、以大病医疗统筹为基础的多层次的农村医疗保障体系，实现新型农村合作医疗制度的可持续发展，应采取以下政策措施：

1. 要调整新型农村合作医疗制度的功能定位

杭州新型农村合作医疗制度模式的实施现状表明，由于萧山模式实行了大病统筹为主兼顾小病门诊的补偿结报政策，建立了比较完善的农村社区卫生服务体系，从而扩大了新型农村合作医疗的受益面，提高了医疗服务的公平性与可及性，增强了制度的吸引力。相比于桐庐模式，萧山模式更具有公平性和发展的可持续性。因此，有必要调整杭州新型农村合作医疗制度的功能定位，即从片面强调大病医疗统筹转向大病医疗兼顾小病门诊，以保障农村居民的基本医疗保障需求。

第一，要大力发展农村社区卫生服务，满足农村居民的基本医疗保健需求。突出大病医疗统筹是新型农村合作医疗制度的一个基本特点，也是在资源约束条件下破解农民大病医疗风险的有效途径，符合健康保险的基本原理。但新型农村合作医疗制度作为一项农民医疗互助共济制度，必须考虑农村乡土社会特点，尊重农民的意愿和医疗需求。这就要求在推行大病统筹、县办县管的新型农村合作医疗制度时，兼顾农民的基本医疗保健需求，使新型农村合作医疗制度建设与农村社区卫生服务体系建设相结合。农村社区卫生服务的一部分服务内容具有私人物品性质，如慢性病的个体防治、周期性体检和

部分保健及康复等，可以通过市场调节来满足；但大部分服务都具有公共物品或准公共物品性质，如法定计划免疫、群体疾病预防、妇幼保健、健康教育、计划生育技术指导等，属于市场失灵，而必须由政府公共支持的范畴。

第二，要整合新型农村合作医疗与社区卫生服务的功能，建立稳定的制度化联系。由于社区卫生服务与新型农村合作医疗具有不同的功能特征与供给方式，所以，必须通过建立稳定的制度化联系，将社区卫生服务整合到新型农村合作医疗制度体系中。在现阶段，整合途径有二：一是将社区卫生服务中心纳入到新型农村合作医疗的定点医疗服务机构体系中，并建立合理的接诊转诊制度，规范医疗机构之间的利益关系，实现小病进社区、大病上医院的目的；二是在建立大病统筹基金的同时，可以建立家庭医疗保健账户（或社区医疗保健卡），通过合理分配个人筹资在大病医疗保险与基本医疗保健的比例，实现新型农村合作医疗制度的大病医疗保险与基本医疗保健的功能整合。农民个人筹资的大部分应用于充实家庭账户，以解决其基本医疗保健需求，政府也应大力支持社区卫生服务的建设，特别是在基础设施、医疗器械和卫生人力资源培训，特别是全科医生培养等方面的投入。同时，农民也必须有部分资金用于大病医疗保险，以强化互助共济作用。

第三，要明确界定合作医疗与医疗救助及商业医疗保险的不同功能，建立社会化、多元化、多层次的农村医疗保障体系。解决农村居民因病致贫、因病返贫问题是实施新型农村合作医疗制度的一个重要动因。由于大病医疗所引起的巨额医药费往往是导致农民致贫、返贫的重要根源，所以，新型农村合作医疗以大病统筹为主无疑是具有科学性与合理性的。但必须看到，由于现行制度设计实行的是低筹资、低补偿政策，参保农民的补偿受益率很低，因此，对于绝大多数身患大病的患者来说，依靠新型农村合作医疗制度提供的费用补偿，实际上还是杯水车薪，并不能真正解决其因病致贫或因病返贫问题。为此，建立和完善农村医疗救助制度作为配套就实属必要。目前，无论是萧山模式还是桐庐模式，在实施新型农村合作医疗制度的同时，一般都推出了医疗救助制度。但是，目前还存在着许多问题，如医疗救助面过于狭窄，救助幅度太弱，起不到真正的救助作用；医疗救助的社会参与度不高，缺少政策支持与引导，基本上是政府唱独角戏；而且医疗救助作为一项面向全社会的公益事业，其与新型农村合作医疗制度的关系也不够明确，把医疗救助与是否参加合作医疗相联系，也存在制度设计上的公正性与合理性。因此，加强政策引导，广泛吸纳社会力量参与农村医疗救助，建立相对独立的医疗救助基金，实现社会救助社会化，是建立和完善农村医疗保障制度的重要途径。同时，随着农村利益多元化发展，农民的医疗需求和支付能力差异很大，而且解决农民大病医疗统筹问题，商业医疗保险无疑也是一条行之有效的途径。目前，杭州农村商业医疗保险的发展存在问题比较多。比如，适合农村特点与农民需求水平的医疗险种比较少，尤其是团体险种少，只有少数家境富裕的农民参保，而绝大多数农村居民无缘问津；农险市场缺少政策扶持，缺少政策性保险与商业保险结合的有效机制。因此，加快农村医疗保险市场的开发、引导与扶持，促进商业医疗保险机构参与、支持新型农村合作医疗的发展，是杭州新型农村合作医疗制度健康发展的一项重要内容。对于一些特殊病种患者，如尿毒症、糖尿病、器官移植、肿瘤等特殊病种患者的医疗保障与医疗救助，完全可以在确保其基本医疗基础上，积极引入风险管理方法或通过再保险等市场化手段来解决。

2. 要转变政府职能，改进政府作用方式

当前杭州在推行新型农村合作医疗制度模式过程中，普遍加大了财政投入力度，注重发挥政府主导作用，新型农村合作医疗覆盖面、参保率迅速提高。但是，无论是萧山模式还是桐庐模式也都在一定程度上存在着过多地强调行政推动、行政强制，忽视农民参保意识和社区自组织作用的培育，导致制度运行成本高、效率低，可持续性差等问题。因此，必须转变政府职能，减少政府行政干预，强化政府在资源整合、组织引导、财政投入、法律制度保障等方面的功能作用。

第一，要发挥政府在宏观调控、资源配置与整合中的主导作用。在市场经济环境下，政府在新型农村合作医疗制度中的作用首先是宏观调控作用。作为宏观调控者，政府要做好两方面工作：一是调整农村医疗卫生资源的布局，加强乡镇卫生院及村卫生室建设；加强行业管理，整顿农村医药市场秩序，实行医药分开，完善药品集中采购办法，扭转农村医药价格混乱的局面。二是重视卫生人力资源供给，应分层次地加强对农村医务人员的培训，特别是加强农村全科医生的教育培养，提高乡村医生的业务技能，提高医疗服务的质量与数量。

第二，要进一步加大农村医疗卫生建设的投入力度。农村基本医疗服务是一种准公共产品，政府应加大对农村医疗卫生资源的投入，提高新型农村合作医疗制度的公平性。政府公共投资主要包括两方面：一是在私人资本不愿投资的阶段或领域，政府应改变医疗卫生投资上的城市导向，扩大农村卫生基础设施的投资建设，提高农村医疗卫生资源的质量与水平；二是在合作医疗的筹资补偿方面，由于农民收入有限，政府必须给予公共资金支持，共同建立合作医疗基金。特别是对于经济欠发达地区，省市级政府要加大转移支付的力度，强化公共资金的引导作用。政府还应改变财政资金的拨付方式，明确不同层级政府间的投入责任，保证公共资金按期足额到位，切实保障农村居民的基本医疗保障需求。

第三，政府要加快地方立法建设步伐，从法律上保证新型农村合作医疗制度的顺利实施。鉴于现阶段新型农村合作医疗制度的实施主要依靠政治动员和行政推动，而缺少法律制度的有效保障，导致出现诸如筹资来源的不稳定、管理措施的随意性、政策缺乏权威性与稳定性等等一系列问题。因此，加快地方立法建设对新型农村合作医疗制度的可持续发展关系重大。这一是要从法律上保证合作医疗基金的收缴与政府投入，确保新型农村合作医疗制度实施的可靠财源；二是从法律上对新型农村合作医疗基金筹资、使

用、管理和监督过程等加以明确和规范；对农民、农村集体、政府财政在资金筹集中的权利义务关系，对各级政府在合作医疗资金划拨中的职责进行规范；对农民、合作医疗资金管理机构、医疗服务机构之间的权利义务关系及对医疗服务机构的服务规范，包括医疗诊治技术规范、医疗保险报销目录、检查和治疗费用的控制标准等从法律制度上加以明确规定，以便于操作执行。

3. 要深化农村医疗卫生体制改革，加强医疗服务机构监管

现阶段杭州新型农村合作医疗制度模式，无论是萧山模式还是桐庐模式，都在不同程度上存在着医疗服务监管不力、卫生行政部门管办不分、参保农民医疗费用不堪重负等问题，严重影响了新型农村合作医疗制度的效率与吸引力。因此，要深化农村医疗卫生管理体制改革，强化农医办的监管职能，适度引入市场机制，以保障农村居民获得优质低廉的基本医疗卫生服务。

第一，要改革医疗卫生管理体制，实行分类管理。一方面，政府要加大对公立医疗机构，特别是乡镇卫生院的结构调整和资源整合，加大财政投入，保证其正常的经营需要；政府物价部门要加强对药品价格的监管，改变重物化劳动消耗，轻技术劳务价值的医疗价格的不合理现象。另一方面，政府要采取优惠政策鼓励民营医疗机构的健康发展。为此，首先要建立市场准入制度，完善政策法规，要摒弃传统体制下对民营医疗机构的歧视和偏见，切实保障民营医院在准入、土地审批、融资、职称评定和医保定点等方面与公立医院的同等待遇。其次要强化服务和监督，如管理信息、技术信息、行业发展前景及市场供求状况等。政府还要积极培育医疗卫生行业协会，让这些非权利机构当好政府的参谋，服务于基层卫生单位，当好民营医院的经营顾问。总之，要通过适当引入竞争机制，激发医疗机构的活力，促使定点医疗机构降低经营成本，提高服务质量。

第二，要进行组织创新，强化农医办的监管职能。在新型农村合作医疗现行制度模式中，农医办无论设在卫生局还是社保局，大多属于临时性机构，处于依附地位，不能真正成为独立的医疗服务的提供方和管理方，也就难以真正代表消费者的利益和要求，切实履行其监管责任。因此，要使农村合作医疗制度实现可持续发展，就必须进行组织创新，实现管办分离，即由政府卫生部门行使对医疗服务机构的行业管理，而由农医办代表消费者的利益进行合作医疗的融资、管理、监督及组织医疗服务的生产等，成为专职的、独立的新型农村合作医疗管理经办机构。同时，也要进一步完善农村医疗服务监督体系，在加强卫生行政部门内部监督的同时，也要加强外部监督，包括立法监督、纪检监督、审计监督、社会监督和司法监督等，以维护农民的合法权益，实现社会公正。

第三，要推进城乡医疗保障体系的一体化建设进程，化解农民工医疗保障困境。目前，解决农民工医疗保障问题，不外乎两条基本途径：一是将农民工医疗保障问题纳入城乡现行医疗保障制度范畴，即通过纳入城镇基本医疗保障制度或新型农村合作医疗制度，以保障其医疗权益；二是将农民工作为一个特殊的社会阶层，建立一个相对独立的

农民工医疗保障制度。但是，这两种解决方法都存在着严重的制度障碍，不具有可行性。其存在的主要问题是缺少统筹城乡发展的战略视野，缺少科学分类。事实上，农民工群体是个层次多样、构成复杂，并且不断分化的特殊群体，因此，解决农民工医疗保障问题，首先必须进行合理分类，针对不同群体的特点和需求，采取不同的解决方法。如对于长期在城镇工作、在事实上已经城镇化的农民工，应通过完善城镇基本医疗保障制度，扩大制度覆盖面，保障其合法权益，逐步纳入城镇基本医疗保障制度；对于城乡"双栖"型的短期农民工则应通过完善新型农村合作医疗制度，扩大定点医疗机构范围，将其纳入新型农村合作医疗保障制度范畴；对于在杭州市发达地区村办企业、乡镇企业工作的外来农民工，则应在尊重其参保意愿的基础上，逐步纳入当地新型农村合作医疗制度范畴。政府则应通过完善相关制度，鼓励企业积极为员工参保。

4. 要适应农村利益多元化发展需要，强化利益保障机制建设

新型农村合作医疗制度作为政府组织、引导和支持的农民互助共济制度，农民的积极参与和支持是制度可持续发展的基础。要解决农民的信任问题和参保积极性问题，不仅要开展对农民的宣传教育、提高其健康保险意识，更重要的还是要强化利益保障机制，让参保农民真正受益。

第一，要疏通和拓展新型农村合作医疗的利益表达渠道，以充分反映农民参保意愿和医疗保障需求。改革开放以来，随着农村社会分化和利益多元化的发展，农民的医疗需求也变得越来越多元化。如果不顾群众呼声，简单地运用行政手段来推行合作医疗，必然会挫伤农民参保的积极性与主动性，导致合作医疗有效需求不足。为此，首先要强化政府干预，充分地发挥现有组织渠道的利益表达功能。这除了要发挥县乡党政机构的利益表达功能外，还应进一步发挥县乡人大、政协等民意机构和决策咨询机构、县乡的工会、共青团、妇联等社会政治机构，以及村级基层组织等在表达农民合作医疗利益需求中的作用；同时也要充分地发挥各种非正式组织，如农村各种自发的经济合作组织、社区互助组织、民间利益维护组织等，发挥民间非正式机构的利益表达作用。只有农民的医疗保障需求及其他合理利益要求在新型农村合作医疗制度建构过程中得到及时、准确、充分的表达，充分地尊重农民的独立意志，才能激发起参加合作医疗的热情和责任感，才能使个人筹资由外在压力变为内在动力。

第二，要建立和完善新型农村合作医疗的利益整合机制，提高政策制定的民主化、科学化和法制化水平。在农民群众的利益要求得到充分表达的基础上，还要在新型农村合作医疗建构中强化利益整合，以形成科学的、有效的、能反映大多数群众医疗保障需求的合作医疗政策。为此，一要实行民主决策，即在制定新型农村合作医疗的筹资、补偿、监管等各项政策和实施方案时，要充分发扬民主，在发挥县（市）合作医疗管理委员会的领导决策功能的基础上，还要进一步扩大新型农村合作医疗各相关政府机构、企事业单位、基层政府、村级组织等的决策参与作用。特别是对参保农民代表的产生渠道、资格条件、权利责任等要加以明确规定。二要实行科学决策,即在政策出台前,要认真做好基线调查,掌握第一手资料,并对新型农村合作医疗的筹资、补偿、管理、监督等进行科学测算和成本收益分析,同时还应根据不同经济发展水平和地域特点,制定不同的政策方案,以维护农民的选择权。三要实行依法决策,在保持基本政策制定的规范性与稳定性的基础上,还应保持一定的政策弹性与多样性,以便充分地发挥基层社区的积极性和创造性,发掘农村社会资本的积极作用。如在强调实行大病住院医疗补偿的基础上,可以建立社区性的补充医疗保险或家庭储蓄性商业医疗保险,以满足农民多元化的医疗需求,并适应农村重亲情、重乡情的乡土社会文化传统。

第三,要切实维护新型农村合作医疗参保农民的合法权益,逐步提高保障水平,使农民真正受益。要提高农民参加合作医疗的积极性,真心地拥护合作医疗,除了开展必要的思想教育、宣传发动以外,最主要的还是要让农民从参保中真正地受益。为此,建议采取以下措施:一是在扩大新型农村合作医疗的覆盖面和参保率的同时,也应增加财政投入,广泛地筹集资金,逐步扩大合作医疗的受益面,提高受益率;二是要改进医疗费用报销补偿办法,在强调大病住院医疗费用补偿的同时也应兼顾基本医疗,并简化补偿手续,方便群众,在条件具备的情况下,尽可能实行信息化管理,增加透明度,取信于民;三是保障农村贫困人口,特别是贫困儿童的医疗需求,除了医疗费用减免、提供一定的物质帮助,如帮助缴纳个人参保费用等外,应特别重视发挥农村社区组织、民间中介组织、自愿者团体等社会资本在满足贫困人口的日常需求和精神关怀方面的作用;四是保持政策的相对稳定,提高参保农民的利益预期。

第五章 赤脚医生与农村合作医疗制度变迁

> 由于城乡二元结构的影响，农村医疗卫生体制改革滞后和政策导向上的偏差，导致农村居民看病难、看病贵问题仍比较突出。由于赤脚医生和农村合作医疗制度是我国在缺医少药年代解决农村居民基本医疗卫生需求的重要制度安排，被认为是"从我国实际情况出发，解决八亿农民看病吃药问题的成功经验"[1]。因此，研究赤脚医生与杭州农村合作医疗制度变迁的基本经验，分析现阶段面临的问题与挑战，对于探索建立具有中国特色的农村医疗保障体制，切实解决农村居民医疗保健问题具有重要的现实意义。

一、赤脚医生制度的由来

在中国，赤脚医生不仅是一个特殊的政治符号、一段难忘的历史回忆，而且也是一项具有世界影响的重要的制度安排。

联合国妇女儿童基金会在1980~1981年年报中称：中国的赤脚医生模式为落后的农村地区提供了初级护理，为不发达国家提高医疗卫生水平提供了样板[2]；世界银行也认为"中国在占80%人口的农村地区发展了一个成功的基层卫生保健系统，向人民提供低费用和适宜的医疗保健技术服务，满足大多数人的基本卫生需求，这种模式很适合发展中国家的需要"[3]；赤脚医生与合作医疗制度类似于联合国世界卫生组织（WHO）提倡的"适宜技术"（即ARI、DRT）。这些宝贵经验，已被WHO吸收、总结进了著名的"阿拉木图宣言"，在国际上产生了广泛的影响（World Bank，1993；WHO，1975、1978）。

问题是，随着我国农村联产承包责任制的实施和集体经济的普遍解体，随着农村基层治理模式和经济社会环境的变迁，赤脚医生逐渐成为农村个体经营者，在20世纪六七十年代支撑着农民的健康的"三大法宝"，即赤脚医生、农村合作医疗和农村医疗卫生预防保健网也随之"失灵"。其结果是农村居民健康问题日益突出，看病难、看病贵，以至于因病致贫、因病返贫现象屡见不鲜。这就表明，农村基层卫生体系建设和农村居民需要赤脚医生，不仅历史上需要，现在更需要。

作为个体经营的村卫生室和乡村医生，难以承担政策设定的公共服务角色，履行公共服务职能，难以化解乡村医疗机构的趋利本性与利益纠结。新型农村合作医疗制度的实施，是对传统农村合作医疗制度的创新，它从根本上改变了政府、集体、农民与乡村

---

[1] 世界银行：《中国：卫生模式转变中的长远问题与对策》，北京：中国财政经济出版社，1994年，第17页。
[2] 李砚洪：《赤脚医生：20世纪中国的温暖记忆》，《北京日报》2008年1月23日。
[3] 李宁：《中国农村医疗卫生保障制度研究》，中国农业大学博士论文，2005年。

医生的关系,有助于解决农民的因病致贫、因病返贫问题。但是,该制度实施中面临一个基本困难,就是作为农村基层卫生公共服务提供者的乡村医生,没有被有机地纳入该制度体系,相反还受到利益的侵害与排除,这就必然影响农民享有基本卫生服务和医疗保健服务的可得性与可及性,削弱了制度实施的有效性。

尤其是,随着农村公共卫生体系建设的推进,通过收编部分乡村医生进入新的制度体系,虽然能在一定程度上起到规范农村医疗秩序,完善农村三级医疗保健服务体系,稳定和发挥部分乡村医生的作用。但该政策又带了新的问题与困扰,其直接后果是导致乡村医生队伍的分裂,在收编部分乡村医生进入体系的同时,也使得大部分乡村医生成为自生自灭的"多余人",这就侵害了这些长期服务农村基层卫生第一线的老赤脚医生的感情,漠视了他们曾经所作出的贡献。

同时,在医疗机构绩效管理不到位的情况下,这种政府包办、公立医疗机构"一统天下"的服务模式,也很难保证基层医疗服务的有效性与针对性。尤其是,八小时工作制根本难以适应农村居民的生活方式与工作方式,一定程度上加重了农民就医的困难。

那么,如何在新的历史条件、新的制度环境下,创新和发挥乡村医生的积极作用?如何在肯定赤脚医生历史作用的同时,切实解决好乡村医生目前面临的养老、医疗问题?如何解决好乡村医生的历史传承作用,发挥中国传统中医药在农村医疗保健,特别是在"治未病"中的独特作用,强化政策导向?这都是目前亟待解决的现实问题。

二、赤脚医生的独特优势及其历史地位

1. 赤脚医生是农村合作医疗制度的重要基础

农村合作医疗是人民公社社员依靠集体力量,在自愿互助的基础上建立起来的一种社会主义性质的医疗制度,是社员群众的集体福利事业。[1]根据公共物品理论,农村合作医疗所承担的主要是农村基本卫生医疗服务,属于公共物品或准公共物品的范畴。按照奥斯特罗姆的公共服务产业理论,农村合作医疗制度可以看作是关于农村合作医疗公共服务提供与生产的一种制度安排。它是由三个类型化的基本角色即消费者、生产者和连接生产者与消费者的提供者所构成。[2]

农村合作医疗制度变迁表现为农村合作医疗提供者、生产者和消费者之间关系的变迁。而在农村合作医疗制度变迁中,赤脚医生起着不可替代的历史作用。作为农村合作医疗制度的忠实实践者和政策执行者,这种半农半医、亦农亦医的赤脚医生是农村合作医疗制度的重要基础。其独特优势在于把自上而下的政治动员与植根于传统文化的民间亲情网络相结合,把行政强制与群众参与相结合,养得起、留得住、用得动。从公共服

---

[1] 卫生部 农业部 财政部 国家医药总局 全国合作供销总社:《农村合作医疗章程》(试行),1979年。

[2] 奥斯特罗姆、帕克斯和惠特克主编:《公共服务的制度建构》,上海三联书店,2000年,第16页。

务视角看，其历史地位主要体现在农村集体经济体制下，它是农村合作医疗公共服务提供的主要参与者，是农村合作医疗公共服务生产的主要承担者，是农村合作医疗公共服务消费的积极促进者。见图5-1。

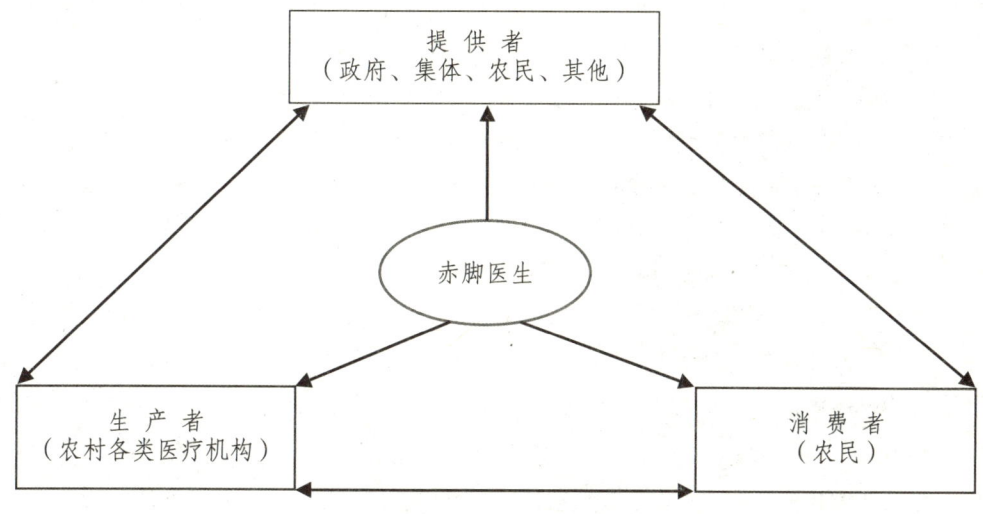

图5-1 赤脚医生在农村合作医疗制度变迁中的地位

第一，赤脚医生是农村合作医疗公共服务提供的主要参与者。从农村合作医疗提供者来看，建国以来，农村合作医疗坚持"民办公助"原则，农民理应是最主要的筹资与供给主体，但在集体经济体制下，实际承担农村合作医疗公共服务提供者责任的只能是集体组织。集体不仅要承担农村合作医疗最主要的筹资责任，而且还要以工分制及少量的集体补贴等形式来解决农村赤脚医生的报酬和激励问题，补偿村级卫生保健站的投入和日常经营成本以及对社区范围的农民医疗保健服务进行补助等，而绝大多数农民只是被动的参与者。然而，在合作医疗制度体系中，赤脚医生的管理作用也不可忽视。因为，按照当时的政策要求，实行合作医疗的社队要建立由领导干部、贫下中农代表和赤脚医生代表组成的合作医疗管理委员会或管理小组，加强对合作医疗的领导和管理。其中，赤脚医生由于其拥有的技术优势和社员中广泛的影响力，在确定合作医疗筹资方案、补偿比例以及在组织落实各种预防保健措施方面发挥着重要作用。

第二，赤脚医生是农村合作医疗公共服务生产的主要承担者。从农村合作医疗生产者来看，在农村合作医疗制度模式下，承担农民医疗保健服务的生产者是农村（县、公社、大队）三级医疗预防网络。其中，县级医院是龙头、公社卫生院是枢纽、大队卫生保健室（赤脚医生）是基础。由于医疗卫生工作坚持"预防为主"的原则，强调服务的公益性，不以赢利为目的；赤脚医生半农半医，依靠工分获取收入，也不存在依靠提供过度服务获取利益的问题。尤其是，由于推行所谓的"三土四自"，普遍采用了比较低廉的针灸疗法和中草药，大大降低了医药成本，从而在农村建立了低成本的医疗供给体系，有效地实现了合作医疗资源的整合。

第三，赤脚医生是农村合作医疗公共服务消费的积极促进者。从农村合作医疗消费者来看，在传统农村合作医疗制度模式下，医疗保健服务的消费者是集体农民，他们同时也是农村合作医疗的提供者之一，参与了农村合作医疗的融资、分配与管理的过程。因此，作为消费者的集体农民与合作医疗主要提供者，即集体经济组织之间事实上就形成了一种合作关系。同时，由于赤脚医生主要依靠工分获取报酬，与集体农民之间也形成了一种休戚相关的共同利益关系；加上赤脚医生的选拔培养模式强调"队来队去"、亦农亦医，坚持参加集体生产劳动，比较容易形成乡情关系网络与公共医疗体制之间的互动，从而把自上而下的政治动员与植根于传统文化的民间亲情网络相结合，把行政强制与群众参与相结合[1]，养得起、留得住、用得动。总之，由于农村合作医疗服务的消费者与提供者和生产者之间建立了一致性的利益关系，从而在一定程度上克服了农村合作医疗制度的局限性，提高了农民医疗保健的水平。

2. 农村改革对赤脚医生及农村合作医疗制度变迁的影响

20世纪80年代以来，由于集体经济的解体和农村家庭联产承包责任制的实施，动摇了赤脚医生及传统农村合作医疗制度的经济基础；由于人民公社制度及农村三级管理制度的废除改变了赤脚医生及农村合作医疗制度的政治生态环境；也由于户籍管理的松动、村民自治制度的推行和市场经济发展导致利益多元化等改变了赤脚医生及农村合作医疗制度的社会基础；而对土地保障和家庭保障的迷信和对农村公共卫生及三级预防保健网的削弱则动摇了赤脚医生及农村合作医疗制度的群众基础和体制基础。其结果是，杭州市农村合作医疗覆盖率迅速下降，赤脚医生队伍也逐渐瓦解，开始向乡村医生的历史转型。而当赤脚医生转型为乡村医生后，其社会地位和功能角色已经发生了深刻变化。

第一，从农村合作医疗公共服务提供参与者转化为旁观者。从农村合作医疗提供者来看，农村改革后，由于废除了人民公社体制和农村集体经济的普遍解体，在相当长时期里，政府对农村合作医疗又采取了放任自流的态度，[2]导致大多数农村合作医疗基本解体，乡村医生成为自谋生计的个体经营者。只有少数经济发达地区如余杭、萧山等地，由于乡镇企业比较发达、集体经济实力较强，农村合作医疗在一定范围得以保留。但是，在来自国家和集体的公共支持严重不足的情况下，农民成为农村合作医疗主要的筹资和供给主体。对于乡村医生来说，不仅因为农村合作医疗管理组织的解散而失去了参与合作医疗公共服务提供的政治地位及其在村民中的影响力，成为事不关己的旁观者；更主要的是，实现联产承包责任制以后，农村土地的再分配使赤脚医生成为夕阳职业。以家庭为单位的生产机制，使得在集体组织中依靠特殊技艺博取更高价值认可的传统做法失

---

[1] 杨念群：《防疫行为与空间政治》，余新忠著：《清代江南的瘟疫与社会：一项医疗社会史的研究》（序），人民大学出版社2003年版。

[2] 王绍光：《中国公共卫生的危机与转机》，《比较》，2003年，第七期。

去了基本依托。赤脚医生失去工分后只能靠乡镇或村的微薄补贴度日，已经完全没有了经济利益的倾斜和随之带来的优越感。由于赤脚医生的报酬无从着落，很多人都把时间和精力放在耕耘自家的农田上，有些人甚至改行或弃医务农，致使赤脚医生的数量锐减。

第二，从农村合作医疗公共服务生产承担者转变为竞争者。从农村合作医疗生产者来看，自20世纪80年代中期以来，随着医疗卫生体制改革的不断深化，农村医疗服务体系已经发生了深刻的变化。一方面，由于政府对医疗机构投入严重不足和医药定价机制不合理，导致农村各类医疗卫生机构普遍放弃了公益性原则，走上了一条营利化、市场化、以药养医、重医轻防的道路；随着各医疗机构之间为了各自的经济利益而恶性竞争，农村三级医疗预防保健网基本破裂，大部分村卫生室已经私营化，而乡镇卫生院也在激烈的医疗市场竞争中处境艰难。另一方面，对于那些从事个体经营的乡村医生来说，尽管由于集体经济的解体而失去了来自村集体的经济支持和以往特殊的政治社会地位，但在当时激烈竞争的市场环境下，相比于乡镇卫生院或其他农民群众，其经济上的优势地位仍然比较明显。这一是由于其长期积累的人脉资源和社会影响力，二是其适应乡土社会传统的行医模式，三是社会转型时期的政策支持。如当时有关部门的政策规定，允许乡村医生从事私人医疗实践活动，自定服务费标准；准许私人承包者制造和出售药物，并获盈利。这意味着，作为私人开业者，在仅有少数监督或根本没有监督之下，他们为病人开药不受限制是合法的。[1]

第三，从农村合作医疗公共服务消费促进者转变为牟利者。从农村合作医疗消费者来看，农村改革也改变了农民的传统身份，即从计划经济体制下的没有人身自由的集体农民转变为享有人身自由、拥有土地生产经营自主权的新型的个体农民。这一方面是极大地唤醒了农民发家致富的热情和生产经营的积极性，另一方面也加剧了农村的利益分化和多元化，影响到农民对于农村合作医疗的态度与行为选择，并改变着农民与医疗服务生产者和政府之间的关系。就从农民与乡村医生的关系看，随着医疗服务普遍的市场化与商品化，乡村医生大多转型为个体经营者，而农民则成了自费医疗群体。他们之间的关系已不再过去那种温情脉脉的乡土亲情关系，而是一种赤裸裸的利益关系。在这样一个大背景下，计划经济时代的奉献、友爱、互助、集体主义等价值观受到强烈的冲击并逐渐弱化，而效率和利润越来越成为各医疗组织和从业人员追求的首要目标，获得盈利越来越成为乡村医生及各级医院提供医疗服务的首要动力。

三、赤脚医生在新型农村合作医疗实施后面临的主要问题

鉴于改革开放以来，农村卫生、预防保健工作薄弱，农村合作医疗大多解体，导致农村居民看病难、看病贵问题日益突出。2002年10月，中共中央、国务院下发了《关于进一步加强农村卫生工作的决定》，明确提出要在广大农村地区建立起适应社会主义

---

[1] 李德成：《合作医疗与赤脚医生研究：1955~1983年》，浙江大学博士论文，2007年，第141页。

市场经济体制和农村经济社会发展水平的新型农村合作医疗制度和医疗救助制度,重点解决农民因病致贫、因病返贫问题。然而,新型农村合作医疗制度是以解决农村居民大病致贫为主要功能,在补偿上大多实行大病住院为主兼顾小病门诊的原则。农村居民在村卫生室治疗花费,按政策不能报销。这一政策对处于个体经营状态的乡村医生极为不利,大部分乡村医生除了卖药,难以依靠医疗服务生存,处境比较艰难。

为了具体掌握目前杭州市乡村医生面临的困难与挑战,我们在 2009 年年尾对此开展了实地调研。本次调查主要采取分层随机调查的方式进行,把问卷调查与个案访谈、文献分析相结合。首先,采取随机调查方式,选取了经济发达、城市化水平较高、外来人口比较集中的萧山区和经济相对落后、城市化水平较低、外出打工人口较多的淳安县作为重点调查地区;其次,在完成专家访谈、查阅档案资料的基础上,在当地政府的支持下各选取了其中的两个代表性乡镇,即萧山区衙前镇、北干街道和淳安县威坪镇、临歧镇作为主要调查点,开展了对乡村医生的问卷调查和个案访谈。课题组共发放问卷100 份,回收有效问卷 92 份,回收率占 92%。其中,萧山区 34 份,淳安县 58 份。同时,课题组成员也对两县(区)共 10 多位乡村医生进行了面对面访谈;最后,在问卷回收以后,我们对所有数据通过 SPSS10.0 统计软件进行处理,并结合访谈资料进行综合分析。调查表明,新型农村合作医疗的实施,对乡村医生的影响很大,其在新型农村合作医疗公共服务体系中已经边缘化,生存处境堪忧,并影响到农村三级医疗预防保健网的网底建设。具体来说,当前杭州市乡村医生面临的主要问题是:

1. 年龄结构老化、文化技能水平低下,难以适应农村居民日益增长的医疗保健需要

(1)从年龄结构看,乡村医生年龄普遍老化,年龄在 50 岁以上的医生占 60.5%。其中,30 岁以下的占 3.3%;31~40 岁的占 18.7%;41~50 岁的占 17.6%;51~60 岁的占 34.1%;61 岁以上的占 26.4%。

(2)从从业时间看,从医 30 年以上的占 58.7%。其中,5~10 年的占 10.9%;11~15 年的占 5.4%;16~20 年的占 10.9%;21~25 年的占 7.6%;26~30 年的占 6.5%;30 年以上的占 58.7%。这表明,大多数乡村医生是改革开放前的赤脚医生转型而来,占总人数的 60.9%。

(3)从学历结构看,乡村医生的学历普遍偏低,大专及以上的仅占 11.1%,难以适应现代医学科技发展和农村居民需要。其中,初中以下的占 18.9%;高中占 7.8%;中专及相当学历占 51.1%;在职培训合格者占 11.1%;大专及以上的占 11.1%。

(4)从职称结构看,大多数乡村医生持有乡村医生证,但拥有医师或助理医师资质的仅占 38%。其中,医士(包括不拥有医师或助理医师职称的乡村医生)占 56.0%;助理医师占 19.0%;医师占 19.0%;主治医师占 6.0%。这表明,大多数乡村医生没有达到国家规定的乡村医生从业资质要求。根据 2004 年 1 月 1 日起施行的《乡村医生从业管理条例》第十二条的规定，进入村医疗卫生机构从事预防、保健和医疗服务的人员，应当具备执业医师资格或者执业助理医师资格。

2. 行医方式西医化，中医中药边缘化

目前乡村医生行医主要靠西医西药，除了针灸、推拿等偶尔做做，中医药已经极少使用了，这与当年的赤脚医生已经大不相同。其中，西医为主的占20.9%；中医为主的占5.5%；中西医结合的占11.0%；全科医疗（大多为西医疗法）的占62.6%。造成这一现象的原因比较复杂，最主要的是经济利益驱动，也有中药保存使用对硬件条件要求比较高，需要有专门配药师、专门场所，而且其疗效也不是立竿见影的。所以，目前乡村医生及农村居民对使用中草药的兴趣都不大。

3. 收入差距悬殊，以药养医成为普遍的生存方式

目前，杭州市农村卫生室举办方式有多种类型，但大多属于私人经营。虽然许多村卫生室名义上属于集体举办，但实际上与个体开业没有二致，甚至村卫生室也设在乡村医生自己家里。其中，私人办的占24.2%；村集体办的占59.3%；乡卫生院设点的占13.2%；联合办的占3.3%。

近年来，随着城乡社区卫生服务体系的快速发展，农村部分卫生室被纳入乡村一体化的社区卫生服务范畴，村卫生室被改造为社区卫生服务站（点），人员由中心委派，也吸收少数乡村责任医生、责任护士加入。中心与站之间实行统一管理（统一布局、统一药品、统一制度、统一财务、统一任务、统一调配、统一考核）。但是，多数村卫生室最主要收入来源是卖药，即依靠药品购销的利润维持运转，占总数的81.2%。其中，药品收入占总收入50%以上的占39.2%；占30%~50%的占31%。可见，以药养医是目前村卫生室最主要的生存状态。

但是，由于各地经济发达程度不同，乡村医生的医疗水平、社会美誉度和公关能力的不同，其收入相差悬殊。其中收入多的每年可达10多万元，而少的只有几千元。

4. 社会保障缺位，解决后顾之忧需求强烈

调查表明，乡村医生参保的占72.2%，未参保的占27.8%。从参保种类看，最主要的是新型农村合作医疗，其他保障参加人数还不多。其中，新型农村合作医疗的占75%；农村社会养老保险的占13%；城镇职工基本养老保险的占14.1%；城镇职工基本医疗保险的占9.8%；城镇居民医疗保险的占3.3%；大病医疗保险的占1.1%。目前，杭州市农村新型合作医疗已经实现了全覆盖，乡村医生大多数已经参加了新型农村合作医疗。但是，由于乡村医生普遍年龄偏大，迫切需要解决养老保险问题，以解决其后顾之忧。

5. 公共卫生体系有所加强，补偿机制尚不完善

调查表明，目前杭州市农村公共卫生体系有所加强，村卫生室承担一定公共卫生服务职能的已占85.9%，不承担的仅占14.1%。村卫生室承担公共卫生服务职能的补偿方

式主要是政府购买服务。但是,除了乡镇卫生院或卫生服务中心选聘的部分社区责任医生、责任护士外,绝大多数乡村医生承担其公共卫生服务职能往往没有得到任何补偿或只能得到象征性的很少补助,基本上属于尽义务。对此,乡村医生们虽有怨言却也无可奈何。

6. 新型农村合作医疗发展迅速,受益群体苦乐不均

调查表明,乡村医生认为,新农合对解决农民"因病致贫、因病返贫"问题有明显效果或有一定效果的,分别占36.4%和56.8%;对提高农民健康水平具有明显效果或一定效果的,分别占32.6%和52.8%%。然而,新型农村合作医疗的实施,对村卫生室的生存和发展却产生了严重后果。因为,目前新型农村合作医疗保障体系中,其保障重点在于农村居民的大病医疗。

虽然政策强调以大病为主兼顾小病门诊,但又规定只能在乡镇卫生院或卫生服务中心就医才能享受门诊优惠,从而客观上把农民家门口的最具有可及性与可得性的村卫生室门诊基本医疗,特别是中草药诊疗排除在外。这对解决农村居民看病难、看病贵问题产生了不利影响,也严重影响了村卫生室的生存处境。

调查显示,认为村民参加新农合后,导致村卫生室门诊业务量明显下降或有所下降的,分别占总人数的63.6%和21.6%;认为经营比较困难,勉强维持现状的或者经营很困难,有倒闭危险的,分别占总人数的62.9%和14.6%。其原因主要是:(1)农民在村卫生室看病不能报销,导致人们宁可舍近求远,到乡镇卫生院或其他大医院看病;(2)村里的中青年,无论男女,大多外出打工或在企业上班,留在村里的人不多,大多是老人和小孩,消费能力很弱;(3)由于药品实行集中招标采购,降低了药品销售的利润空间,特别是平价药房的开设及药店经营许可的放开,村民买药有了更大的选择空间,使得村卫生室依靠药品生存也越来越困难。(4)随着交通条件的改善,特别是"村村通"工程的实施,人们出行越来越方便,村民们已经很少因为山高路远而被迫在村卫生室看病买药了。

这种种因素的影响,使得村卫生室的经营状况越来越严峻,许多村卫生室频临倒闭。

7. 考核培训工作逐步规范,费用自理意见较大

2006年,浙江省启动了以全科医生培养为重点的乡村卫技人员素质提升工程。随着全科医生培养计划、学历教育升级计划、在职岗位培训计划、乡村医生注册培训计划和其他教育培训计划等的一揽子培训计划等的逐步实施,乡村医生参加业务技能培训的机会大大增加。调查表明,杭州市乡村医生中参加过政府举办的各种政策、技能培训的占81.6%,没有参加过培训的仅占18.4%。目前在乡村医生考核培训工作中面临的最突出问题是培训费贵、参加培训的负担重,占总数的64.1%。因为,乡村医生参加各类培训基本上都是自费的,许多落后地区乡村医生收入微薄,因而经济上倍感压力。

8. 政府监管力量薄弱,"两房"建设任重道远

近年来,杭州基层卫生监督执法力量有所加强。截至 2008 年,全省共设置派出机构 302 个,80%以上实现规范化运转。同时,药品监管部门也颁布了农村基层医疗机构药房规范化(即"规范药房"和"合格药房")建设的指导文件。

按照《浙江省医疗机构药品和医疗器械安全使用监督管理办法》及有关政策明确规定,卫生药房须独立成室,与治疗室和生活区分离;药品医疗器械管理制度健全;配备冰箱等必备设施设备,按药品特性要求储存药品;购进药械渠道合法,索证资料齐全,记录真实完整,人员培训到位等。

但是,在实地调查看到,杭州市许多村卫生室就设在乡村医生家里,条件设施极其简陋,环境脏乱差问题相当突出,甚至连村卫生室的牌子也没有的。而政府相关部门则鞭长莫及,无论力量配备、硬件投入,还是日常监管都严重不足,显得力不从心。

9. 医疗机构间竞争多于合作,乡村一体化举步维艰

20 世纪 80 年代以来,由于医疗机构公益性的逐步淡化和以药养医体制的确立,县、乡、村不同层级的医疗机构之间的关系主要变成一种利益关系,相互间竞争多于合作。调查表明,认为村卫生室与县医院、乡镇卫生院之间是竞争关系的占 12.2%,是上下级关系的占 58.9%。而这种业务上的上下级关系并不能掩盖其实际上的利益竞争。因为,无论乡镇卫生院,还是村卫生室,其行医方式、盈利模式都是相似的,都存在以药养医、诱导需求问题。所以,在医疗服务市场上,除了少数已经实现乡村一体化的社区卫生服务站(点)外,绝大多数村卫生室与乡镇卫生院之间完全是一种竞争关系。

调查发现,乡村医生对乡村一体化政策存有矛盾态度。他们既希望通过乡村一体化一劳永逸地解决其养老、医疗等社会保障问题,降低职业风险,又对乡村一体化是否将导致自己利益受损而心存疑虑。而且,在不同地区,乡村医生的处境差异很大。对于经济发达地区,特别是地处城郊结合部的乡村医生收入普遍比较高。一些出生于医学世家,在当地有一定名气的乡村医生,业务量比较稳定,又有大量的外来人口前来就医。所以,即使有乡镇卫生院或社区卫生服务中心的竞争,以及因不能享受新型农村合作医疗报销而带来利益损失,他们仍然不愿实行乡村一体化。但是,绝大多数乡村医生,特别是因为年老体弱需要解决待遇、保障问题而迫切期望实行乡村一体化,以解决其后顾之忧。

总之,随着新型农村合作医疗的广泛推行,乡村医生在农村合作医疗公共服务体系中的作用进一步弱化。因为新型农村合作医疗确立了以县乡医疗机构为主体的定点医疗机构,农村居民只有在定点医疗机构住院或就诊,才能得到相应的费用报销,而农民到村卫生室就诊却不能得到任何报销,结果导致村卫生室和乡村医生实际上被排除在新型农村合作医疗定点医疗服务体系之外,不能享有政策带来的任何优惠,其在农村基本医疗服务市场上已经丧失了任何竞争优势,大多数村卫生室经营业务由此一落千丈,处于频临破产的边缘。

同时，新型农村合作医疗的实施，也彻底改变了乡村医生与农村居民间的关系，即从当初的合作互助关系变成了纯粹的利益关系，乡村医生从农村合作医疗公共服务促进者变成了牟利者。随着农村居民收入水平的提高，人们的医疗保健需求也更加多元化和多层次化；随着农村医疗卫生市场由原来缺医少药年代的卖方市场变成了真正的买方市场，农村居民获得了更大的就医自主权；随着近年来药品集中招标采购制度的推行和平价药房的普遍开设，也使依靠药品生存的村卫生室失去了最后一根"救命稻草"。

所有这一切都极大地改变了乡村医生的生存处境，使乡村医生职业成为当今农村社会一个收益微薄而风险巨大的夕阳职业。

四、发挥赤脚医生在新型农村合作医疗制度中作用的政策建议

1. 完善新型农村合作医疗治理结构，发挥乡村医生的专业优势，提高新型农村合作医疗民主参与水平

农村合作医疗是政府、集体、医疗机构与农民等通过互助共济形式解决农村居民基本医疗保健服务问题而确立的一种制度安排。在传统农村合作医疗制度体系中，赤脚医生是社队合作医疗管理委员会或管理小组的重要成员，参与合作医疗的领导与管理工作。但是，根据新型农村合作医疗制度规定，省、市级人民政府要成立由卫生、财政、民政等部门参加的农村合作医疗协调机构，在省、市级卫生行政部门内部设立农村合作医疗专职管理机构。县（市、区）人民政府应成立由有关部门和农村居民代表组成的农村合作医疗管理委员会，负责有关组织、协调、管理和指导工作，而乡村医生的作用已被忽视。

但是，这种由村干部担任的农民代表大多缺乏专业知识，并不能真正有效地反映农村居民的医疗保健需求，起不到合作医疗公共服务提供者的作用。因此，为了完善新型农村合作医疗治理结构，提高合作医疗互助共济水平，有必要从制度上保障乡村医生在新型农村合作医疗中的地位，扩大其民主参与权利，充分地发挥其专业优势，以提高新型农村合作医疗管理的科学性与有效性。

2. 延伸服务网络，强化监督管理，把乡村医生纳入新型农村合作医疗公共服务体系

赤脚医生是传统农村合作医疗制度的重要基础，是农民基本医疗保健服务的主要提供者和实施者。而新型农村合作医疗公共服务主要由县乡医疗机构为主体的定点医疗机构来提供，农村居民只有在定点医疗机构住院或就诊，才能得到一定的费用补偿，到村卫生室就诊则不能得到任何报销。这种公立医疗机构"一统天下"的服务供给模式，不仅恶化了乡村医生的生存处境，而且也不利于提高农村居民基本医疗服务的可得性与可及性。

所以，有必要进一步延伸新型农村合作医疗服务网络，将村卫生室特别是中心村卫生室门诊纳入新型农村合作医疗报销范围。其理由是：村卫生室是满足农村居民基本医疗保健需求的最直接、最方便、最有效的医疗服务机构，而只有解决好农村居民的小病基本医疗，才能从根本上减少大病的发生或避免因小病得不到及时有效治疗而酿成大病；由于目前大量青壮年农民外出打工就业，留在农村的大多是老弱病残幼等极易发生医疗保健问题的弱势人群，尤其对于那些病残、空巢老人急需乡村医生提供日常的上门服务或康复治疗；也由于乡村医生出生在农村、长期生活在农村，了解农民的生活习惯与看病心理，了解各家各户人口的健康状况，能够提供随叫随到的 24 小时的健康服务，这是那些实行 8 小时工作制的坐诊医生所无法比拟的。

3. 打破村级卫生公共服务地域限制，利用消费者"用脚投票"机制，促进乡村医生提高医疗服务水平

近两年，为了解决农村居民长期存在的"看病难"、"看病贵"问题，深化医疗卫生体制改革，杭州市大力推进乡村一体化社区卫生服务体系建设。在保持乡村医生队伍基本稳定且不改变其身份与服务方式的前提下，借行政村扩并改革之良机，在部分中心村建立社区卫生服务站，希望通过收编部分乡村医生进入社区卫生服务站，强化农村卫生管理，并根本解决乡村医生的生计问题及农村居民的基本医疗保障问题。

但是，这一政策的问题在于：一是乡村医疗管理一体化而乡村医生利益没有一体化，进站乡村医生由于其缺少事业单位身份而同工不同酬；二是导致乡村医生队伍分裂，对于未进站乡村医生将陷于非法行医或者自生自灭境地；三是 8 小时工作制和坐诊为主的行医方式不适应农村居民的生活方式和工作方式；四是乡镇卫生院（农村社区卫生服务中心）"一统天下"的医疗秩序也将诱发基层医务人员的惰性和官僚习气。

因此，既要坚持乡村一体化社区卫生服务体系建设的大方向，在中心村建立规范化的社区卫生服务站，也要确保乡村医生进站或不进站的自由选择权，对于因各种原因未能进站的乡村医生，也不能断其生路，在加强监管的前提下，应允许其继续执业行医；而且，乡村一体化社区卫生服务体系建设不等于强化乡镇卫生院（社区卫生服务中心）的特权，其关键在于能否保障农村居民享受质优价廉的基本医疗保健服务，实现基本医疗服务均等化；对于公共卫生服务，要引入竞争机制，实行政府购买服务，无论进站或未进站，乡村医生都可以按照政策要求提高规范化的公共卫生服务。要打破村级公共服务地域限制，利用消费者"用脚投票"机制，促使乡村医生改进服务方式，提高服务质量。

4. 加大政府投入，肯定历史贡献，着力解决乡村医生养老、医疗和生活保障问题

调查表明，医疗养老保障机制缺失是目前杭州市乡村医生面临的突出问题之一，占调查总人数的 62.0%；被认为是目前最迫切需要政府加以解决的重要问题，占调查总人

数的 93.5%。这一问题已列入了杭州市各级党委政府的议事日程。随着《杭州市卫生局、劳动保障局、财政局关于进一步落实乡村医生基本养老和基本医疗保障的意见》(杭卫发[2009]141号)及《杭州市人民政府关于加强农村基层卫生服务能力建设的意见》(杭政函[2009]88号)等政策的出台,乡村医生社会保障问题正在逐步得到解决。

目前需要解决的问题有三:一是各区、县(市)要结合本地实际,细化政策规定,尽快将已经颁布的政策加以落实,以彻底解除乡村医生的后顾之忧;二是对于已经离岗的老赤脚医生,应充分肯定其历史贡献,适当提高补偿标准,以解决其生活困难问题。同时政府应尽快出台有关优惠政策,参照当年的乡村教师模式解决其养老、医疗和生活保障问题,以便安享幸福的晚年生活;三是要结合本地实际,落实乡村医生公共卫生服务补偿问题。

尽管目前大部分乡村医生属于带着"集体"帽子的个体经营户,但也承担了大量农村救死扶伤、预防保健、应急突发事件等重要职责,理应通过政府购买服务的形式给予其合理报酬。此外,政府还应加大投入,资助其购买电脑、化验仪器等医疗器械,提高服务水平;对于那些自己提供业务用房者,政府应给予一定经济补助,没有业务用房的,则帮助其解决业务用房。

5. 加快推进中医药攀登工程建设,发挥乡村医生在中医中药的传承保护和发展创新作用

乡土郎中是中国中医文化的传承者和实践者,是服务农村基层卫生的一支重要力量。他们虽然文化程度不高,没有受过正规的医学科班教育,甚至可能没有达到国家规定的执业医师资格,但是拥有丰富的基层从业经验,有些出自医学世家的乡村医生在看病诊治方面往往具有一些独到的技艺,从而在农村具有一定的影响力。所以,对于乡土郎中,不能一味地排斥或简单地取缔,而要把他们纳入中医提升工程建设,作为一种重要的乡土资源加以保护和发掘;对于部分具有一定影响的乡土郎中,政府要加大投入,资助其整理、总结、出版有关中医中药的偏方或药理著作,创造条件帮助其开门授徒,使我国传统中医中药得以世代流传、发扬光大。

6. 加大农村基层卫技人才的发掘培养力度,着力打造一支下得去、用得上、留得住的新赤脚医生队伍

目前杭州市乡村医生队伍的年龄偏大、学历技能偏低,整体素质比较低下,难以满足农村居民日益增长的卫生保健需求。但是,由于待遇偏低、发展空间受限等原因,医学院校毕业生宁肯在城里待业也不愿去从事乡村医生职业,即使有些延续多代的医学名家子弟也少有愿意继承家业的,导致农村基层卫技人才青黄不接问题日益严重。

尽管杭州市早在20世纪80年代初期就着手开展赤脚医生的业务技能培训与考核。但是,在指导思想上,一直把乡村医生视为一般的个体开业者,多数情况下要求乡村医生考试培训费用自理。对此乡村医生们意见都比较大。因此建议：

一要加大政府财政支持力度，根据乡村医生业务培训的不同类型给予相应的经济补助，以提高其业务素质，增强其参加培训的积极性。

二是鼓励乡村医生参加学历教育培训。要鼓励有条件的在岗乡村医生参加医学类成人中专或大专的招生考试，进行正规化、系统化的医学普通中专或大专学历教育，取得大中专学历证书；鼓励具备中专及以上医学学历的乡村医生，积极参加国家执业助理医师及以上资格的考试；鼓励通过函授学习、临床进修，参加专题讲座等多种培训方式，不断更新医学知识，提高乡村医生的专业素质水平和法律法规意识。

三要采取定向培养等方式补充和稳定农村基层卫生队伍。要通过建立面向农村经济欠发达地区和山区定向招生、定向就业的医疗卫生人才培训基地；委托医学专科学校定向免费培养符合高校录取条件的当地农村子女，完成学业后回当地进行卫生服务；构建具有特色的面向农村基层培养临床医学专业人才课程体系。

四是强化城乡统筹，建立城市医疗机构与农村基层医疗机构之间双向交流、对口支援的制度化人才培养长效机制，尤其加大对偏远、落后山区基层卫技人才培养的支持力度，以提高农村居民基本医疗保健水平。

第六章 杭州打造特色健康品质之城研究

> 杭州市委十届四次全会提出要把杭州建设成为具有中国特色、时代特点、杭州特征、覆盖城乡、全民共享、与世界名城相媲美的"生活品质之城"。在改革开放30周年之际,杭州要进一步强化品质城市导向,努力打造品质产业、品质环境,不断提升人民群众的品质生活,使品质成为杭州发展的鲜明特征和核心竞争力。显然,健康品质是杭州品质之城建设的重要基础,也是打造"生活品质之城"的必然要求。如何结合"健康城市"建设,打造特色健康品质之城是当前杭州面临的一项重要课题。

一、杭州打造特色健康品质之城的背景

1. 打造健康城市是当前国际社会的共同追求

"健康"是人全面发展的基础,以人为本,健康第一。打造"健康城市"已成为世界各国共同追求的目标。所谓健康城市是指一个不断开发、发展自然和社会环境,并不断扩大社会资源,使人们在享受生命和充分发挥潜能方面能够相互支持的城市(WHO,1994)。健康城市是从城市规划、建设到管理各个方面都以人的健康为中心,保障广大市民健康生活和工作,成为人类社会发展所必需的健康人群、健康环境和健康社会有机结合的发展整体。

健康城市是世界卫生组织面对21世纪城市化问题给人类健康带来挑战而倡导的新的行动战略。它起源于WHO欧洲地区专署的"健康城市项目",立足于城市的概念和健康的城市理想境界。健康城市项目最早可以追溯到欧洲19世纪公共卫生革命。随着大量农村人口涌入城市,城市化进程加剧,在那个时候就已经提出未来城市的发展方向应该是:努力发展公共交通、减少城市空气污染、为老年人提供养老服务、提倡健康的生活方式等。

但是,在20世纪30~70年代,生物医学模式占了主导地位,大量的资金盲目地投入临床医学的研究与治疗,公共卫生被忽视。直到70年代中后期,世界卫生组织提出了"人人健康"的战略原则;1984年在加拿大多伦多召开的国际会议上"健康城市"理念首次被提出。1985~1986年,WHO提出在欧洲进行"城市健康促进计划"的试点,获得了各国的积极响应。

自此,欧洲地区健康城市发展经历了四个阶段:第一阶段(1987~1992年):重点是引入城市健康发展的新理念和新途径即健康城市模式,建立新的形式组织以推动健康城市的实践;第二阶段(1993~1997年):重点是健康公共政策的制定和实施,以及综合性的城市健康规划,使健康城市运动变得更加以行动为导向;第三阶段(1998~2002年):1998年的"雅典宣言"标志着健康城市运动进入新阶段,其重点是制定具有广

泛合作基础的政策和健康发展规划，尤其重视改善健康的社会决定因素，实施"21世纪议程"，以减少不平等，注重社区发展和重建；第四阶段（2003~2008年）：重点是健康的老年期、健康的城市规划和健康影响评估等三个主题。[1]

20世纪80年代末和90年代初，随着欧美等发达国家启动健康城市项目，地处西太区的澳大利亚、日本和新西兰也加入了这一运动的行列，并逐渐向发展国家发展。中国也从20世纪90年代初开始了健康城市的探索和试点，包括引入健康城市概念，与WHO合作开展相关的培训等。目前，全球参与健康城市建设的城市越来越多，从上世纪80年代的30多个欧洲国家，发展到1996年的3000个城市。截止2005年，全球加入国际健康城市协作网络的城市已达4000个，真正成为了一项世界性的运动。

2. 打造健康城市是我国应对城市化问题的迫切需要

城市化是社会发展的历史过程，是工业革命的伴生现象，一般是指工业化过程中社会生产力的发展引起的地域空间上城镇数量的增加和城镇规模的扩大；农村人口向城镇的转移流动和集聚；城镇经济在国民经济中居主导地位，成为社会前进的主要基地；以及城市的经济关系和生活方式广泛地渗透到农村的一种持续发展的过程。城市化是一个全球性的社会经济转型现象，是经济发展进程中必然面临的重大问题之一，同时它也是一个国家经济发达程度，特别是工业化水平高低的一个重要标志。

当前，我国城市化进程已成为一股不可逆转的洪流，各地也都掀起了一场如火如荼的城市化建设高潮。随着城市化的发展，城市在我国社会经济发展中的地位和作用将越来越大。尽管城市的发展给我们的生活和工作带来了极大的方便，但与此同时，城市建设的高速发展，尤其是工业化的城市，面临着社会、卫生、生态等诸多问题，如人口密度高、交通拥挤、住房紧张、生态环境易受污染等。这些问题若处理不当，将会影响市民的健康。

目前，全球人口城市化已逾半数，我国城市人口超过5亿。快速发展的城市化进程在使人们受益的同时，也给人类健康带来威胁：交通事故死亡和伤害事件增多，糖尿病、高血压等慢性病持续攀升，精神性疾患明显增加，传染病传播加快，还有暴力、意外伤害、食品安全事件等等，所有这些正逐渐成为威胁人类健康的重要因素。健康的影响因素已从单纯生物因素转向社会、环境综合因素。忽视以环境保护和人口健康为代价换来的城市发展，最终将成为限制城市自身发展的症结。

建设和发展健康城市，正是对城市化进程中健康问题的一种应对思路。首先，它从一个新的角度来解读城市，即城市不仅仅作为一个经济实体存在，而首先是一个人类生活、成长和愉悦生命的现实空间。其次，健康城市对公共医疗卫生服务机构和卫生专业人员进行了再定位，由过去对城市健康负责的唯一的责任主体，转变为对城市健康影响

---

[1] 李忠阳、傅华主编：《健康城市理论与实践》，人民卫生出版社2007年版，第23-24页、第325页、第21页。

因素具有控制力的众多主体中的一分子。第三，健康城市还注重对社会参与和个体健康生活方式的促进，通过健康教育，使城市居民从对于健康的传统理解转而注重健康的生命质量，关注生命，享受生活，同时提高整个社会对于健康活动的参与意识。

随着社会经济发展水平的不断提高，城市化进程是大势所趋，只有健康的可持续的城市化进程才是我们的目标。健康城市在解决由城市化进程带来的健康方面的问题的基础上，必将促进城市化进程在更高的水平上稳定发展。所以，当今世界对城市的存在和发展提出了新要求，即城市不仅仅作为一个经济实体来存在，而首先应该是一个人类生活、呼吸、成长和愉悦生命的现实空间。同时城市发展不能牺牲生态环境、不能牺牲人类健康、不能牺牲社会文明。鉴于此，健康城市建设已经摆在首位。

城市应该不仅仅是追求经济增长效率的经济实体，更应该是能够改善人类健康状况的理想环境。健康城市应该成为由健康的人群、健康的环境和健康的社会有机结合的一个整体。建设健康城市，实质上是政府动员全体市民和社会组织共同致力于不同领域、不同层次的健康促进过程，是建立一个最适宜人居住和创业的城市的过程。[1]

3. 打造健康城市也是杭州"生活品质之城"建设的内在要求

建设健康城市是杭州市委、市政府贯彻党的十七大精神，坚持以人为本、以民为先，为深化爱国卫生运动、提升人民群众生活品质、增强城市综合竞争力而作出的战略决策，对杭州市共建共享"生活品质之城"，全面建设小康社会、率先基本实现现代化，具有十分重要的意义。就杭州而言，打造健康品质之城既具有客观的必然性，也具有可行性。

首先，杭州市经济实力较强、自然生态环境良好、历史文化底蕴深厚、市民素质和生活水平较高，政府管理和服务也比较到位，具备了建设健康城市的基础和条件。2007年，杭州人均 GDP 已经达到 8063 美元，正在由中等发达水平向发达水平加速跨越。随着生活水平的不断提升和全民保障制度的实施，群众的自我保健意识不断增强，保健需求不断增长。如何满足广大群众对健康知识、健康服务的需求，如何创造有利于群众的健康环境、健康社会、健康产业等，是爱国卫生工作面临的新形势、新任务。

其次，杭州作为一座国际旅游休闲城市，在推进城市化过程中，确实也碰到了环境污染、交通拥堵、住房紧张、就业困难等方面的问题和挑战。这些问题已经不同程度上地影响了市民的健康生活和工作，也制约着杭州市的经济社会发展。所以，通过建设健康城市这一抓手和载体，逐步解决城市化推进过程中的负面影响，将有利于促进市民健康水平和生活品质的提高，有利于推进科学发展、促进社会和谐，有利于落实共建共享"生活品质之城"战略部署。[2]

---

[1] 陈柳钦：《为中国城市化健康发展，进谏！》，光明网 2008-05-13 16:16:37，http://www.ccmedu.com/bbs37_62516.html。

[2] 孙忠焕：《正确处理六个关系　扎实推进健康城市建设——2008 年 7 月 15 日在市政协九届八次常委会议上的讲话摘要》，http://www.hzxzfw.gov.cn/szx/zxtx/2008-08/T254873.shtml。

二、杭州打造特色健康品质之城的现状及存在问题

1. 杭州打造特色健康品质之城的现状

第一,杭州"健康城市"试点情况。2007年,杭州在上城、下城、拱墅三个区率先开展了建设"健康城市"试点工作,成立了杭州市建设健康城市评估小组和指导小组。2008年,建设健康城市工作已在杭州市全面推开。根据全国爱卫办、杭州市委、市政府关于建设健康城市的要求,目前杭州市已制定建设健康城市"十一五"规划。根据该规划,杭州建设健康城市的地域范围划定在杭州市区,即上城区、下城区、江干区、拱墅区、西湖区、杭州高新开发区(滨江)、萧山区、余杭区,包括杭州经济技术开发区、西湖风景名胜区。在此基础上,带动县(市)、覆盖城乡、全面推进。虽然杭州在建设健康城市方面起步不算最早,但是,杭州却是被全国爱卫办正式列为省会城市中唯一的"全国建设健康城市"试点城市。目前,全国爱卫办已委托杭州市制定我国健康城市的指标体系和评估体系。根据世界卫生组织的指标体系、国内外建设健康城市经验和杭州实际,杭州市建立了以"健康环境、健康服务、健康人群、健康社会"为基本部分,以及创新指标、探索指标构成的指标体系,共102项指标。其中,健康环境16项,健康服务13项,健康人群15项,健康社会29项,创新指标12项、探索指标17项。

第二,杭州"健康城市"建设目标与任务。根据《中共杭州市委 杭州市人民政府关于建设健康城市的决定》(市委2008[13]号),杭州健康城市建设的总体目标是:到2010年,全市人均期望寿命接近80岁,基本实现人人享有基本医疗保障、人人享有基本养老保障、人人享有15分钟卫生服务圈、人人享有15分钟体育健身圈、人人享有安全食品、人人享有清新空气、人人享有洁净饮水,建设健康城市各项指标处在全国前列,健康城市建设工作达到国内先进水平。其中,2008年要达到的目标指标是:全年空气质量优良天数(天)≥300;人均公共绿地面积(平方米/人)≥12;千人执业医生数(人)2.70;国民体质测试合格率(%)75;万车交通事故死亡人数(人)<7;公共交通负担率(%)28;健康城市知晓率(%)≥90。杭州建设健康城市的主要任务是:包括营造健康文化,改善健康环境,优化健康服务,培育健康人群,发展健康产业和构建健康社会等。[1]

2. 当前杭州打造特色健康品质之城面临的主要问题

第一,健康理念问题。健康是一个不断发展的概念。传统医学和世俗观念通常把健康理解为"无病、无残、无伤"。1948年,世界卫生组织(WHO)提出了著名的三维健康概念,认为健康不仅是没有疾病或不虚弱,而是身体的、心理的和社会的完美状态。1990年,世界卫生组织又进一步提出了四维健康概念,认为健康就是一个人在身体健康、心理健康、社会适应健康和道德健康四个方面皆健全。但是,改革开放以来,我国

---

[1]《中共杭州市委 杭州市人民政府关于建设健康城市的决定》(市委〔2008〕13号)。

在很长时期内，由于片面强调 GDP 增长，忽视环境及生活质量的改善，在医疗卫生领域也存在重医轻防、重西医轻中医、重学院经验轻民间经验等问题，严重影响了人民群众健康生活品质的提高。因此，如何按照科学发展观的要求，确立科学的健康理念和生活习惯，使健康与生活品质有机统一就成为打造特色健康品质之城所面临的首要问题。

第二，财政投入问题。打造健康城市是一项宏大的系统工程，需要持续的财力投入。从国际经验看，一个社会的消费特点与经济发展阶段密切相关。根据罗斯托的经济成长阶段论，当一个国家的经济发展到大众消费阶段，即从制造业为主导的经济转向服务占主导的经济，人们在休闲、教育、保健、国家安全、社会保障项目上的花费将会增加，品质生活才成为人们的普遍追求。从现实情况看，目前我国地方财政主要依靠土地收入。但是，随着国际金融危机的到来，我国经济发展将面临严峻挑战，土地财政将难以为继。这势必影响到杭州市健康品质之城的建设。

第三，社会参与问题。合作与参与是建设健康城市的基本要求。1986 年 11 月第一届国际健康促进大会通过的《渥太华宪章》强调，"维系和促进健康单靠卫生部门是不够的，更为重要的是健康促进需要协调所有相关部门的行动：包括政府、卫生和其他社会经济部门、非政府组织与志愿者组织、地方行政机构、工矿企业和新闻媒体部门。社会各界人士作为个人、家庭和社区参与"。[1]由于健康城市建设涉及诸多政府部门、社会机构和个人的利益，从而有可能影响一些社会成员和社会机构缺少参与积极性，导致健康城市建设仅仅成为政府单方面的行动，一些出台的制度和规章得不到有效的实施。如加拿大多伦多市就曾发生这种情况。对杭州来说，如何使健康城市建设人人知晓、人人参与也是一个严峻挑战。

第四，管理体制问题。为全面推进建设健康城市工作，杭州市已设立了以市委书记、市长为顾问，市委副书记任组长的健康城市建设工作领导小组。下设七个专项组，分工负责健康文化、健康环境、健康服务、健康人群、健康产业、健康社会和指导督查等工作，制订出台了《中共杭州市委 杭州市人民政府关于建设健康城市的决定》，《杭州市建设健康城市三年（2008-2010 年）行动计划》、《2008 年杭州市建设健康城市工作意见》等一系列指导性文件，使杭州市健康城市建设得以顺利推进。但是，由于健康城市建设涉及部门众多，关系复杂，如何加强部门协作和资源整合难度很大。

第五，城乡统筹问题。按照现行健康城市建设规划，杭州市建设健康城市的空间范围为杭州市区，即上城区、下城区、江干区、拱墅区、西湖区、杭州高新开发区（滨江）、萧山区、余杭区以及杭州西湖风景名胜区、杭州经济开发区。在此基础上带动各县（市），覆盖城乡，全面推进。由于城乡经济社会发展的不平衡，如何使健康城市建设覆盖农村，实现城乡健康生活品质的统筹协调发展将是一个必须面对和着力解决的问题。

---

[1] 李忠阳、傅华主编：《健康城市理论与实践》，人民卫生出版社 2007 年版，第 23-24 页、第 325 页、第 21 页。

三、加快杭州特色健康品质之城建设的对策思路

打造特色健康品质之城是杭州建设城乡统筹、全民共享的"生活品质之城"的基础和重要组成部分,推进杭州特色健康品质之城建设必须强化政府责任、扩大社会参与,明确重点、精心组织,逐步实施。

1. 加强领导,强化政府责任

打造特色健康品质之城是杭州市委、市政府贯彻落实科学发展观的生动实践,作为共建共享"生活品质之城"的民心工程和"一把手"工程,必须强化政府责任,发挥政府在宣传发动、政策引导、财政支持和统筹协调等方面的主导作用。

第一,加强健康品质之城的宣传发动。健康品质之城的宣传发动,对于增强公众健康意识,提高公民健康素质,预防和减少疾病具有重要意义。各级政府要高度重视健康教育与健康促进工作,不断加强健康教育工作的领导,逐步完善健康教育网络,加强健康教育机构建设,促进健康教育深入持续开展。要把健康教育工作作为政府卫生工作的重点,要通过签订初级卫生保健目标责任书,将健康教育作为重要指标纳入政府健康城市建设的内容,实行目标管理。要在全市开展卫生强乡镇(街道)创建活动,进一步强化健康教育和健康促进的政府主导作用。同时,要把健康教育与健康促进工作纳入爱国卫生工作任务,纳入文明村镇、卫生村镇评比考核,通过创建文明城市和巩固发展国家卫生城市成果,进一步推进健康品质之城建设工作。

第二,逐年加大投入,改变重治轻防。各级政府按照建立公共财政的要求,把建设健康城市工作经费纳入财政预算,加大公共财政投入,并根据经济发展和财政增长情况逐年增加。经费的安排和分配,要向基层倾斜,向预防保健和基本健康服务倾斜。市财政设立健康城市建设专项经费,按工作实绩实行以奖代拨,发挥财政资金的引导作用。

第三,加强部门协作,探索卫生大部制改革。健康品质之城建设是一项复杂的系统工程,加强部门间的合作协调十分重要。为此,一是政府部门要各司其职、各负其责,相互支持、密切配合、齐抓共管、形成合力。要把建设健康城市工作纳入各部门的年度工作,认真组织实施;二要坚持属地管理的原则,建立健全"条块结合、以块为主、上下联动、齐抓共管"的体制,充分发挥区县(市)、乡镇(街道)、村(社区)的作用,加强基层基础建设,配备足够人员,确保必需经费,满足工作需要。三要完善组织。为了有效地推动健康品质之城建设,还要积极探索推进杭州市健康大部制改革,整合卫生服务、疾病预防、爱国卫生、药品监管等部门职能,明确部门责任,加强监督考核。

2. 完善制度,扩大社会参与

健康品质之城建设基础在市民,离不开市民的广泛参与和支持。

第一,处理好政府主导与全民参与的关系。在社会主义市场经济环境下,政府的基本职能是宏观调控、市场监管、社会管理、公共服务,每项职能都在一定程度上关系到

人民群众的利益和健康。在健康品质之城建设中，政府责任十分重大。政府履行职能要坚持以人为本、以民为先，充分考虑到人的健康，努力在制定政策、创新机制、搭建平台、整合资源、考核监督上下工夫。健康品质之城建设也绝不只是政府卫生部门、爱卫会的工作和事情，要树立大卫生、大健康的思想，把促进健康品质之城建设作为大家的共同责任，加强联动，通力合作，形成多头齐抓共举的工作机制。广大市民既是健康城市的受益者，更是健康城市的建设者。在推进健康城市建设中，要更加重视调动其参与健康城市建设的积极性、主动性和创造性，要通过加强宣传培训、创新活动载体、发展中介组织等途径，不断传播健康理念，普及健康知识，培育健康单位，营造浓厚氛围，使人人真正理解健康城市的意义和内涵，人人自觉参与健康城市建设，形成建设健康城市的强大合力。

第二，把工作重点放到基层，发挥社区组织、自愿者团体的基础作用。根据国际健康城市建设经验，各国在发挥政府主导作用的同时，也普遍重视发挥民间组织、自愿者团体和社会热心人士的积极作用。这对杭州推进特色健康品质之城建设具有重要启示意义。如果说爱国卫生运动的重心在基层、关键在基层，那么打造特色健康品质之城的重心和关键同样在基层社区。我们要确立和强化基层职能部门和乡镇（街道）、社区（村）的责任主体地位，充分发挥他们在管理、服务、协调、宣传方面的职能作用，夯实打造国内最清洁、最健康城市的基础。为此，必须切实解决好相关基层部门特别是街道（乡镇）和社区（村）的"三有"问题：一是"有人管事"；二是"有钱办事"；三是"有章理事"。[1]

3．明确重点，有序推进建设

现阶段杭州推进特色健康品质之城建设的战略重点是实现全民医保，优化健康服务。党的十七大报告中明确提出，要"建立基本医疗卫生制度，提高全民健康水平"，并且提出，到 2020 年中国医疗卫生发展的目标是"人人享有基本医疗卫生服务"。要实现"全民医保"的战略目标，必须分层次推进医疗卫生体制改革。

第一，完善社区卫生服务体制。健康问题实际上是社会环境和生活方式的问题，所以建立社区健康服务中心是非常重要的。当然，这不是要在社区中再建一个坐等病人上门的医院，而是一个提供建立健康档案，宣传健康知识、定期检查身体、治疗常见疾病、转介疑难病症、预防传染疾病等一揽子服务的健康中心。而在农村，则要建立和完善农村社区健康服务中心；要完善新型农村合作医疗体制，使之与公共卫生、爱国卫生等结合起来，以充分有效地整合卫生资源，提高卫生资源使用效率；要改进医疗卫生服务供给模式，改变坐等病人上门的被动医疗模式。医务人员应深入农户，为群众提供预防保

---

[1] 王国平：《以纪念毛主席视察小营巷 50 周年为契机全力打造国内最清洁最健康城市——在纪念毛泽东同志视察小营巷 50 周年暨打造"国内最清洁城市"、建设健康城市工作会议上的讲话》（2008 年 1 月 4 日）。

健、健康教育、计划生育、医疗康复等各种服务。要学习和借鉴传统合作医疗体制下"赤脚医生"的优良传统，为农民群众提供方便的、贴心、及时的健康服务。

第二，改革公立医院服务模式。要实现"全民医保"，推进特色健康品质之城建设，还需要改革公立医院管理和服务模式，建立不以营利为目的的公立医院体系。即公立医院要以严格的成本核算为基础来收费，可以接受政府财政补贴，也可以接受社会捐赠，但其一切经济活动都应该是透明的，并且要定期向社会公开。公立医院的工作模式是：大病住院治疗、疑难病症诊断、实施手术治疗、实施专业检查、提高医疗技术、指导基层中心，等等。对此，政府要加大投入，改善医疗卫生服务和医疗、药物科研的大环境。第一、第二层次的医护人员应该由政府负责其人工费用，实行"高薪养医"和"阳光工资"政策，要从经济上激励医护人员去基层工作。要彻底改变目前政府投资都投向设施设备，医护人员的工资福利却要自己去挣的财政模式。

第三，鼓励非公立医疗机构健康发展。人民群众的医疗需求是多层次的。市场化的私立医院的主要目标是满足各种高层次的需求。但是，像目前某些政府医院用本应人人享有的国有资产（政府医院的场地或设备）去开设满足少部分人高层次需求的"特需"服务项目的做法，是应该严格禁止的。如果有民间的投资者愿意投资建设这一类医院，那就应该给予支持。当然，私立的医疗服务市场也必须由政府严格监管。卫生部门应该代表老百姓的利益去管理医院，而不要当所有的医院的总院长。[1]

4. 强化特色，创建健康品质之城

健康城市的核心思想是："以健康为中心，通过政治承诺和健康的公共政策，促成跨部门行动和社区的参与，并不断地创新，达到健康的社会、健康的环境和健康的人群的目的"。[2]但是，所谓的健康城市并没有一个绝对的标准。因为，每个城市都有其特定的历史和社会发展背景，每个城市在朝着健康城市发展的过程中，都有不同于其他城市的明显特点和个性化发展道路。WHO鼓励每个城市应该按照各自城市的特点来开展健康城市的创建工作。就杭州来说，就是把健康城市建设与城乡统筹、全民共享、与世界名城想媲美的"品质生活之城"建设结合起来，建设特色健康品质之城。

第一，把建设健康城市工作与共建共享"生活品质之城"的有机结合。建设健康城市是爱国卫生工作的深化与拓展，是共建共享"生活品质之城"的有机组成部分。因此，推进特色健康品质之城建设要以健康城市"六大任务"为抓手，以实施"健康生活进百万家庭行动"等系列活动为载体，进一步深化爱国卫生工作，努力让广大群众享有清洁的环境、新鲜的空气、安全的食品、满意的医疗、健康的服务，不断夯实共建共享"生

---

[1] 唐钧：《人人享有：中国医疗保障的新蓝图》，国务院发展研究中心，http://www.chinado.cn/ReadNews.asp?NewsID=1417。
[2] 李忠阳、傅华主编：《健康城市理论与实践》，人民卫生出版社2007年版，第23-24页、第325页、第21页。

活品质之城"的基础。要把爱国卫生、打造"国内最清洁城市"、建设健康城市和共建共享"生活品质之城"的总目标有机结合起来,作为民生工程和实事工程来抓。

第二,把建设健康城市工作与打造"国内最清洁城市"的有机结合。清洁是健康的基础,只有一座清洁的城市,才能成为一座健康的城市;清洁也是生活品质的基础,只有一座清洁的城市,才能成为一座"生活品质之城"。因此,抓清洁,就是抓健康、抓生活品质。与清洁相比,健康更具有终极意义。老百姓在解决温饱问题以后,最期盼的就是健康长寿。打造"国内最清洁城市"着重在改善环境上做文章,这与建设健康城市的目标、思路、工作内容是相通的。这就要把爱国卫生和建设健康城市工作与打造"国内最清洁城市"有机结合起来,确保建设健康城市和打造"国内最清洁城市"齐头并进、整体联动。

第三,把建设健康城市工作与卫生强市建设的有机结合。杭州市已经提出了建设"一名城、四强市"的发展目标,卫生强市是其中之一。浙江省也开展了创建卫生强市和卫生强县活动,杭州市要确保首批跨入卫生强市。爱国卫生工作是卫生强市建设的重要组成部分,创建卫生乡镇(街道)、村(社区)是卫生强市建设的基础。公共卫生的多项指标也是建设健康城市的重要指标,建设健康城市的最终目标是人的健康寿命。为此,我们要坚定不移地实施"四改联动"战略,缓解群众"看病难";继续实施"公卫优先"战略,提高公共卫生应急处置能力;继续实施"城乡统筹"战略,加强基层卫生工作;继续实施"强院名医"战略,提升医疗服务质量;继续实施"科教兴卫"战略,促进卫生可持续发展。各区、县(市)要以创建卫生强乡镇为载体,统筹兼顾,合理规划,加强培育,巩固"创卫"成果,确保"创强"质量,为建设健康城市和卫生强市夯实基础。

第四,把建设健康城市工作与新农村建设的有机结合。爱国卫生工作的重点在农村,难点也在农村,这是区域发展不平衡、城乡发展差异所造成的。要加大农村爱国卫生工作和建设健康城市工作的力度,要与新农村建设和各项工作有机结合起来。要以"城中村"、"景中村"改造和行政村规模调整为契机,进一步建立健全爱国卫生组织,完善工作制度,落实人员和经费;要与"百千工程"和生态村建设紧密结合,办好新一轮为农民办的10件实事项目,实施联乡结村创建活动、村庄整治建设和改善村容环境、培训转移新型农民、实施农民健康工程、抓好农村饮用水和农村改厕工作、建立农村养老保险制度、完善乡村文化设施、推进下山迁居致富、推进城乡客运一体化、实施农村星光老年计划等。这些工作既是新农村建设的重要工作,也是农村爱国卫生和建设健康城市的重要工作。[1]

---

[1] 陈小平:《在杭州市建设健康城市暨爱国卫生工作会议上的讲话》,2008年4月24日。

第七章 推进卫生国际化重点及主要举措

> 改革开放以来，中国社会逐步实现了从封闭向开放、从生存型社会向发展型社会、从全球制造业大国向消费型国家的转型。据商务部统计，2007年我国人均GDP达到2000美元，已经发展成为一个消费型国家，在推动国民经济发展的"三驾马车"即投资、出口、消费中，消费第一次超过投资和出口成为拉动经济发展的第一支柱。与之相比，作为我国经济相对发达地区，杭州市早在2001年，人均GDP就达3000美元；2005年、2006年又分别突破了5000美元和6000美元，2007年更是达到了8063美元，其中第三产业增加值已达45.7%。根据美国哈佛大学教授钱纳里的工业化阶段理论，杭州已经发展到工业化中级阶段的后期，正在向后工业社会和信息社会转化。经济的快速发展，人民群众生活水平的提高，也使杭州面临着新的挑战。杭州市委十届四中全会认为，杭州目前面临着三大挑战，即全球化、新经济、互联网的挑战；高油价、高粮价、高成本的挑战和迎接人均生产总值两万美元时代的挑战。面对新的形势，杭州必须与时俱进，不断改革创新，努力建设成为具有中国特色、时代特点、杭州特征、覆盖城乡、全民共享，与世界名城相媲美的"生活品质之城"。要实现这一发展目标，推进城市国际化将是目前和今后一个时期杭州城市发展的一个战略重点，而卫生国际化则是杭州实施城市国际化战略的一项重要内容。

一、卫生国际化发展的基本经验

所谓卫生国际化是指卫生发展要以国际化的视野和标杆，按照国际规则和国际惯例，创新卫生管理体制，引进和借鉴国际卫生发展的先进理念、先进技术和管理方式，培育和引进卫生国际化人才，以保障人民群众的生命健康，同时也指卫生发展要主动适应国际形势的变化，加强国际卫生领域合作，鼓励医药企业参与全球竞争与合作，提高中医、中药的研制、开发和营销的国际化水平，并大力推进卫生教育、医疗卫生、社区管理服务的国际化，为国外人士提供国际化的生活就业环境。

推进杭州卫生国际化战略，首先要总结和借鉴卫生国际化发展的基本经验，主要包括：

1. 卫生发展以维护人民健康为宗旨，其着力点在于防病而不是治病，要树立科学的健康理念，改变不良的生活习惯

什么是健康？1948年的世界卫生组织（WHO）宪章中提出：所谓健康，不仅是指没有疾病和虚弱，而且是指一种个体在身体上、精神上、社会上完全安宁的状态。1989年WHO又提出了健康的新概念：即除了躯体健康、心理健康和社会适应良好外，还要加上道德健康，只有这四个方面的健康才算是完全的健康。其中，生理健康是其他健康层次的基础；心理健康以生理健康为基础并高于生理健康，是生理健康的发展；道德健康以生理健康、心理健康为基础并高于生理健康和心理健康，是生理健康和心理健康的发展；社会适应主要指人在社会生活中的角色适应，包括职业角色、家庭角色及婚姻、家庭、工作、学习、娱乐中的角色转换与人际关系等适应。社会适应良好，不仅要具有生理健康、心理健康和道德健康，而且要具有较强的社会交往能力、工作能力和广博的文化科学知识；不仅能胜任个人在社会生活中的各种角色，而且能创造性地取得成就贡献于社会，达到自我成就、自我实现。这是健康的最高境界。

基于科学的健康理念，卫生发展的重点和优先目标在于加强预防保健和公共卫生建设，减少疾病发生，养成健康的生活习惯与工作习惯，显然防病始终优于治病。

2. 维护人民健康，提供公共卫生和基本医疗是政府的基本职能，但并不排斥市场、社会在满足人们多元化医疗需求方面的积极作用

经济学将具有非竞争性与非排他性的产品界定为公共产品。由于公共产品具有外部性，由市场提供是缺乏效率的，所以一般由政府来提供。公共卫生和基本医疗具有明显的正的外部性，属于公共产品范畴，理应由政府供给。而且，由于在医疗卫生领域存在着严重的信息不对称，医生和医院垄断着信息和技术，药品研发、生产也存在着信息不对称带来的激励问题，因此，政府干预是必不可少的。不仅如此，由政府承担人民健康的主要责任，也是降低个人风险，确保社会稳定和公平公正的需要。

工业革命所带来的工业化、城市化与市场化，激烈冲击着社会生活各个领域，出现了个人无法承担的各种社会经济风险。政府通过法律强制建立社会保障制度，以达到社会经济发展的同时保持社会稳定。这些是政府主动关注社会公平与福利的行为。政府通过保障全体公民特别是低层次民众的基本医疗，使个体避免市场中的个人风险，也体现了政府的社会责任。

但是，医疗公共产品主要是由政府供给，医疗资源的配置主要通过政府的行政手段执行，并不等于说政府要直接生产构成公共产品的一切产品和服务。当医疗资源被配置到具体的微观领域，且这领域存在竞争与价格机制时，也可引入市场机制。实际上，引入市场机制、采取分权、分级和分类管理等政策和措施是当今国际卫生体制改革中的主流特点。各国经验表明，市场机制在满足人们多元化、多层次医疗需求方面可以起到不可替代的重要作用。

3. 高度重视政府在卫生监管方面的主导作用，实行包括医疗服务、医疗保险、药品生产流通及医疗救助等为一体的大部制卫生监管体制

由于卫生监管关系到老百姓的生命健康和社会稳定，强化卫生监管，政府责无旁贷，这里包括价格监管、进出许可、质量、数量的管制、反垄断、制定法律法规等。由于卫生监管涉及诸多政府部门的职能定位、权责划分及各种复杂利益关系，实行大部制符合国际卫生监管的发展趋势。如美国的卫生和福利部、英国的卫生和社会安全部及俄罗斯的卫生与社会发展部等都是大部制。其中，俄罗斯的卫生与社会发展部统筹负责医疗卫生、社会保障、劳动就业以及消费者权益保护等多项政府职能；日本厚生省也将社保和医保合在一起。同时，实行大部制卫生监管体制在我国也有其现实需要。

当前我国医药卫生监管体系分割严重，部门之间目标不一致、政策不配套。"九龙治水"是公众对我国"政出多门"现象的典型表述。因此，如果能把所有与医疗卫生相关的职能，包括医疗服务、医疗保险、医疗救助、药品生产流通等统筹协调起来，有利于清晰地授权和问责，避免职能交叉和部门间的利益冲突，把有限的行政资源用到刀刃上。因此，当大部制成为破解政府职能交叉、权责不清的主题词时，也成为众望所托的新医改突破口。

4. 适应老龄化发展趋势，转变医疗管理模式，变医疗保险为健康保险，重视社区卫生的"守门人"作用及家庭的护理保健功能

针对进入 21 世纪，全球迅速城市化，医疗所面临的人口老龄化、医疗费用居高不下、非传染性慢性病增多等一系列难题，开展社区卫生服务、寻找适当的城市社区卫生服务模式是新时期全球卫生体制改革的必然趋势。社区卫生服务是指在社区一级开展的以社区居民为对象的卫生服务。它是按公平原则面向所有社区居民，为他们提供地理上及物质上可行的、经济上与技术上可行的、内容上医疗与预防相结合的基本卫生服务。其服务的重点对象是医疗保健需求高的人群，即孕产妇、儿童及青少年、职业高危人群、老年人及残疾人。

社区卫生服务着眼于人的基本保健，是充分利用社区资源对确定的社区人群进行保护健康、促进健康、预防保健、治疗、康复和必要的社会服务的系统保健。随着人民生活水平和健康水平的不断提高，健康医疗模式正在发生根本性转变。构建新型社区卫生服务中心，发展家庭医师制，开展全科医疗是社区卫生服务模式的发展趋势。我国已于 1999 年进入老龄化社会。随着老龄人口的增加及其对社会保险、社会福利、社会服务需要的快速增长，政府的财政支出和社会负担必然随之增长。

据世界银行的一份报告：美国 1/3 的医疗支出用于 65 岁以上老年人；澳大利亚 60 岁以上老年人的人均健康支出是 15 岁以下人口人均支出的 6 倍；在日本，老年人医疗费用是其他人群的 5 倍，50%的国民医疗费用于老年人。随着老龄人口的急剧增长，数量日见衰减的劳动人口将要负担数目日益庞大的老龄人口的医疗保障费用。这一结果又会导致医疗保险体系不堪重负，相应的保障水平得不到保证。

为了应对人口老龄化的挑战，在当今世界，无论是实行国家保障型医疗模式的英国、瑞典，还是实行社会保险型医疗模式的德国、日本；无论是实行商业医疗保险模式的美国，还是实行储蓄医疗保险模式的新加坡等，都十分注重转变医疗管理模式，变医疗保险为健康保险，重视发挥社区卫生的健康守门人作用。

5. 遏止医疗费用的过快增长，提高卫生服务效率是各国卫生发展面临的共同课题，医药分开、管办分离、营利医疗机构与非营利医疗机构分类管理是各国医疗卫生管理的普遍趋势

医疗费用的迅速增长是世界各国医疗保险面临的一个共同问题，导致保险基金支付压力越来越大，各国医疗保险制度面临重大挑战。医疗费用迅速增长的原因主要为：医药科技的发展、人口老龄化、传统偿付制度的缺欠等。因此，积极改革医疗保险偿付制度、发展"管理保健"和扩大医疗保险基金收入成为各国医疗保险的改革趋势。而要遏止医疗费用的急剧膨胀，除了采取诸如加强医院费用控制、推广非住院治疗和康复，加强对诊所的费用控制，加强医疗监督，控制药品价格等措施外，根本的还是要推进医疗服务、医药生产流通体制改革，实行医药分开、管办分离、营利性医疗机构与非营利性医疗机构分类管理等。

6. 在全球化浪潮下，医药卫生产业的国际化与本土化并行不悖，各国在积极介入全球化轨道的同时，也大力扶持和发掘民族医药产业，积极开发和提升本国医疗服务的国际竞争力

随着经济全球化的发展，各国医疗服务和医药市场逐渐开放，医药卫生产业的国际化发展将是必然趋势。对于我国这样的发展中国家来说，医药卫生产业发展将面临着巨大的国际竞争压力与挑战。为此，走差异化道路，努力发掘本土资源优势将是医药卫生产业发展的制胜法宝。

中国医疗在世界上有很强的竞争力，中国的医疗养老资源和劳动力成本低廉等有利因素都使我国的医疗养老事业具有很强的比较优势。我国医务人员对不少病症的治疗拥有较丰富的临床经验，在对某些疾病的诊断和治疗方面我国的医疗技术是可以和发达国家相比的。我国作为一个发展中国家，人均寿命却大大高于发展中国家的平均水平而接近于发达国家，这从一个方面反映了我国医疗保健工作的效率和水平。特别是我国传统的中医中药疗法，它在几千年的发展过程中，形成了某些独特的治疗方法，比如像针灸、推拿、按摩、药膳，以及太极拳、太极剑等内容丰富的医疗健身方法，它们对于许多老年病、慢性病较之西医、西药有更加显著的疗效。这些疗法已随中外文化的交流传遍全球，但作为发源地的中国对这些疗法有更广泛的应用基础和更高的技术水平，因而对国外的老年人或患者有更大的吸引力，是我国开展涉外疗养服务的优势项目。因此，在全球化背景下，国际化与本土化是相辅相成、并行不悖的。

7. 坚持立法先行，规范医疗服务和医患关系，保障医疗卫生的健康、协调与可持续发展

在世界许多国家，医疗卫生事业和医药产业发展的一个重要前提是立法先行，尤其重视对新药的知识产权保护。如美国的食品药物法规是世界上最严格的。因此，美国食品药品管理局（FDA）在国际上享有较高的权威。一种药品如获 FDA 批准，等于取得了进入各国的通行证。仅仅与草药有关的法规就有：1938 年《食品与药品法》；1966 年《恰当包装与标签法》；1987 年《处方药品上市法》；1990 年《营养标签与教育法》；1994 年《饮食补充剂健康与教育法》及《关于天然植物药品研究指南》等。他国药物要进入美国，需按新药向美国 FDA 申报。草药也不例外，要求全套检验数据和实验资料，对该药进行检验和实验的单位必须是 FDA 认可的单位。又如印度医药产业的崛起与其重视知识产权的法律保护也有着一定的联系。现代医药属高新技术产业，对知识产权的保护有更高的要求。印度过去虽对医药产业管制较严，但对药品专利保护不足，特别是其专利制度只保护程序专利而不保护产品专利，导致企业创新不足，很多企业从事仿制药品生产。1995 年印度成为 WTO 成员后，及时根据《与贸易有关的知识产权协议》（TRIPS）调整了本国专利制度，加大了对药品等知识产权的保护，这既鼓励了本国医药企业加大创新力度，又吸引了世界医药企业将技术转移到印度，从而推动了医药产业的快速发展。

二、杭州推进医疗卫生国际化战略的 SWOT 分析

杭州市推进医疗卫生国际化战略，还需深入分析杭州所面对的国内外发展环境。SWOT 分析是国际上企业战略管理的基本工具。SWOT 分析代表分析企业优势（Strength）、劣势（Weakness）、机会（Opportunity）和威胁（Threats）。其中，优劣势的分析主要是着眼于企业自身的实力及其与竞争对手的比较，而机会和威胁分析将注意力放在外部环境变化对企业的可能影响上面。企业在维持竞争优势的过程中，必须认识自身的资源和能力，采取适当的措施，做好"SWOT 分析"。那么，杭州卫生国际化发展的环境有何特点呢？

1. 优势

第一，政策优势。（1）启动"健康城市"试点。建设健康城市，最早由世界卫生组织（WHO）于 20 世纪 80 年代提出，这是一项针对全球迅速城市化给城市卫生状况带来趋劣影响，以保障市民健康为目标而倡导的全球性行动战略，得到了全世界众多国家和地区的积极响应。按照健康城市要求，杭州市确立了"人人享有医疗保障，人人享有养老保障，人人享有 15 分钟卫生服务圈，人人享有 10 分钟体育健身圈，人人享有安全食品，人人享有清新空气，使每个杭州人都能更健康、更长寿"的城市发展目标。2007 年年初，杭州启动建设健康城市工作，并在上城、下城、拱墅三个区进行试点。经过一年来的努力，已经取得了初步成效，为全面开展建设健康城市工作积累了经验，为争取全国健康城市试点城市打下了基础。（2）促进卫生国际化发展的政策出台。如鼓励外资投资卫生事业，"先走一步"的政策创新。2004 年 8 月初，杭州市公立医院改制率先在社区医院得到突破。拱墅区和睦医院改制是杭州医疗市场放开后诞生的首家公立转民营

医院，由此也拉开了杭州市产权改革的序幕。近年来，杭州市已批准开设各类民营医疗机构79家。2005年12月25日，杭州首家外资控股医院——杭州爱德医院在杭州举行了奠基仪式。该医院是由美国格林斯玛有限公司与杭州市中医院共同出资3亿元人民币合作筹建的，主要为较高收入阶层提供服务。为全面推动医疗改革，杭州市政府先后出台了三大指导意见：2003年9月19日，杭州市政府出台了《关于医药卫生和医疗保险救助体制改革的若干意见》，引导鼓励境外资本、民资兴办营利性医疗机构。政策规定：不受区域和数量限制均可申办，并享受工业企业招商引资优惠政策；新办医院前3年取得的医疗收入直接用于改善医疗条件，且财务制度健全、核算准确的，可申请免征营业税及房产税、城镇土地使用税等。2004年5月13日，杭州市市长办公会议通过了杭州市体改办与市卫生局联合制定的《杭州市城乡卫生体制改革实施意见》，杭州市区属医院产权制度改革开始起步。吸引资金开放医疗市场是杭州医改模式的标志之一。杭州市出台的《关于鼓励民资外资兴办医疗机构的实施意见》明确表示："不限制办医主体、不限制办医类别、不限制兴办数量、不限制设置区域，凡符合国家有关规定的投资者，都可来杭州申办医疗机构，并可自选营利性或非营利性、独资（指内资）或股份制、综合医院或专科医院等类别。"杭州市政府先后出台三大指导性意见，使医改有章可循，从而确保了杭州医改的顺利进行。

第二，机制优势。（1）杭州是民营经济强市，市场经济比较发达，具有适应经济全球化和卫生国际化发展的体制机制优势。作为我国市场经济比较发达的地区和民营经济强市，杭州市在推进卫生国际化战略上具有得天独厚的体制机制优势，如医疗企业合资合作机制、投融资机制、医疗服务供求价格机制与竞争机制、利益诱导机制等。（2）杭州开展的"四改联动"改革，为卫生国际化战略的实施奠定了具有创新性的体制机制基础。自2003年以来，杭州市实行了医疗卫生体制、医疗保险体制、药品生产流通体制和医疗救助体制等的"四改联动"，逐渐形成了四大体制同步建立、良性互动的机制。其中，医疗卫生体制是基础，药品生产流通体制是关键，医疗保险体制是前提，医疗救助体制是保障。当前重中之重是，要突出"医药分家"、"管办分离"、"宽进严管"、营利性医院和非营利性医院"两条腿"走路等重点难点问题，加大改革创新力度，力争取得实效。就拿医疗卫生体制和药品生产流通体制改革来说，"医"和"药"两个体制密不可分，需要两家通力配合。

第三，基础优势。（1）经济基础。杭州经济发达，工业化、城市化发展程度比较高，老百姓收入水平普遍比较高。这为杭州城市国际化和实施卫生国际化战略提供了强大的经济基础。（2）产业基础。中医中药在我国有着悠久的历史，在维护人民健康中起着重要的作用，并且得到国际社会越来越多的认可和亲睐。在中医中药现代化、国际化方面，杭州也具有明显的产业优势。这不仅表现在杭州有一批在国内外享有盛誉的中医中药名店名号，如胡庆余堂、方回春堂等，而且也有一批以冯根生为代表致力于中药事业发展的企业家和以正大青春宝等代表的名优新品。如在众多企业中,中药现代化的开拓者冯根生领导的中国青春宝集团始终走在中药现代化的前沿。

第四,地域优势。杭州地处"长三角"经济圈的南翼,具有接轨上海国际化大都市、推进卫生国际化战略的得天独厚的地域优势。近年来,杭州市委、市政府从落实长三角率先发展的国家战略和共建共享"生活品质之城"的高度,明确提出要接轨大上海、融入长三角,努力把杭州打造成长三角的主要增长极,为长三角地区率先发展、加快发展、科学发展、和谐发展作出积极贡献。为此,杭州市确立了以"规划共绘、交通共联、市场共构、产业共兴、环境共建、社会共享"为重点,通过主动接轨、积极融入、错位竞争,不断增强杭州市的综合实力、创新能力、可持续发展能力和国际竞争力,强化"生活品质之城"的特色,更好地发挥长三角中心城市的作用。

2. 劣势

第一,南宋遗风:缺少大气开放、国际化的社会基础。与上海的海派文化及温州的草根文化相比,杭州在人文特色、人文精神方面缺少一种包容进取、大气开放的气质,不利于城市国际化发展。杭州的自然景色十分优美,自古就有"上有天堂,下有苏杭"之赞誉。杭州也是一座集休闲与娱乐为一体的城市,她的大环境就是休闲、安逸,这就使得杭州这座城市缺乏一股王者之气。很多人都说杭州是一座女性化的城市,一年四季都荡漾着一股挥之不去的阴柔之气,而一座女性化的城市给人的感觉就是不够大气,不够开放。

第二,产业结构:小、散、低为特征的民营经济为主,缺少国际竞争力。杭州虽然民营经济比较发达,但是普遍属于小、散、低为特征的中小型民营企业,缺少像海尔、联想这样实力雄厚、技术研发水平高、具有国际视野的大企业,大多数医药企业规模较小、技术研发能力不强,缺少国际竞争力。随着我国医药卫生市场的逐步开放,面对如美国国际医院集团(HCA)和英国雷士医疗(Licians Medicals)等全球化外资医疗机构的大量进入,杭州本地医疗企业将难以招架。

第三,外部压力:国际知名度不够高,还面临周遍城市的竞争压力。杭州是省会城市,但也是一个区域性的经济、政治、文化中心,与北京、上海、广州等大城市相比,其国际知名度还不高,而且还面临着宁波、南京等周边城市的竞争压力。

3. 机遇

第一,社会共识。"看病难、看病贵"问题成为老百姓普遍关注的社会热点问题,借鉴国际成熟经验,实现杭州卫生国际化发展已成社会共识。

第二,宏观环境。国家新一轮医疗卫生体制改革方案已经出台,并在征求社会意见;经济全球化的发展,特别是加入 WTO 也使卫生国际化成为履行国际义务的必然要求。

第三,健康城市。杭州被纳入首批国家"健康城市"试点范围,这是响应国际社会呼吁的积极行动,有助于杭州卫生国际化的发展。

第四，领导重视。杭州市委十届四次全会确定了新的城市定位，即中国特色、时代特点、杭州特征、覆盖城乡、全民共享，与世界名城相媲美的"生活品质之城"，其中卫生国际化成为城市国际化的重要内容。

4. 挑战

第一，体制不适应。目前卫生体制中，存在着管办不分、医药不分、营利医疗机构与非营利医疗机构不分、职能分散等一系列问题，难以实现医疗卫生的统一集中管理。

第二，发展不平衡。尽管卫生资源总量得到了快速增长，国际先进技术、先进设备、先进药物等也得到了广泛运用。但是，大部分卫生资源过度集中在城市和大医院，城乡间、地区间发展很不平衡。而且，由于农村医疗保障制度发展滞后，导致城乡居民、不同地区居民在医疗服务可及性与可得性方面存在明显差距。

第三，导向有偏差。由于长期政府投入不足，医疗机构普遍地以药养医、重医轻防，过度地追求自身的经济利益和经济效益，忽视卫生服务的公益性与公平性，社区卫生发展滞后，未能惠及人民群众。

第四，法制无保障。卫生发展由行政主导，缺少法制保障，或者完全交由市场操作，缺乏有效的法律与制度约束。

第五，中医西医化。传统中医的重要性没有得到政府、医疗机构和社会的足够重视，导致中医中药西医化；中医中药的自主研发能力弱，缺少国际竞争力。

三、杭州推进卫生国际化战略的重点领域

根据对杭州卫生国际化战略发展环境的 SWOT 分析，本着扬长避短、发挥优势、提高和培育竞争力的原则，杭州卫生国际化战略的重点领域主要是以下几方面：

1. 医疗服务业

第一，必要性。(1)医疗服务产品既具有公共产品或准公共产品属性，同时也是弹性系数很高的优效品。基本医疗服务和公共卫生建设理应由政府买单，承担主要责任，但政府不可能对所有医疗服务产品全额买单。对于高端的、个性化的医疗服务必须走向市场、走向国际化。(2)目前杭州市医疗服务市场的最大弊端是医疗服务产品缺少分类管理、政府与市场职能边界不清晰，公立医疗机构过度市场垄断，使民营医疗机构、外资医疗机构难以正常发展，这与 WTO 有关服务市场开放的承诺是相违背的。因此，必须对公立医疗机构进行重组，并对部分公立医疗机构的功能重新定位和改制改造，促使其走向市场、走向国际化。(3)随着杭州外籍人员，特别是外籍旅游、就业、就学人员的增多，以及杭州外出务工、就学人员的逐渐增加，医疗服务的国际交流与合作十分必要。

第二，战略目标。(1)医疗服务市场得到适度开放，主要是高端医疗服务市场及部分特色医疗服务市场。(2)为在杭外籍人士提供具有针对性的、多元化、个性化的医疗

服务和医疗保障,同时也为出境就业、就学和其他公务、商务活动提供相应的医疗保险及医疗服务便利。(3)医疗服务规范、医疗技术技能的国际接轨。

2. 医疗卫生管理领域

第一,改革必要性。(1)经济的全球化、人员在国际间的快速流动,使得疾病的传播、预防和管理也必须采取国际行动,以便共同应对挑战。(2)中国医疗卫生管理上长期存在着管办不分、医药不分、营利性医院与非营利性医院不分等弊病,使群众"看病难、看病贵"问题难以根除,必须借鉴国际经验,推进管理创新。(3)卫生管理问题是各国共同面对的国际性问题,尤其是医疗费用控制和医疗质量管理问题更是全球各国都感到焦虑的难题,这方面的经验完全可以采取"拿来主义"。

第二,战略目标。(1)加强国际间卫生管理的合作与交流,共同应对人类面临的各种重大疾病挑战。(2)借鉴各国先进的卫生管理经验,特别是医疗卫生监管、医院管理、医疗保险和社区卫生管理等方面的成功经验。(3)深化杭州"四改联动"改革,探索实施大部制卫生监管体制。

3. 医疗、医药产业

第一,必要性。(1)根据国际经验,当一个国家发展到后工业社会后,对医疗服务、卫生保健的需求将剧增,医疗保健产业和医药产业等服务经济将成为占主导地位的优势产业。杭州已经跨入中等发达城市行列,并正在向发达城市迈进。扶持医疗、医药产业的发展具有客观的必然性。(2)国际上许多发达国家及发展中国家如印度,医药产业已经成为其国民经济的重要支柱产业,具有强大的国际竞争力和广阔的发展前景。所以,加大医药研发力度,加快医药产业化进程,对于杭州具有重要启示意义。(3)杭州具有医疗、医药产业化发展的有利条件和产业基础。包括正大青春宝在内的许多中医中药企业已经掌握了一定的核心技术,具备相当的国际竞争力。

第二,战略目标。(1)加大中医中药的研发力度,促进中药产业的标准化与现代化。(2)扶持本地中医名号及大型中药企业的快速发展,提高中医中药的国际竞争力。(3)培育具有本土特色和国际规模的中医中药市场,吸引国际医药企业入驻杭州,提高杭州卫生国际化水平。

四、杭州实施医疗卫生国际化战略的政策建议

1. 适应经济全球化,促进医疗卫生服务国际化

第一,提高公共卫生事业国际化程度。按照国际化、现代化要求建立结构合理、功能齐全、运行高效的医疗保健服务、疾病预防控制、卫生监督执法体系,为群众提供适应不同需求的优质医疗和卫生服务。

第二,鼓励和支持外资参与发展社区卫生服务。鼓励、支持和引进国外医疗机构以

合资、合作、参股、兼并及收购等形式参与国有医院体制改革、改组和改造，引进先进的理念、技术、机制和管理经验，推进杭州卫生事业健康发展。

第三，积极引导社会力量发展医疗卫生服务，在严格技术准入的基础上，鼓励国内外社会资金依法创办医疗机构，支持有执业资格的医务人员依法开业，满足群众多样化的医疗保健需求。

第四，大力提升杭州医疗配套服务的国际化水平。鼓励医疗机构引进国外先进医疗设备，改善医疗设施，注重引进国际化的医疗人才，包括按摩师、保健师、理疗师、美容师、心理医生等，解决在杭外籍人士的"就医难"问题。

第五，坚持基本医疗卫生服务的政府主导，强化政府在公共卫生、社区卫生服务、新型农村合作医疗、重大突发卫生事件中的责任。同时，重视市场机制在提供和保障多元化、个性化、特色化医疗服务中的积极作用，逐步开放高端医疗服务市场，满足外籍人士的医疗保健服务需要。

第六，适应国际人口老龄化和疾病谱的变化趋势，推行以健康保险替代疾病保险。医学已从单纯生物医学模式转变到今天的社会—心理—生物医学模式。因此，医学科研及医疗卫生服务必须从生物学单方位研究及治疗转变到心理、社会、生物学全方位的研究及治疗，重视社会、心理、生物因素对健康和疾病的综合作用和影响，尤其重视社会和心理因素的作用。目前，全球影响人类健康的主要疾病和死亡原因，已由过去的急慢性传染病为主，逐步转变到为慢性非传染性疾病为主。世界各国都出现了以心脏病、脑血管病、糖尿病、恶性肿瘤等占据疾病和死因的主要位置的趋势。而这些疾病的发生与生活方式和行为有着重要的关系。因此，要确立预防为主的卫生工作方针，深入开展群众性的爱国卫生运动，减少和消灭传染病和寄生虫病。同时，也要加大与国际社会在重大疾病预防、治理及应对全球各种卫生挑战的交流与合作，保障人民的生命健康权益。

2. 借鉴国际成功经验，实现医疗卫生管理国际化

第一，深化医疗卫生体制改革，继续推进医疗卫生体制、医疗保险体制、药品生产流通体制和医疗救助体制等"四改联动"，探索实行管办分离、医药分开及营利性医院与非营利性医院分开，以便从根本上解决群众"看病难、看病贵"问题。

第二，借鉴国际大卫生监管体制经验，改革医疗卫生监管制度，探索实行大部制医疗卫生监管体制，整合医疗卫生、医疗保险、医药生产流通的管理，提高监管的力度。

第三，加大医疗市场开放力度，形成多元化的办医格局，积极鼓励国内外优秀医疗机构、医学专家、医院管理专家和先进技术、资金加盟杭州，创办与国际接轨的高层次高水平医疗机构。促进投资主体的多样化和办医格局的多元化，营造有序、竞争、公平的医疗市场环境。

第四，控制医疗费用，提高医疗制度运行效率，即在注重需方控制（如对消费者设置保险起付线、封顶线、共付额和共保率）的同时，通过改进付费制度加强供方控制，

如总额预算、按病种付费、按资源利用相对价值付费等。还可以通过筹资机制、组织机制、激励制约机制控制来强化费用控制。

第五，强化卫生公平理念，加大医疗卫生资源的城乡统筹和地区统筹，促进农村基层医疗卫生和医疗保障事业的快速发展。

3. 扶持本土企业发展，加快医疗、医药产业国际化

第一，加强中医中药的科学研究，促进中医中药走向世界。中医中药是中华民族创造的医学科学，是中国优秀民族文化的瑰宝，在我国具有广泛的社会基础。但是，由于中国人固有的思维习惯，中医中药几千年来仍始终停留在"经验"层面，局限于传统的师徒传承模式，没有上升到"科学"层次，标准化、定量化程度不高，在国际上难以得到认可与推广。因此，要借助于现代科技，加强中药化学成分、活性成分、有效成分的基础性研究，开发、研制具有自主知识产权的中医中药产品。

第二，大力扶持中医药龙头企业，特别是杭州本土中医中药龙头企业的发展壮大，促进企业实施国际化战略；要加大中药研发资金的投入，促进中药现代化；同时，要以本土化推动国际化，吸引国外医药企业和医疗服务机构来杭发展，吸引国外人士来杭享受医疗保健服务。

第三，借鉴日本汉方药的发展，以天然产物标样研究推进中药国际化，积极开发包括天然药物、保健品、功能性产品、健康护理产品等在内的一系列天然植物制品市场；同时，通过中医标准化促进中医国际化。

第四，要充分利用杭州得天独厚的自然和人文优势，充分发挥中医药在医疗卫生服务，特别是在破解亚健康、治疗疑难杂症、提高健康生活品质中的独特作用；使杭州成为具有国际知名度和美誉度的养身、休闲、度假中心。

第三篇

社会救助政策

第八章　城乡弱势群体社会政策支持研究

> 在经济体制转轨和社会结构转型过程中,由于个人的、家庭的、社会的各种原因,不同社会群体在改革发展中的受益程度或承担的社会成本也是不同的,部分社会群体可能因为个人能力禀赋、人生际遇、社会排斥或社会不公等原因而陷入困境,成为社会弱势群体。关心和帮助社会弱势群体,改善其生活处境,提高其就业和发展能力,促进不同社会群体之间的合理的平衡,是党和政府的责任,是社会团结和稳定的需要,是和谐社会建设的重要课题。

一、社会政策是支持城乡弱势群体的主要手段

弱势群体也叫社会脆弱群体,主要是指那些收入较低、生活困难,社会资源短缺,在社会竞争中处于弱势地位,并缺乏相应发展潜能的人群。现阶段,我国社会弱势群体主要由以下几部分人构成:一是下岗失业人员;二是城乡贫困人口,特别是低保人员;三是进城农民工;四是较早退休的"体制内"人员。

弱势群体一般具有三个基本特征:

第一,贫困是弱势群体在经济利益上所面临的共同困境。在日常生活中,这种困境主要体现为"六难",即就业难、生活难、住房难、医疗难、子女教育难和法律救助难。

第二,在社会和政治层面往往处于弱势的地位。在社会意义上,弱势群体的弱势体现为被歧视,合法权益被侵犯;在政治意义上,弱势群体的弱势体现为无法参与、影响政策的制定,而有时却成为某些政策的受害者,他们掌握的资源很少,尽管可能人数众多,但他们的声音很难在社会中发表出来,在涉及他们利益的时候,往往要靠政府和大众媒体来为他们说话,他们的声音很微弱,成为沉默的一群。

第三,社会弱势群体依赖自己的力量无法改变目前的弱势地位,需要国家和社会力量给予帮助或支持。弱势群体陷入困境,无论是出于个人的还是社会的原因,依靠自己的力量无法改变,尽管他们并非不想改变上述困境。外力的帮助和支持是改善、改变他们状况的主要力量。

社会政策是支持弱势群体的主要手段。这表现在:

一方面,从社会政策的发展过程看,弱势群体是社会政策服务的重点。社会政策自发端之日起,就直指以非市场的手段进行社会资源再分配,消除社会贫困这一主题。第一个给社会政策以科学概念的是德国的经济学家华格纳,他提出:"社会政策是运用立法和行政的手段,调节财产所得和劳动所得之间的分配不均问题。"[1]针对当时德国的分

---

[1] 赵慧珠:《中国农村社会政策的演进及问题》,《东岳论坛》,2007年第1期。

配不公问题，强调国家的责任在于"保护劳动者"，"使劳动阶级获受利益"，这时候社会政策的目标是消除贫困，其服务对象是社会弱势群体。尽管后来社会政策作用对象和领域不断扩大，并发展成了全民的福利政策，但 20 世纪 90 年代以来，随着全球性的贫困、失业等问题的加剧，社会政策又重新把服务重点放在弱势群体，并重新提出社会政策目标是"消除贫困进而消除社会排斥，促进包容和社会公正，使边缘群体进入全球经济和社会的主流"。

另一方面，是社会政策可以提供制度保障。对于弱势群体的支持方式可以有关心、支持、自助和增权等，四者缺一不可，但不同方式的作用是不同的。支持主要指为弱势群体提供有效的制度性保障，而它的实现必须依赖于适当的社会政策。社会政策对弱势群体的支持作用，表现在一是可以保障弱势群体的基本生活，二是促进弱势群体社会参与机会增多，提高能力以消除社会排斥。总之，社会政策是支持弱势群体的主要社会支持手段。

二、杭州市弱势群体社会政策支持的现状与主要问题

由于杭州市经济比较发达，特别是各级党委、政府对扶贫救助工作的高度重视，大部分城乡困难人口的基本生活已经得到了较好的保障，维护了社会的稳定与发展的大局。目前的社会弱势群体主要包括两大类：一是因各种原因造成的城乡困难群众；二是外来务工人群。

当前，杭州市真正符合低保条件的人口不多，截至 2005 年底，杭州市共有在册城乡低保对象 3.4 万户，市区符合"四级救助圈"困难户 22555 户。但是，社会中的困难人口仍然不少。他们在生存环境与发展能力和机会等方面都处于社会弱势地位。

目前杭州市有外来务工人员已达 150 多万人，其中市区 100 多万人。他们大多是些收入低、文化程度低、几乎没有技能的人员，主要集中在建筑行业，以及搬运、保安、保洁、营业、包装、餐饮等服务性行业。作为城市边缘群体的外来人口，虽然他们的处境一般比在农村或其家乡要好，但毕竟处于城市社会的下层，缺乏保护自身的意识，更缺乏保护自身的能力，很容易受到侵害，他们在城市中没有归属感，属于城市新生弱势群体。

1. 杭州市弱势群体社会政策支持的主要特点

第一，政策出台快，覆盖面广。从 20 世纪 90 年代中期开始，杭州市政府开始加大重大民生工程的建设和投入，先后在城镇基本养老保险、城镇基本医疗保险、城镇居民最低生活保障、工伤保险制度、促进下岗失业人员再就业方面出台一系列的条例和办法。随着地方经济的快速发展，政府财政支付能力的提高，不断加大对社会保障的支持力度，扩大保障覆盖面，从城市居民扩大到农村村民，建立起覆盖城乡的最低生活保障制度、失地农民"双低"保险制度等。同时，新型农村合作医疗制度正在试点中，农村"五保户"集中供养也在逐年扩大，三年内供养率将达到 100％。

第二，救助水平高、支持力度大。近几年来，杭州市采取切实有效措施，逐步建立和完善以"春风行动"为载体的困难群众长效帮扶工作机制，出台了一系列政策和举措，加大帮扶救助力度，提高帮扶救助水平，全面推进包括城乡最低生活保障制度、困难群众医疗救助制度、农村五保对象和城镇"三无"人员集中供养制度、助学援助、住房援助等为主要内容的社会救助体系建设，努力实现困难群众"出现一个发现一个，发现一个帮扶一个，帮扶一个解决一个"的目标，初步构筑起了与社会经济发展水平相适应、覆盖城乡的新型社会救助体系。截至 2005 年底，全市共有在册城乡低保对象 3.4 万户，全年支出保障金 6131 万元，分别比上年增长了 18%和 50%。第五次"春风行动"对市区 22555 户各类困难群众发放救助金 3480.44 万元，除老城区外的萧山、余杭区和五县（市）元旦春节期间走访慰问 11.52 万人，发放慰问金、慰问品 2402.53 万元。继 2004 年市区和余杭区出台医疗救助政策后，2005 年萧山区和 5 县（市）相继出台了医疗救助政策，从而实现了杭州市困难群众医疗救助制度全覆盖。据统计，2005 年，全市共救助困难群众 2971 人，发放医疗救助金 902 万元；市区有 3.17 万人次在"惠民医院"获得"十四免十减半六优惠"救助，共减免医疗费 132 万余元；发放各类补助(含医疗救助)1717 万元，减免相关费用 847 万元。

第三，政策具有补偿性。如果从社会公正的角度出发，任何社会政策都具有补偿性特点，即社会政策实际上是对因社会变迁而受到损害的群体的利益补偿。但是，我国近些年来的社会政策的补偿性却有自己的特点：在相当大的意义上，它是对退出计划经济体制下的高福利制度的补偿即剥离式补偿。一般说来，剥离性补偿要面对的是相对剥夺问题，即被补偿者要思考可能获得的补偿同原来享受的福利待遇之间的差距。由于福利具有不可逆性，所以这种剥离性补偿比补充性福利实施起来要困难得多。杭州社会政策的剥离式补偿性特征相当清晰。如早些年出台的确保下岗职工基本生活费的发放、确保离退休职工退休金的发放，近年来对下岗失业人员实行更加积极的救助政策，鼓励企业、社区为下岗职工腾岗就业，鼓励下岗失业人员自谋职业、自主创业，为就业困难的 4050 人员实行帮扶救助，并为下岗离岗人员在离开单位之前办理好基本养老和医疗保险等，这些都是对脱离单位制的弱势群体的补偿。

第四，政策具有配套性。政策的配套性可以从两个层面来理解：一是从宏观层面来看，几乎所有的社会政策，特别是社会保障方面的社会政策，都是为推动经济体制改革而服务的，其初始目标是为了使企业脱离"企业办社会"的模式，实现企业的自主经营，自我发展。按照政策设计，社会保障制度改革的第一目标是与改变企业办社会相配套，是为建立现代企业制度服务，然后是维护社会稳定，最后才是保障职工生活。实际上，不仅社会保障方面的制度和政策，其他与经济体制改革相关的社会政策在理念上也突出了为经济和政治服务的目的。二是从微观层面来看，元政策和具体政策相当契合。杭州的做法是，围绕某一个元政策，分类分部门制定相应的具体政策，其实施对象都指向某一特殊群体。比较有代表性的是杭州的社会救助政策，以最低生活保障制度为基础，在近两年逐步出台了一系列面向低保和困难家庭的优惠政策，2003年共出台17项，2004年增加到26项，主要内容包括日常生活援助、文化生活援助、教育援助、医疗援助、住房援助和法律援助。其目标在于解决低保和困难家庭的生活困难、就医、孩子就学、住房困难、就业难等问题。与此同时，杭州市还着力构建"春风行动"长效机制，出台了一系列的政策意见，以期实现对困难群众的帮扶。其中，帮扶工作机制包括动态管理机制、职业培训机制、就业帮扶机制和帮扶保障机制等。

第五，充分调动行政资源，实现政策效益最大化。完整社会政策是一个有机的系统。不仅包括政策的制定，还包括政策的执行、对政策的监督等环节。通常情况下，在民主化社会，政策的出台是一个非常漫长的过程，为政策所支付的成本也比较高昂。我国还处在社会主义初级阶段，经历了长期的计划经济体制，在体制转轨的过程中，由于各种原因，能够比较快捷、比较充分调动的仍是行政资源。传统体制下对行政资源的调动多为垂直式调动，即自上而下进行政治动员。从杭州的社会政策发展来看，这种垂直式调动逐渐为垂直式与扁平式相结合的方式所取代，体现在政策制定和执行中，一方面仍然注重政府内部行政职能部门的职责，职能部门从自身的职责出发，制定相应的社会政策并贯彻执行；另一方面考虑到反贫困工作的综合性，需要多个部门共同参与，政府采取项目负责制，加强各部门之间的合作与协调，同时吸引各社会团体的加入，以避免政策的断裂和责任的推诿。如杭州市为了加强对困难群众的帮扶和再就业工作的领导，专门成立了杭州市困难群众帮扶领导小组，下设困难群众帮扶办公室和再就业办公室。劳动保障、民政、财政、审计、总工会、残联、妇联、团市委等部门通力合作，加强协调，群策群力，齐抓共管。

2. 杭州市弱势群体社会政策支持存在的主要问题

第一，从政策制定看，现行社会政策多为应急性的社会政策。如从2000年开始，杭州市在冬季"送温暖活动"的基础上，开始探索对困难群众进行长效帮扶的方法，并在全国首创了"社会各界送温暖，困难群众沐春风"的"春风行动"，并且也重视建立帮困救助"春风行动"的长效机制。新政策的出台反映了政府对弱势群体权益的关注，但总的来看，这仍然是一种应急式的行政推动的社会救助行动。应急性政策常常使出台的政策缺乏联系和延续性，它既会使政策的实施遭遇困难，又有可能导致一段时期政府工作千头万绪，缺乏重点，疲于应付，严重降低行政效率。

第二，从实施方式看，现阶段社会政策支持主要依靠政府行政推动，缺乏广泛的社会参与和社会支持。目前官方的社会推动意识强，社会支持网络也初步建立，但是社会参与的力度仍比较弱。究其原因，一是大多缺乏稳定有效的法律制度保障，二是第三部门发展滞后，三是社会的中坚力量没有充分调动起来参与社会事业。

第三，从政策内容看，现行社会政策偏重于生活补助和就业帮扶，改善其物质上的弱势地位，而对于社会排斥重视不够。杭州市从2001年起就把再就业工作作为"春风行动"的一项主要内容，把经济救助与再就业援助相结合，着力使困难人员从根本上摆脱困境，对有就业愿望和能力的下岗、失业人员和特困职工实行政策倾斜，先后出台了鼓励下岗失业人员再就业的一系列配套优惠政策，包括优先安排就业培训，优先提供就业岗位等。但是，政策扶持始终是围绕主城区的困难群众的，并未覆盖农村群众，对中国最大的弱势群体——农民工也未覆盖，这其中虽然有地方资金统筹的压力，但是这些政策显然具有社会排斥倾向，它造成城乡差距进一步拉大，城乡发展不平衡加剧，这对统筹城乡经济社会协调发展是不利的。

第四，从政策制定程序看，现行社会政策出台的过程不够规范透明、社会参与度不高，尤其是利益相关者参与决策渠道不畅。近些年，杭州市政府为了提高重大决策的科学化程度，减少决策失误，在经济决策方面已经加强了社会参与力度，许多投资项目也采取社会化运作。但是，在社会政策领域决策仍然采用传统的部门决策方式，社会参与度不高，不符合现代社会民主参与的需求。无论是失地农民社会保障政策、廉租房政策、外来人口政策，还是就业帮扶政策都存在这种情况，导致政策信息不畅、供求关系失调，甚至引发社会矛盾与冲突。

第五，从政策执行效果看，政策执行力较低。良好的社会政策需要具有强大执行力的执行者完成。在自上而下的科层体制的约束下，政策执行者多是将完成工作指标作为自己的目标。在行政科层惯性的影响下，一些社会政策执行者对管理角色的认同远远超过对服务角色的认同，这使得他们的对弱势群体的管理活动有余，而服务意识相对较弱。弱势群体的需要是多方面的，行政人员机械的、以管理为目的的服务虽然也执行了政策，却缺乏人性化的关怀，这是一种缺憾。在调研中发现，一些困难家庭尽管十分困难，但由于要经过社区公示，他们放弃低保。究其原因，除了一部分是怕丢面子之外，还有相当大一部分是担心子女受歧视而放弃的。如果执行者能注重人性化操作，相信这样的情况可以避免。此外，处在基层的、直接与弱势群体打交道的执行者频繁流动使得他们的亲和力和对角色的认同度降低。杭州在建立帮贫扶困救助站之后，招募了一批年轻的工作者。他们在给社会工作带来活力的同时，也引发了许多问题。一是由于职业身份没有确定，使他们觉得前途渺茫；二是收入偏低，使他们频繁离岗。这反映出他们对职业角色的认同度较低。

三、完善弱势群体社会政策支持的建议

1. 完善社会政策制定机制，提高决策的透明度与参与度

关心弱势群体意味着要平等地对待弱势群体，要注意倾听弱势群体的声音，而不能怀着救世主的心态，居高临下地怜悯弱势群体，更不能片面宣传、强化强势群体的价值观，并把这种价值观强加给弱势群体。如果这样的话，是难以真正改变弱势群体的弱势地位的。可以在他们中间招募市民志愿者，让他们更多地参与社会各种活动提升他们的自豪感和价值感，树立自信、自尊地人格品质。

2. 完善社会政策执行机制，提高政策执行效率

在社会政策执行中，发挥政府主导作用是必要的。但是，培育新的社会支持网络，充分发掘社会资源的积极作用同样是必不可少的。因为，任何有效的社会支持网络都离不开政府系统的支持，但是，仅靠政府单一的社会支持是远远难以满足弱势群体的需要的。从理论上说，依靠政府自上而下的推动在一定的地域范围内成效将十分显著，杭州也已做到了这一点。"春风行动"引起全国各方面的关注就是实例。

此外，"结对帮扶"、"一对一帮扶"在社会力量参与不足的情况下，既是很好的补充形式也取得了明显的成效。但是从长远来看，杭州要构建和谐社会，首先要构建市民社会。市民社会应该是由具有明确主体意识、强烈社会参与意识的公民构成。要在政府和有关社会团体的支持下，重建弱势群体的社会资本和支持网络，加强弱势群体、雇主及社区间的网络联系是扶助弱势群体不可或缺的政策选择途径。

这种综合性社会支持网络至少包括各种政府组织、非政府团体、慈善机构、群众组织、社区组织、志愿团体以及热心社会公益事业的家庭和个人。

3. 加强人力资源培训与开发，增强弱势群体的生存与发展能力

各国社会政策的发展都经历了从补偿性社会政策到发展性社会政策的转变过程。其中，补偿性社会政策是社会政策的基础，它反映了人们对急剧社会变迁所带来的风险和利益损失进行某种程度的补偿，强调社会对弱势群体的责任，它一般通过建立和完善社会保障制度来实现。就杭州市来说，目前重要的是不断扩大社会保险覆盖面，逐步将进城农民纳入社会保险的覆盖范围。

当前最迫切的是尽快确立农民工工伤保险制度。由于农民工所从事的工作大多是危险、高空作业，工伤的几率相对较大。该保障项目成本并不高，但对农民工却是迫切需要的，而且对企业(雇主)也是有利的。因此应尽快建立对农民工的工伤保险。

此外，住房政策也是补偿性社会政策的重要内容。弱势群体的收入较低，让其通过住房商品化、市场化自主解决住房困难是不可能的。目前国家有关住房的一些政策对于弱势群体也是不利的。例如，住房公积金政策目前将四部分人排除在外：一是没有参加公积金的集体企业和个体企业职工；二是相对困难企业职工；三是没有单位的城市居民；四是在城市工作的农民工。后三部分正是目前的弱势群体的主体。安居工程的最终房价将弱势群体排除在外。原因是，目前的住房贷款往往与商品房开发相关联，而购买商品房对于低收入的弱势群体而言是根本不可能的。另外，住房贷款需要资产抵押，这对于弱势群体同样不利，使之享受不到政策所带来的福利。为此，杭州市政府较早地出台了廉租房政策、公有住房租金减免政策、房屋拆迁援助政策等以缓解弱势群体住房困难。

而发展性社会政策则是出于对公民基本权益的维护，是基于社会公平的价值理念，旨在促进社会弱者自立、自强，提升其社会参与的机会与能力，以消除社会隔阂、实现社会整合。发展性社会政策是一个包括多方面内容的政策体系。就杭州市来说，目前主

要是要进一步完善就业促进政策和教育政策。

其中，就业政策的制定必须以准确掌握弱势群体的客观情况为前提。制定下岗失业人员再就业政策，重点集中在：既要积极地创造就业岗位，又要加强技能培训，提高弱势群体的个人素质和知识水平，增强弱势群体的"抗弱"能力。对于农民工来说，问题主要在于歧视性就业政策。为农民工创造就业岗位是重要的，但就业政策的重点应该是坚决杜绝限制性、歧视性就业政策，让农民工享有同等的国民待遇，特别是享有与城市人口同样的就业政策。

从教育机会均等政策上说，教育对于改变社会弱者及其后代的贫困处境，其作用更带有根本性。要消灭贫困，首先必须改造贫困文化。只有穷人抛弃了自暴自弃、不求上进、宿命论的价值观念，而接受了积极进取、不懈奋斗的价值观时，贫困才真正有可能走向消失。这一结论对有关弱势群体社会支持的政策启示是，正是由于这些人长期生活于贫困文化中，会与社会主流文化隔绝，并造成贫困文化的代代相传。而要摆脱贫困文化的束缚，就应当增加他们及其后代与主流文化接触的机会及其被主流文化接纳的技能。而要做到这一点，关键在教育，其办法在于促进教育机会的均等。

4. 强化对农村地区和城镇外来人口的社会政策支持，消除社会排斥

从覆盖范围看，现行社会政策主要关注城镇人口和市区人口，而对于城市外来人口，特别是农民工群体，对于杭州下属市县地区则没有给予足够的重视，与统筹城乡经济社会发展的要求相比还有一定差距。也就是说，杭州市现行社会政策的发展是不平衡的。因此，下阶段杭州市社会政策的发展重点就在于加强区域资源的整合，加快推进农村社会保障体系建设，消除地域限制。同时，加强对城市农民工社会保障制度建设，尤其是农民工的医疗救助制度建设，改善其生存处境，并为包括农民工在内的杭州市外来人口的创业和发展积极创造条件。

5. 加强对社会政策执行情况的监督，促进社会政策的有效落实

从政策效果看，杭州现行社会政策尽管比过去已经有了很大改善，但是，大多停留在纸面上，还没有产生实际的政策效果。社会政策的保障功能难以覆盖农民工。农民工与下岗失业人员不同，农民工相对而言缺乏的似乎不是岗位，而在于歧视性的就业政策。当然为农民工创造就业岗位也是重要的，但就业政策的重点应是坚决杜绝限制性、歧视性的就业政策，让农民工享有同等的国民待遇，特别是享有与城市人口同样的就业政策。

但是，如何让农民工享受到平等待遇呢？这就需要社会政策给予支持。如杭州市社会保障政策规定，农民工可以以单位的形式参加社会保险。但是，由于收入低微、工作不稳定，特别是缺少政府相关税收政策的支持，实际上农民工真正参加社会保险的比例极低，企业也没有积极性。因此，制定政策是重要的，但是更重要的还是让已经制定的政策落到实处。

第九章 农村"夹心层"生活品质问题研究

> 近年来,随着城乡一体化的低保制度和农村"三级救助圈"政策的全面实施,农村困难群体的生活品质已经有了显著改善。然而,由于城乡间、地区间经济社会发展的不平衡,由于基层政府财政能力不足和低保救助政策执行中的偏差,导致农村"夹心层"问题日益突出。如何切实掌握农村"夹心层"的生存处境,并从构建社会主义和谐社会和创建"生活品质之城"的高度,探讨破解农村"夹心层"问题的有效对策,是现阶段党委政府面对的一个重要课题。

一、杭州农村"夹心层"的规模

1. "夹心层"的界定

什么是"夹心层"?目前学术界还没有一个确切的定义。它是近年来我国地方政府在对城乡低收入群体的救助实践中提出的一个新概念。所谓"夹心层",目前主要有两种代表性观点:

一是指家庭收入略高于当地的最低生活保障线而生活依然困难的社会低收入群体,也称"低保边缘群体"。如 2005 年 12 月 20 日,浙江省政府颁发的《关于进一步完善新型社会救助体系的通知》(浙政发〔2005〕65 号)中,首次提出要把社会"夹心层"纳入政府救助保障范围。所谓"夹心层"是指生活水平接近或略高于低保标准的人或家庭。《通知》要求,"夹心层"的救助层次和标准由各地根据经济社会发展水平和保障能力确定。在救助方式上,除了合理分层救助外,各级政府还应根据困难群众致贫、致困的不同情况,实施分类救助。[1]近几年,除了浙江杭州、绍兴等经济发达地区外,在我国其他地区也有针对低保边缘群体的救助实践。如沈阳市从 2007 年开始实施城市低保边缘户救助制度,以解决城市低保边缘群体的生活困难。从 2008 年 7 月 1 日起,该市又建立和实施了农村低保边缘户救助政策。目前,全市已审批农村低保边缘户有 1977 户、4875 人,占农业人口的 0.25%。据了解,沈阳市将农村低保边缘户的救助范围确定为高于当地农村低保标准的 20%,其救助标准为低保户的 60%,救助资金的来源及配套比例与低保户的同类救助项目相同。其主要救助项目有"两节"救助、医疗救助、住房救助、就学救助、就业援助和突发性意外性临时救助等。[2]目前,在重庆、广州等城市也建立了针对低保边缘群体等社会"夹心层"的救助制度。

---

[1] 江南:《浙江实行分层分类救助 "夹心层"纳入"救助圈"》,人民网 2005 年 12 月 21 日,http://politics.people.com.cn/GB/14562/3963153.html。

[2] 朱勤:《沈阳农村低保边缘群体受救助》,《辽宁日报》http://www.365qy.com/html/08/n-48508.html。

二是指那些不符合廉租住房和经济适用住房政策范围、且家庭收入低于当地城镇居民平均工资水平的中低收入人群。如广州市住房保障政策规定，享受政策性租赁住房的"夹心层"，是指那些不符合廉租住房和经济适用住房政策范围、且家庭收入低于当地城镇居民平均工资水平（按照广州市城镇居民工资水平推算，即家庭年人均可支配收入必须低于18287元）的中低收入住房困难家庭、城镇房屋拆迁户、引进的高级技术人员、异地调动的机关干部的过渡性居住需求。据悉，目前广州市公布的廉租住房、经济适用房的家庭年人均可支配收入、住房困难、家庭资产标准为：（1）廉租住房：收入标准为家庭年人均可支配收入7680元；住房困难标准为人均居住面积10平方米（折合建筑面积约15平方米）以下；家庭资产净值限额为"三人以内家庭人均7万元以下"、"四人以上家庭资产净额不超过26万元"。（2）经济适用房：家庭收入标准为家庭年人均可支配收入低于18287元；住房困难标准为人均居住面积低于10平方米（折合建筑面积约15平方米）；家庭资产净值限额为"三人以内家庭人均11万元以下"、"四人以上家庭资产净额不超过44万元"[1]。类似的，杭州市政府认定的所谓"夹心层"主要指两类人群，即不符合廉租住房条件又暂无力购买经济适用住房的低收入住房困难家庭，不符合经济适用住房条件又暂无能力购买商品房的低中收入住房困难家庭。如为了破解杭州市区两个"夹心层"的住房困难，杭州市政府2008年第36次常务会议审议通过了《杭州市区经济适用住房租售并举实施细则》和《杭州市区经济租赁住房管理办法》，提出了缓解低收入家庭住房困难一系列政策规定。这是当前加强保障性住房建设，促进房地产市场平稳健康发展的重要环节，对建立多形式、有杭州特色的保障性住房体系具有重要意义。目前，我国许多城市如上海、北京等都出台了针对社会"夹心层"住房困难的保障性住房政策。[2]

从目前我国各地的政策实践看，所谓"夹心层"主要是根据居民家庭人均收入状况来认定的，其下线没有疑义即低保线，而其上线则有分歧，原则上在当地平均工资水平之下。基于以上认识，"夹心层"是指家庭人均收入水平高于当地政府认定的低保标准而低于当地农民人均纯收入的准贫困群体或低收入群体，也包括那些家庭实际生活水平符合政府低保标准却由于各种原因未能享受到应有救助保障的农村贫困群体。当然，政府"夹心层"政策关注的重点是那些家庭人均收入水平略高于当地低保标准的困难群体。

2. 杭州农村"夹心层"的规模

近年来，杭州以深化"破七难"机制[3]为载体，不断加大对城乡困难群体的救助力度，农村低保标准逐步提高，低保配套政策不断完善，农村困难群体的生活处境得到了

---

[1] 赵燕：《"夹心层"如何界定？》，《羊城晚报》http://press.idoican.com.cn/detail/articles/20081117037A62/。
[2] 世界经理人网：《北京两限房申购政策正式出台》，http://re.icxo.com/subject/xianjia/。
[3] 即杭州市委市政府在2004年提出的"破解七大民生难题"行动，包括看病难、上学难、住房难、行路停车难、办事难以及清洁问题、困难群众生产生活问题等七个与百姓生活息息相关的难题。

明显改善。但是，由于现行低保政策的不完善特别是其执行过程中的偏差，由于受到地方财政压力及政绩导向的影响，也由于农村"三级救助圈"政策实施的规范性、权威性及救助的力度和制度化水平不高，导致许多家庭人均收入虽略高于低保线而其实际生活仍处于准贫困状态的"夹心层"群众未能得到应有的社会救助。但是，杭州农村"夹心层"的规模究竟有多大？其生活品质现状如何？目前还没有权威的统计分析。为了以点带面，掌握杭州市农村"夹心层"的大致规模与生活品质现状，我们于2008年初对杭州市经济发达程度不同的淳安、临安、余杭三县（市、区）进行了重点调查。

第一，调查方式。首先，根据中等人口规模和中等收入水平等标准，在当地政府帮助下确定三个重点调查点，即余杭区星桥街道安乐村、临安市太湖源镇东坑村和淳安县千岛湖镇茂畈村，依靠大学生志愿者协助，采用问卷调查和户主访谈相结合的方式，对全村住户进行了地毯式入户调查，并重点考察了农户的收支状况。调查村基本情况，见表9-1。其次，为了确定"夹心层"的规模，我们主要采取收入排序法进行，即对调查村农户2007年的家庭总收入和人均收入，按照从低到高进行排序，除了已经得到政府救助的五保户、低保户和困难户外，家庭人均收入高于低保线而低于当地年人均纯收入水平的农户，都属于"夹心层"范畴。[1]

表9-1 调查村的基本情况

经济条件	乡镇	村名	调查户数/总户数	总人口（人）	低保户（户）	困难户（户）	2006年农民人均收入（元）	2007年农民人均收入（元）
好	余杭区星桥街道	安乐村	213/283	1102	3	5	9615	10983
中	临安市太湖源镇	东坑村	135/198	598	4	6	8011	8852
差	淳安县千岛湖镇	茂畈村	329/475	1384	22	34	4816	5401
总计			677/956	3084	29	45		

第二，调查结果。三个调查村的基本情况是，作为杭州市经济发达地区的余杭区星桥街道安乐村，全村共283户、1102人，其中调查户为213户，占75.27%。2007年余杭区农村低保线为月人均180元，年人均纯收入为10983元；作为杭州市经济中等地区的临安市太湖源镇东坑村，全村共198户、598人，其中调查户为135户，占68.18%。2007年临安市农村低保线为月人均150元，年人均纯收入为8852元；作为杭州市经济欠发达地区的淳安县千岛湖镇茂畈村，全村共475户、1384人，其中调查户为329户，

---

[1] 农户收支情况调查非常复杂。因为，农户的粮食、水果、禽畜实物收入与外出打工收入等都难以准确统计核实，只能根据当事人估算，未必十分精确。

占 69.26%。2007 年淳安县农村低保线为月人均 149 元，年人均纯收入为 5401 元。我们运用 SPSS10.0 统计软件对三个村所有调查户家庭年人均收入数按照从低到高进行排序，发现除了现已得到救助的低保困难家庭外，符合"夹心层"范畴的农户分别达 172 户、76 户和 81 户，分别占全村总户数的 60.78%、38.38%和 17.05%。虽然这三个调查村情况并不足以反映杭州农村"夹心层"的全貌，但可以肯定的是，目前杭州农村"夹心层"的规模是相当大的。那么，为什么作为经济发达地区的余杭区安乐村，其"夹心层"农户数反而比经济相对落后的临安东坑村和淳安茂畈村要多呢？这很可能是因为，在经济发达地区农村，居民贫富差距比较大。虽然其人均总的收入水平比较高，但是分布严重不均，少数农户收入高，而大多数农户家庭收入有限，仍处于"夹心层"状态；而在经济欠发达农村，由于农村居民总的人均收入水平都不高，而得到政府救助的低保困难家庭又相对比较多，导致"夹心层"农户比例下降。

二、杭州农村"夹心层"生活品质现状

农村"夹心层"生活品质是指满足农村"夹心层"居民基本生活需求所应达到的品位与质量。考察农村"夹心层"生活品质，我们主要从经济、政治、社会、文化和环境等五个方面、共十五个指标进行分析。见表 9-2。基于课题组对余杭区星桥街道安乐村、临安市太湖源镇东坑村和淳安县千岛湖镇茂畈村的调查，并按照三个村调查样本量对当年低保标准和农村居民年人均纯收入进行加权平均，确定杭州农村"夹心层"家庭年人均收入取值范围为高于 1907 元和低于 7845 元。运用 SPSS10.0 分析可知，当前杭州农村"夹心层"居民的基本生活品质状况如下：

表 9-2 "夹心层"基本生活品质的主要内容

基本生活品质	主要内容
经济生活品质	家庭收支、衣食住行、家庭设备、职业就业等。
社会生活品质	社会保障、社会交往、生活方式等。
文化生活品质	子女教育、文化娱乐、旅游休闲等。
政治生活品质	政治参与、权利保障等。
环境生活品质	公共安全、环境卫生、社区服务等。

1. 经济生活品质

第一，家庭收入微薄，抗风险能力比较差。调查表明，农村"夹心层"居民的就业状况主要有三种情况，即"常年在家务农"、"无业"或"常年在外打工或企业上班"。其中，户主"常年在家务农"或"无业"分别占 40.5%和 28.6%；配偶"常年在家务农"、"无业"或"常年在外打工或企业上班"的分别占 34.0%、17.1%和 27.3%；而其子女的相应比例则是 6.5%、18.8%和 35.7%。由于目前农村人均土地稀少，而农业生产的比

较效益低下,从事传统种养业的收入微薄,打工收入也不稳定,导致农村"夹心层"家庭抗风险能力十分薄弱。

第二,家庭温饱有余,但生活品质比较低下。从收支情况看,农村"夹心层"家庭的最主要收入来源是"务农"、"打工"和"做生意",分别占44.8%、53.5%和13.3%。而其支出则主要在"日常开销"、"看病吃药"、"孩子上学"和"农药、化肥、种苗、农具等生产性投入"等,分别占85.3%、55.0%、45.0%和27.0%。由于收入有限而支出都属于刚性支出,势必严重影响到家庭生活品质。调查表明,农村"夹心层"家庭在吃穿住行等日常生活方面温饱有余但品质比较低下。在吃的方面,"蔬菜为主,添点自家腌制的荤菜"和"能荤素搭配,基本满足营养需要",分别占到22.9%和56.9%;在穿的方面,"能买些新衣服(如为了孩子),但只挑最便宜的衣服"和"能经常添新衣服,但只限于中低档衣服"居多,分别占38.8%和34.0%;在住的方面,61.1%的人有"自建房",15.8%的人住"集体统一建造的公寓房";在行的方面,自行车、摩托车和公交车的使用率分别占19.7%、20.5%和25.1%。

第三,家庭生活有所改善,但看病、子女上学负担比较重。调查表明,农村"夹心层"居民中,有58.8%认为目前的生活状况"有所改善",只有8.3%和11.6%认为"有所下降"或"没有变化"。那些生活比较困难的家庭中,其致困原因主要是因为"家人生病或有残疾"或"孩子上学负担重",分别占总数的20.5%和18.2%。认为要提高经济生活品质,目前最需要解决的主要问题是"增加收入"和"解决就业问题",其比例分别是50.3%和11.5%。

2. 社会生活品质

第一,"夹心层"大多参加保险,但养老医疗仍有后顾之忧。社会保障是确保社会生活品质的重要基础。调查表明,农村"夹心层"中96.2%的人参加了社会保险,其参加的主要险种是"农村养老保险"、"新型农村合作医疗"和"商业保险",分别占31.0%、91.0%和8.0%。只有2%的"夹心层"家庭没有参加社会保险,其主要原因是"经济困难"(18.0%)和"感觉不需要"(5.3%)。对于未来的养老模式,主张"儿女养老"的占51.8%,"社会保险养老"的占34.2%;对于目前农村推行的五保户集中供养制度,认为存在的最主要问题是"日常监管问题"和缺少"精神关爱问题",分别占18.7%和13.1%。杭州市新型农村合作医疗已经实现了乡村全覆盖,目前存在的突出问题是"药价高"、"报销手续太麻烦"和"医药费自付的比例太高",分别占19.8%、13.8%和27.8%;对于目前农村低保政策,认为还存在着"救助面太窄"、"保障水平太低"和"程序不规范,如不够透明、缺少监督"等问题,分别占11.0%、9.3%和10.4%。

第二,家庭生活比较封闭,缺少强有力的社会支持。目前中国正处在一个社会转型时期,农户社会交往的对象及异质性,在一定程度上反映其社会角色及地位。调查表明,农村"夹心层"家庭的社会交往比较狭窄,最主要的是"亲戚"、"邻居"和"朋友",

分别占 47.3%、30.0%和 9.4%。由于其社会活动范围大多局限于传统的社会关系中，异质性不大，很难获得强有力的、广泛的社会支持。

第三，自我感觉处在社会中游，但生计依然比较艰难。农户的社会生活品质，不仅与其经济状况密切相关，而且也与其主观认知有着内在联系。调查表明，农村"夹心层"虽然收入有限，整日为家庭生计而疲于奔命。认为平时生活状态处于"农活忙、没得空，感到很累"、"除了干活，偶有空闲做些感兴趣的事"和"感觉很空、没事干，感到很无聊"，分别占到 19.7%、31.4%和 27.8%。但是，在生活质量感受上，大多认为"比上不足，比下有余"。其中，有 62.2%的人认为其生活质量处于社会中间层，而认为处于较低层或较高层的只占 14.3%和 12.5%。至于影响生活质量的主要因素，排在前三位的是"收入过低"、"生活过于单一"和"缺少社会保障"，分别占总数的 44.5%、13.8%和 10.0%。

3. 文化生活品质

第一，子女教育负担较重，但对基本生活影响有限。近年来，杭州市加大了对农村基础教育的财政投入，由于实施了学杂费减免等各种优惠政策，农村"夹心层"家庭的教育负担已经大为减轻。目前的教育负担主要集中在非义务教育上。特别是，如果家庭有孩子上大学三本自费生，家庭经济负担仍然很重。调查表明，农村"夹心层"认为，子女教育"负担重，勉强可以承受"和"负担不重，对生活没有多大影响"的占到大多数，分别占 27.1%和 24.0%，而认为"负担重，难以承受"则占 12.5%。

第二，家庭娱乐方式贫乏，精神文化生活单调乏味。公共文化产品是影响生活品质的重要因素。调查表明，农村"夹心层"的娱乐方式贫乏，最主要的娱乐休闲方式是"看电视或录像"，占 65.3%；其他的只有"睡觉"、"打牌搓麻将"、"串门聊天"和"自娱自乐"等，分别占 31.8%、15.3%、37.3%和 11.0%。

4. 政治生活品质

第一，"夹心层"大多缺少政治参与热情，对村民选举比较理性。调查表明，农村"夹心层"居民对村务公开"不太关心"和"很不关心"的分别占了 56.9%和 19.4%。但是，在对村民选举问题上，多数人显得比较理性。认为村民选举是"履行村民的权利与义务"、"希望选出理想的代表"的分别占 37.8%和 24.8%；认为"搞形式主义，没有实际意义"的只占 11.3%。

第二，"夹心层"对其合法权益缺少了解，维权渠道狭窄。近年来，市委、市政府坚持以民为本，出台了许多面向城乡困难群体的帮扶政策。但是，调查表明，农村"夹心层"对此"不太了解"和"很不了解"的，分别占 50.5%和 29.2%，而认为"非常了解"或"比较了解"的仅占 12.2%。而了解政府有关困难群体就业创业、生活帮扶等政策的最主要渠道是"广播电视"，占 17.0%。一旦在生活中遇到困难时，求助对象主要有"亲朋好友"、"家人"、"自己解决"、"乡村干部"和"邻居"等，分别占 42.0%、40.6%、23.3%、18.3%和 13.0%。

5. 环境生活品质

第一，"夹心层"对自然环境比较满意，但总体环境生活品质不高。虽然多数农村山清水秀、景色宜人，但在水、电、路，以及环保、休闲等基础设施建设普遍比较滞后，影响到居民的环境生活质量。调查表明，农村"夹心层"对农村环境比较满意的是："环境安静、空气清新"和"邻里关系融洽"，占57.3%和47.9%，而最不满意的是，"水、电、道路等基础设施落后"、"农村治安环境差"和"缺少休闲娱乐场所，生活单调"，分别占22.3%、14.1%和12.6%。

第二，"夹心层"家庭老人生活孤独，渴求公共服务。改革开放以来来，由于家庭的小型化、人口流动化及人们对赡养关爱老人意识的弱化，城乡老年人特别是农村困难老人普遍感到生活孤独，渴求精神关爱。而完善的社区公共服务对于改善老年人的生活质量具有直接的促进作用。调查显示，农村"夹心层"对乡村干部的社会管理与公共服务基本上是认可的。认为"对困难群体热情关怀，尽最大努力给予帮助"、"工作认真负责，能基本履行上级布置的扶贫职责"的占总数的19.6%和25.3%。

三、杭州农村"夹心层"的产生根源

2007年，杭州市农村居民年人均纯收入9549元，按户籍人口计算的人均GDP达到8063美元。按照国际标准，杭州已经跨入中等发达国家或地区的行列。但是，根据对杭州农村三个典型村落的调查发现，目前农村"夹心层"规模还相当大。从生活品质看，这些农户虽然温饱有余，不属于政府低保救助范畴，但生活依然处于脆弱状态，一旦遇到家人生病或孩子上学（主要指高校自费生），家庭极易陷入贫困境地。

那么，为什么在经济发达地区杭州农村，仍然有这么多的"夹心层"群众呢？主要有以下三方面原因：

1. 家庭经济原因

由于农村"夹心层"家庭的最主要收入来源是"务农"、"打工"和"做生意"，而其支出则主要在"日常开销"、"看病吃药"、"孩子上学"和"农药、化肥、种苗、农具等生产性投入"等。

一方面，由于务农（指主要依靠农产品等实物收入）收入有限，大多仅够温饱，而打工收入又不稳定且成本越来越高，即使在村里开个小店或做点小生意也挣不到多少钱，导致农村"夹心层"家庭的收入十分有限。另一方面，家庭日常开销、看病吃药、孩子上学，以及农药、化肥、种苗、农具等生产性投入具有显著的刚性特点，支出上没有多少回旋余地。

其结果是，农村"夹心层"家庭往往是"吃光、用光、身体健康"，很难有节余。虽然不属于低保户、赤贫户，且多数也自认为是村里"中等"水平，但是家境仍十分脆弱，一旦遇到家人生病或其他大开销，就有可能陷入贫困状态。

2. 制度安排原因

产生农村"夹心层"问题的最主要原因还是制度原因。

一方面，低保制度是一种"补差型"的剩余型社会救助制度。它的瞄准对象是社会上那些最贫困的家庭，即家庭人均收入低于当地最低生活保障线的居民，而对于那些超出低保线的家庭，无论超出多少都不属于政策覆盖范围，导致许多收入高于低保线而达不到社会平均水平的"夹心层"家庭难以享受应有的公共救助。

另一方面，由于在现行财税体制下，社会保障与社会救助资金主要依靠县级统筹，而县政府与乡镇政府间也是按照一定比例分摊救助资金的筹集，这就意味着，救助的人数越多，其承担的救助基金压力就越大，从而对农村"夹心层"准贫困群体产生明显的"挤出效应"。作为基层政府，在救助实践中只能根据救助基金的多少来确定救助的人数，有的村只好实行"倒退法"确定救助人选，即从最困难的家庭算起，依次类推。这就有可能将很大一部分"夹心层"群众排除在救助保障之外。同时，在城乡二元结构下，政府在农村居民养老、医疗、教育、文化等公共服务方面投入不足，使得包括"夹心层"在内的农村居民在享有就业、社会保障等公共物品方面未能得到公平对待，生活成本增加，抗风险能力下降。

3. 政策导向原因

从某种意义上说，农村"夹心层"问题的产生，还与当前保"稳定"为主的公共政策导向有关。这种政策的主要特点有二：

一是重发展轻分配。即强调经济发展、GDP 增长是硬道理，而收入分配、缩小贫富差距则是软道理。其结果是在经济快速发展的同时，社会贫富差距反而进一步扩大。

二是重两头轻中间。即重视发挥农村致富带头人作用，希望通过先富带动后富，最终走向共同富裕，同时重视救助最低收入者，以确保社会稳定。这种政策在我国从温饱奔小康的过程中是完全正确的，但是在经济比较发达地区，在全面建设小康社会阶段则不利于均富社会的建立和经济社会的可持续发展。

四、提高农村"夹心层"生活品质的政策建议

"夹心层"是个动态的、相对的社会群体。从某种意义上说，只要存在着收入不均问题，只要没有达到社会共同富裕就必然存在"夹心层"。所以，问题并不在于是否承认社会"夹心层"的存在，而在于"夹心层"规模是否过于庞大？其基本生活品质能不能得到满足？

目前的问题是，在经济发达的杭州农村，除了存在一个人数不算多低保群体外，还存在一个规模庞大、生活品质低下却没有得到足够重视和帮助且还有进一步扩大趋势的准贫困人群，他们没有随着社会经济的发展同步分享到改革发展的成果，这是我们创建社会主义和谐社会必须给予关注和解决的社会问题。

1. 完善农村"三级救助圈"政策，加大分类救助力度

对于农村"夹心层"问题，杭州市有关部门已经给予了相当的关注。可以说，与杭州市低保政策相配套的农村"三级救助圈"政策，理论上是完全正确的，实施中也取得了一定成效，但是还不够完善。

一是由于缺少家计调查系统，农户收入多少心中无数，只能凭感觉来确认，这就难免出现"关系低保"、"懒汉低保"的不公平现象；二是三级救助圈，即县（市、区）、乡镇（街道）与村之间的救助责任不清，导致权责不对称，甚至凭领导意志行事；三是对所谓的"困难户"的界定不明确，救助标准弹性太大，从几百元到几千元，没有统一的制度化规定，基层干部在实践中难以操作。为此建议：

第一，完善家计调查系统。统计局要在现行的600户样本的基础上，根据人口流动与人口结构的变化趋势，适当扩大样本量，以便更全面地掌握城乡居民收入的变化；要发挥社会中介机构和民间调查机构的作用，以便减少来自长官意志的压力，更加客观地反映城乡居民的生活状况；要改变调查方式，除了采取传统的抽样调查系统的同时，还应在各县（市、区）选择典型样本做全面的入户调查，以免避免因调查者的主观臆断而人为地圈定对象的情况发生。

第二，加大分类救助力度。调查表明，农村"夹心层"居民大多身体健康，但因病残、因学、因家庭特殊变故致困、致贫的比较普遍。所以，要坚持需求导向，根据农村"夹心层"家庭的具体情况确定救助内容，或医疗救助、或教育救助、或生活帮扶，等等。其中，加大对"夹心层"家庭的就业帮扶尤其重要。因为，就业是民生之本。要通过就业培训、技术指导、鼓励创业等多种途径，帮助"夹心层"家庭增加收入，摆脱生活困境。

第三，实行低保延伸政策。一方面，要按照创建"生活品质之城"的要求，逐步提高低保标准，满足农村低保户的基本品质生活要求；另一方面，要实行低保延伸政策，将家庭人均收入在低保线120%~140%以内的农村"夹心层"纳入制度化的公共救助范围，救助标准可以按照低保户的一定比例给付。

2. 推进公共服务的城乡一体化，提高农村"夹心层"抗风险能力

农村"夹心层"问题的出现，除了有其自身的客观原因外，也与农村公共服务供给不足有着直接的关系。因此，推进公共服务城乡一体化，促使城市公共服务向农村延伸，对于提高农村"夹心层"的抗风险能力具有重要意义。为此建议：

第一，推进城乡一体化的社会保障政策。从2008年1月1日起，按照"城乡统筹、全面覆盖、一视同仁、分类享受"原则制定的《杭州市基本医疗保障办法》和《杭州市基本养老保障办法》已经正式实施，这对杭州市社会保障的城乡一体化发展具有重大的促进作用。目前，杭州农村社会保障的发展还不平衡，除新型农村合作医疗发展较快外，其他保障形式发展比较滞后，尤其农村社会养老保险参保率不高。同时，由于农村居民

收入差距较大，对于困难群体及社会"夹心层"准贫困群体的参保难问题也要给予特殊的政策支持。此外，由于农村"夹心层"家庭子女外出打工比较多，而农民工参保也是目前社会保障发展的一个难点，也需要给予特别的关注。

第二，加快实施农民健康保障工程。健康是品质生活的基础，如何保障包括农村"夹心层"在内的困难群众、低收入居民的健康，是政府公共服务的一个重点。为此，要继续推进以医疗服务体制、医疗保体制、药品生产流通体制和医疗救助体制"四改联动"改革，着力解决农村"夹心层"低收入群众及贫困群体的看病难、看病贵问题；要大力推进公共卫生资源向农村延伸，逐步建立能够满足农村居民健康需求的农村公共卫生管理和服务网络体系；要以健康城市建设为抓手，努力提高全民的健康水平。

第三，要加快推进基础设施建设向农村延伸。近年来，随着新农村建设的推进，杭州市加大了对农村基础设施建设的投入，农村居民生活环境脏、乱、差的现象有所改善。但与城镇相比，农村居民在享有公共交通、电信、网络、学校、医院等公共基础设施方面仍然存在很大差距，必须着力加以解决。

第四，加强"文化下乡"服务，重视对"夹心层"的人文关怀。当前，农村"夹心层"的精神文化生活单调贫乏，除了看电视没有其他娱乐形式。因此，要充分利用"文化下乡"活动载体，广泛地开展送戏下乡、送书下乡、送电影下乡等活动，更好地满足农民群众的文化需求，实现和维护农民"夹心层"群众的文化权益。

3. 加大对农村低收入阶层的扶持力度，促进农村经济社会协调发展

从根本上说，解决农村"夹心层"问题，提升"夹心层"生活品质必须依靠农村经济发展和社会的全面进步，但同时，加大对"夹心层"低收入群体的政策扶持也是必不可少。为此建议：

第一，要调整财政支出结构，进一步加大对"夹心层"等困难群体人力资本培训、就业创业和社会保障的财政支持，完善财政转移支付办法，提高基层政府公共财政能力。

第二，要加大对中低收入阶层生活的扶助力度。除了对低保对象中的老年人、未成年人和残障人士等"弱势群体中的弱势"给予更多的关爱外，也要特别注意解决农村"夹心层"问题，给他们更高的保障，提高他们的收入水平。当然，对农村"夹心层"低收入阶层的关心不仅包括物质的，还要包括精神的，不仅是包括财政的，还应当包括方方面面的社会性的帮助。

第三，鉴于目前收入调节力度不足，社会分配不公，导致"夹心层"等困难群体与普通居民的收入差距不断拉大的现实，要改革和创新收入分配体制。充分利用财政、税收、福利等杠杆，强化收入再分配，提高"夹心层"等困难群体的收入水平。

第四，要创新官员政绩考核机制，加大民生社会事业发展指标的考核力度，并把"夹心层"等准贫困群体的解困与发展纳入各级官员政绩考核指标体系，以强化对领导干部的问责。

第十章　农村空巢老人帮扶服务机制建设研究

> 随着人口出生率的下降和预期寿命的提高,浙江省从 1987 年就进入了人口老龄化社会。巨大的城乡差距推动大量的农村青壮年劳动力流向城市,使农村的老龄化趋势更加明显。据统计,截至 2010 年末,全省户籍人口中,60 岁及以上老年人口为 789.03 万人,占总人口的 16.6%。其中,农村老年人达 541 万,占老年人的 68.6%,农村老年人家庭实际空巢率达 59.56%。[1] 随着农村人口老龄化、高龄化和空巢化的加剧,农村空巢老人帮扶服务问题日益突出,亟待政策支持。

一、问题的提出与研究方法

1. 问题的提出

所谓空巢老人是指无子女或虽有子女但与子女分开居住的年满 60 周岁以上的老年人。农村空巢老人帮扶服务是指为了解决农村空巢老人在经济供给、生活照料和精神慰藉等问题,由政府、社会和家庭各方面提供的各种无偿、低偿或有偿服务。尽管空巢期是家庭生命周期的一个自然阶段[2],但是空巢老人问题却是工业化、城市化和人口老龄化发展的产物。

在西方国家,由于二战以来各国普遍建立了比较完备的社会保障和社会福利体系,空巢老人问题并不突出。但在中国,自 20 世纪 90 年代以来,随着人口老龄化、高龄化发展,特别是随着农村青壮年大量外出经商或打工,空巢老人问题日益严重。当然,与西方社会不同的是,中国农村空巢老人问题的产生也具有一定特殊性。它与城乡二元结构体制下的城乡、区域和经济社会发展不平衡有关,与长期实行计划生育政策导致人口代际转化受阻、传统家庭供养体系削弱这一特殊国情有关。

尽管养儿防老、多子多福是中国农民几千年来最基本的生存方式和供养方式,但随着农村青壮年劳动力的大量外流,家庭养老的基础已经受到根本动摇,长期两地分离的现状使得外出子女无法为留守父母提供经常性的照料和关怀。尤其是,在家庭保障功能日益弱化的同时,农村社会保障体系建设滞后,公共物品和社会服务供给不足,致使农村空巢老人养老医疗和生活帮扶问题更加突出。

---

[1] 浙江省老龄工作委员会:《浙江省老年人口基本状况暨人口老龄化对策》,2011 年 3 月 22 日。
[2] 美国学者 P.C.默克多最早于 1947 年从人口学的角度提出"家庭生命周期"概念,用以描述家庭自身的产生、发展和自然结果的运动过程。他把家庭生命周期分成形成、扩展、稳定、收缩、空巢和解体等六个阶段。美国家庭社会学家伊夫宁.M.杜瓦尔(Evelyn .M.Duvall)也提出了与此相类似的家庭生命周期八阶段说。

因此，如何积极应对农村人口老龄化、高龄化挑战，如何在市场经济环境下重构农村社会服务体系，加快推进农村空巢老人帮扶服务机制建设，不仅关系到广大空巢老人的切身利益，也关系到社会主义和谐社会建设，具有重要的现实意义。

2. 研究框架

农村空巢老人帮扶服务是一种带有公益性的社区公共物品或准公共物品。按照奥斯特罗姆的公共服务产业结构理论分析构架，本项目把农村空巢老人帮扶服务机制看作是农村社区公共服务提供与生产的一种制度安排。它是由三个类型化的基本角色即消费者、生产者和连接生产者与消费者的提供者所构成。其中，提供者起着关键的作用。作为一个集体性的消费单位，农村空巢老人帮扶服务提供者如基层政府、村级组织、民间组织、村老年协会等代表空巢老人集体对某项或者多项社区公共服务进行选择，解决社区公共服务消费的规划、融资及共用成本的分担，服务的生产安排、使用和分配等问题。[1]由于农村空巢老人帮扶服务具有一定的准公共物品特征，单纯依靠市场或政府供给都存在困难。为了提高帮扶服务的供给绩效，应该把政府供给机制、市场供给机制及社会供给机制有机地结合起来，针对帮扶服务的不同性质与特点采取不同的制度安排形式，以发挥其各自的优势。见图10-1：

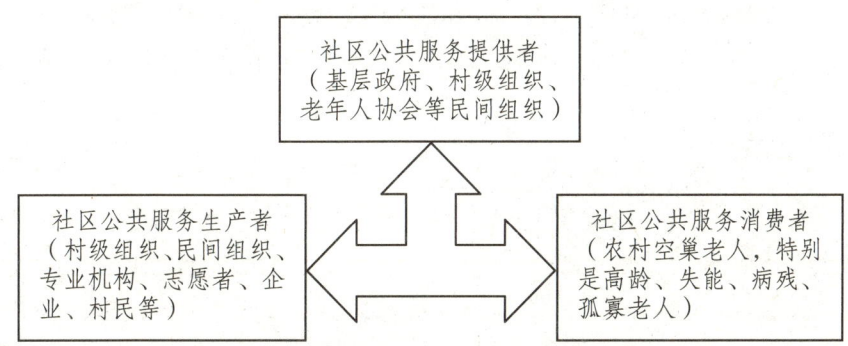

图 10-1　农村空巢老人帮扶服务机制建设研究框架

二、农村空巢老人帮扶服务现状分析

为了掌握农村空巢老人帮扶服务现状及其存在的问题，课题组在浙江省老龄办的支持下于2010年7~8月开展了实地调查。本调查采取分层随机抽样的方式进行，把问卷调查与入户访谈相结合。

首先，根据经济发达程度的不同，选取余姚市、临海市、江山市为浙江省农村空巢老年人帮扶服务机制建设重点调查点；其次，根据城镇化及农村人口流动情况，在三地

---

[1] 奥斯特罗姆、帕克斯和惠特克主编：《公共服务的制度建构》，上海三联书店2000年版，第16页。

分别选择江山市虎山街道溪东村、双塔街道莲塘村、张村乡先锋村、临海市杜桥镇汾西村、上盘乡水路张村、桃渚镇里鱼村和余姚市兰江街道三凤桥村、三七市镇三七市村、泗门镇谢家路村作为重点调查村。

调查村包含三种基本类型：一是城镇化发展较快的地区（城乡结合部）；二是年青人外出较普遍的农村；三是经济发展相对滞后，人口流动性较小的农村。总共发放问卷140份，回收有效问卷113份，回收率80.71%。在问卷调查的同时，课题组还组织由地区、县（市、区）老龄办和乡村老龄工作负责人参加的座谈会，并对重点户进行了入户访谈。

问卷数据收集后，运用SPSS10.0进行分析，分析结果如下：

1. 空巢老人基本情况

第一，农村空巢老人分布不均衡，空巢率高低与当地的区位特点及劳动力流动状况密切相关。调查表明，三个县（市）的农村空巢率普遍较高，但一个地区的经济发展水平与农村空巢率的高低之间没有必然的联系，如作为东部发达地区的余姚市与地处浙西经济欠发达地区的江山市，其农村空巢率并没有显著差异；但在同一地区，村庄的区位特点，如是否靠近县城，工作地点离家距离的远近及人口流动状况等则与空巢率高低密切相关，如地处城郊结合部的江山市虎山街道溪东村和余姚市兰江街道三丰桥村，外出人口少，空巢率低，仅为29.05%和9.06%，都远远低于当地其他调查点。见表10-1。

表10-1 调查点人口与空巢老人总体情况

调查点	总人口（人）	60岁以上老人（人）	空巢老人（人）	空巢率(%)
江山市双塔街道莲塘社区	2835	426	193	45.3
江山市虎山街道溪东村	2465	420	122	29.05
江山市张村乡先锋村	1300	239	130	54.39
余姚市泗门镇谢家路村	4513	932	562	60.3
余姚市三七市镇三七市村	3306	607	419	69.03
余姚市兰江街道三丰桥村	3008	541	49	9.06
临海市杜桥镇汾西村	2500	336	188	55.95
临海市上盘乡水路张村	2611	403	336	83.37

资料来源：江山、余姚、临海三县（市）的问卷调查

第二，农村空巢老人的年龄普遍较大，高龄化现象比较突出。高龄化是当前浙江省农村人口结构变化的基本趋势与显著特点。据统计，截至2010年底，全省65岁及以上老年人口532.6万人，占总人口的11.2%。[1]从调查情况看，农村空巢老人中，年龄在65岁以上的占76.1%。其中，70~80岁的占45%，81~91岁的占13.3%。

---

[1] 浙江省2010年老年人口和老龄事业统计公报。

第三，农村空巢老人的文化水平普遍较低。在调查村，不识字、小学（私塾）、初中、高中（中专）和大专以上的，分别占 32.7%、39.3%、21.5%、5.6%和 0.9%。这表明，文化程度在小学以下程度的占 72%。

第四，农村空巢老人独自生活的比例相当高。从婚姻状况看，未婚、已婚、离婚、分居和丧偶的，分别占 5.0%、75.2%、1.0%、2.0%和 16.8%。这表明，因未婚、离婚、分居或丧偶原因而独居的老人，占总数的 24.8%。

第五，大多数农村空巢老人基本生活温饱有余。被调查的空巢老人自认为家庭属于五保户、低保户、困难户、温饱户和小康户的，分别占 1.1%、20.7%、5.4%、55.4%和 17.4%。这表明，随着浙江省经济社会的发展，特别是覆盖城乡的社会保障制度的逐步完善，从物质生活看，调查村绝大多数农村空巢老人生活处于温饱及小康水平，真正的困难户仅占 27.2%。

第六，农村空巢老人家庭人口以 1 人户和 2 人户居多。从家庭人口数量看，农村空巢老人家庭有 1 人户、2 人户或 3 人以上等不同类型。一般来说，那些无儿无女的独住老人、仅与未成年孙辈一起生活的老人或两代老人一起生活的老人所面临的困难要相对多一些，压力也大一些。据调查，1 人户和 2 人户，分别占 10.7%和 47.3%，三人以上的家庭占 42%。

第七，子女出嫁或外出打工经商是导致空巢家庭的最主要原因。调查表明，从子女数量看，农村空巢老人大多育有 1~3 个子女，占 67.6%。其中，有 1 个、2 个、3 个子女的，分别占 16.2%、27.6%、23.8%，无子（女）户只占 7%。但是，从空巢老人与子女关系看，86%的子女都不在老人身边。原因是多方面的，其中，有与老人分灶吃饭的、有出嫁的、有到外地打工的，还有些空巢老人虽然无子女却与孙子女一起生活，属于隔代家庭户。

第八，大多数农村空巢老人身患各种疾病，但生活基本能够自理。从被调查的空巢老人所患病种（多选题）看，以高血压、风湿性关节炎、胃病、白内障等病种居多，分别占 42.5%、23.0%、15.9%和 14.2%。从健康状况看，"身体好，能正常下地干活"、"偶有小病，生活能够自理"和"患有重病或残疾，生活自理有一定困难"的，分别占 29.0%、61.0%和 10.0%。需要说明的是，由于采用抽样调查方式，问卷则集中填写，那些身患重病、残疾、瘫痪在床的空巢老人就难以到现场接受调查。所以，这极少数"长期卧病在床，生活完全不能自理"的空巢老人情况就难以在问卷数据上充分显示。

2. 农村空巢老人的经济供给情况

第一，农村空巢老人收入微薄，大多数依靠子女供养。根据浙江省民政部门的政策规定，2011 年起农村低保标准不低于每人每年 2500 元，低保对象每人每月最低救助金额不低于 60 元。[1]但调查表明，农村空巢老人月均生活费低于 200 元、300 元、400 元、

---

[1] 岳德亮：《浙江：确保农村年低保标准每人不低于 2500 元》，新华网浙江频道 1 月 9 日电。

500元、600元、700元、800元、1000元的，分别占18.8%、30.4%、34.8%、55.4%、65.2%、67.9%、75.9%和91.1%。这就是说，有18.8%的农村空巢老人的月均收入水平低于省定低保线，55.4%的农村空巢老人的月均生活费低于500元，超过1000元的仅占9%。[1]从收入来源（可多选）看，47.8%的农村空巢老人依靠子女供养，其次是依靠政府发放的低保金、困难补助金，靠种地收入和征地补偿收入等为生，分别占26.5%、19.5%和19.5%。

第二，农村空巢老人生活拮据、难有结余。调查显示，空巢老人每月人均基本生活支出低于200元、300元、400元、500元、600元、700元、800元、1000元的，分别占18.8%、30.4%、34.8%、55.4%、65.2%、67.9%、75.9%和91.1%。其主要支出项目（可多选）包括生活必需品开销、看病吃药、电费电话费等，分别占86.7%、69.0%和59.3%。这表明，农村空巢老人的微薄收入大多用于刚性的基本生活支出，生活状况捉襟见肘。

第三，农村空巢老人生活大多能自给自足。农村空巢老人自认为每月的生活状况"大致够用"的占61.7%，有困难的占28.9%。其最大困难来自于看病吃药负担重和没有收入来源，分别占38.1%和32.7%。另外，16.7%空巢老人家有负债，其负债的主要原因是看病吃药和日常生活开销。这表明，收入来源少，看病吃药负担重已成为影响农村空巢老人经济生活品质的主要根源。

3. 农村空巢老人的社会保障情况

第一，农村空巢老人大多享有了一定程度的基本社会保障。近年来，浙江省大力推进城乡统筹的大社保体系建设，特别是从2010年1月1日起，凡符合条件、年满60周岁的本省户籍城乡居民按规定享受政府提供的每年最低720元的基础养老金，[2]社会保障覆盖面有了显著提高。调查表明，89%的农村空巢老人参加了社会保障，其参保种类（可多选）主要是新型农村合作医疗和新型农村社会养老保险，分别占71.7%和54%。

第二，家庭赡养仍是农村空巢老人养老的主要依靠。调查表明，尽管浙江省农村空巢老人都享有了数额不等的基础养老金，但由于目前各县（市）基础养老金的水平还比较低，养老服务体系还不够完善，其养老金来源（可多选）仍主要依靠子女供养，占55.8%。这表明，现阶段居家养老、家庭赡养仍是农村空巢老人的养老方式。据调查，认为最适合的养老模式是子女赡养的占40.4%，社会保险养老的仅占19.2%，可见，政府提供的基础养老金还不能完全替代子女供养的支柱作用。

第三，农村空巢老人大多获得了不同程度的医疗保障，但医疗负担比较重。调查显示，96.2%的农村空巢老人已经享有医疗保障，其中，参加新型农村合作医疗的占85.8%。从医疗负担看，每年花费医疗费在500元以下的仅占33.7%；500~1000元的占17.8%；

---

[1] 说明：由于农村居民收入来源大多为实物收入，很难量化与计量，人们一般倾向于少报收入多报支出，而且收入核算也缺少统一标准，导致农户收入调查比较困难。
[2] 浙江省人民政府《关于建立城乡居民社会养老保险制度的实施意见》浙政发[2009]62号。

1000元以上的占48.5%。从医疗费支付方式（可多选）看，个人自付、子女支付和新农合支付的分别占70.8%、38.1%和55.8%。显然，新型农村合作医疗报销水平已经有了很大提高，但农村空巢老人医疗费自付比例仍然过高、医疗负担较重。

4. 农村空巢老人的生活照料情况

第一，空巢可能是一种生活的无奈，也可能是一种主动选择的生活方式。一般认为，中青年大量外出打工是诱发农村空巢问题的重要社会原因，但实际调查表明，农村空巢老人之所以空巢，其原因是复杂的。调查表明，尽管有83.3%的空巢老人与子女的关系比较融洽，但也有36.3%的农村空巢老人不愿意与子女一起住。其原因（可多选）是多方面的。其中，"子女去外地打工了"或"子女忙无暇照顾自己"，无疑是一个重要考量，分别占21.2%和20.4%，但更主要的还是因为"与子女分开住自由"、"不想给子女添麻烦"，分别占38.1%、32.7%。可见，农村老人之所以空巢，子女外出工作或打工仅仅是其中的一个客观原因，还有很大部分原因属于主动选择空巢，追求一种自在自由的生活方式。

第二，农村空巢老人日常生活困难较多，急需生活帮扶服务。调查显示，农村空巢老人最为突出的困难（可多选）是：上医院看病、洗衣被和乘坐公共交通工具等，分别占31%、23%和14.2%。而在日常生活照料服务中，最主要的帮助者是老伴和子女，分别占41.0%和34.3%。可见，家庭在农村空巢老人帮扶服务中仍起着基础作用。

第三，农村空巢老人对社区公共服务需求日益增长，但社区公共服务供给能力不足。调查表明，目前农村空巢老人对社区公共服务需求（可多选）比较迫切的有：免费体检、量血压或发药、老年活动室、聊天解闷等，分别占53.1%、42.5%、40.7%和23.0%。这表明，除了生活帮扶外，农村空巢老人对基本医疗保健服务和精神慰藉服务的需求日益强烈。

5. 农村空巢老人的医疗康复情况

第一，随着农村社区卫生服务体系日益健全，农村空巢老人生病时大多能得到村卫生室的及时治疗。调查表明，目前农村建有卫生室的占84.8%；生病时能及时得到卫生室治疗服务的占90.6%。由于交通条件的改善和城乡医疗服务体系的日益完善，农村空巢老人上医院看病就医都很方便。其中，认为很方便或比较方便的分别占39.4%和36.7%，不够方便的仅9.1%。

第二，医疗资源已经比较丰富，但空巢老人看病仍然感到不方便。调查显示，农村空巢老人自己行动不便、就诊不方便或看病没人陪的分别占31.6%、15.8%和13.2%。可见，农村医疗服务可及性的提高，只是解决了医疗服务的资源配置问题，要使农村空巢老人得到实实在在的医疗保健服务，必须提高医疗服务的可得性。政府构建农村卫生服务体系必须强化需求导向，切实解决空巢老人等社会弱势人群的医疗服务利用问题。

第三，农村空巢老人生病时急需专业陪护服务。调查表明，农村空巢老人生病时由老伴、子女或兄弟姐妹等家人陪护的，分别占63.6%、29.1%和3.6%，来自社会专业机构的服务，仅占0.9%。但由于子女都忙于工作，也缺少专业护理技能，但目前浙江省各地针对农村空巢老人，特别是高龄、失能、病残老人的专业化、职业化陪护服务还基本上处于空白状态，既缺乏相应的政策规范和组织机构，也没有相应的人力资源支持，相关服务仍离不开家庭帮助。

6. 农村空巢老人的精神慰藉情况

第一，农村空巢老人与子女平时很少联系。随着信息技术的发展，浙江省农村电话、手机等通讯工具已基本普及，人们日常联系更加方便快捷，但是农村空巢老人或者无儿无女，或者子女不在身边，与外界联系都比较少。调查表明，子女与空巢老人的主要联系方式（可多选）是"回家看望"和"打电话"，分别占65.5%和69.0%。从联系频率看，子女回家看望的频率，"一周一两次"、"每个月一两次"和"每年一两次"的，分别占22.9%、30.5%和20.0%；子女打电话的频率，"一周一次及以上"和"一个月一两次"的，分别占40.0%和26.3%。

第二，农村空巢老人与子女联系的频率及方式，与当地经济发展水平密切相关。调查发现，经济越发达的地区，子女回家看望的频率就越高；反之，经济越不发达的地区，子女打电话回家的间隔时间就越长。如余姚市经济比较发达，本地企业较多，外出打工的人很少，大多在附近地区企业工作。所以，回家看望的频率就明显高于经济欠发达的江山市；江山市子女打电话回家的频率则明显高于余姚市。

第三，农村空巢老人大多选择老伴或子女作为倾诉对象。当空巢老人在生活中遇到烦心事时，要倾诉心中的烦恼，主要还是寻求家人或其他身边熟悉人，很少有人选择政府或社区服务。其中，选择老伴、子女、邻居、村干部、朋友的比例分别是59.3%、43.4%、23.9%、21.2%和19.5%。调查中发现，在各县（市）农村空巢老人帮扶服务试点村，都按照上级试点要求设置了空巢老人活动室或谈心室，但基本处于空置状态，没有起到实际作用。这说明，解决空巢老人精神慰藉问题，必须遵循人的心理活动规律，尊重农村社会习俗和文化传统，采取适宜的帮扶服务方式，如有些村建立视频活动室，方便空巢老人与在外打工子女进行联络，效果比较好。

第四，农村空巢老人大多能从邻居、朋友处得到一定的社会支持与服务。与城镇居民不同，农村居民一般生活在相对封闭、独立的自然村，亲戚朋友、隔壁邻居来往比较密切，而且大多还有自己的承包地或菜园地可以活动筋骨。所以，农村空巢老人的孤独感，比起城镇空巢老人要少得多。大量事例表明，农村空巢老人从事一些力所能及的生产劳动有利于身心健康，而农村社区特有的人际关系网络对于缓解其精神紧张孤独具有不可替代的重要作用。调查表明，大多数农村空巢老人与老朋友联系频繁，到邻居家串门更是家常便饭；65.7%的农村空巢老人精神充实，只有28.7%的空巢老人感到孤独。

第五，农村空巢老人闲暇活动场所有一定保证，但活动的内容都比较单调。调查显示,农村空巢老人闲暇活动的主要去处是:村里的(老年)活动室、村头和村里小商店、自己家里的菜园,分别占 67.3%、30.1%和 23.0%;其闲暇活动的主要内容是:看电视、散步、棋牌麻将和串门聊天,分别占 84.1%、33.6%、28.3%和 26%。

7. 空巢老人的权益保障情况

第一,农村空巢老人面临的最突出权益保障问题是精神赡养问题。《中华人民共和国老年人权益保障法》规定,"老年人养老主要依靠家庭,家庭成员应当关心和照料老年人";"赡养人应当履行对老年人经济上供养、生活上照料和精神上慰藉的义务,照顾老年人的特殊需要"。但是,调查发现,农村空巢老人赡养问题,特别是精神赡养问题依然比较突出。其中,排在前三位的权益保障问题是:不重视老人精神赡养问题、子女有能力而拒不赡养问题和贫困老人被子女视为包袱,推诿扯皮,拒不赡养问题,分别占 28.1%、24.6%和 12.3%。目前农村存在着爱幼有余,尊老不足现象,空巢老人的精神关爱尤其缺乏,遗弃老人、不愿赡养老人的个案时有发生。

第二,政府应重视和优先解决的问题是农村空巢老人的养老医疗保障问题。尽管农村空巢老人日常生活照料服务中面临许多困难,但是最核心、最优先需要解决的是其养老和医疗保障问题。从统筹城乡发展,加快实现城乡居民基本公共服务均等化的政策要求看,解决城乡社会保障一体化问题尤其迫切。那么,在新型农村合作医疗和农村基本养老金制度已经普遍推行的今天,为什么医疗养老问题仍然比较突出呢?这与目前保障水平仍比较低、空巢老人收入有限,以及医保自付比例比较高等有关。

三、农村空巢老人帮扶服务机制存在的主要问题

当前农村空巢老人在经济供给、生活照料、社会保障、医疗康复、精神慰藉以及权益保障等方面都面临一些亟待解决的问题,而令人困扰的是,目前还缺乏一套有效的帮扶服务机制来解决这些问题。

1. 从农村空巢老人帮扶服务提供机制看

农村空巢老人帮扶服务提供者存在的主要问题是:空巢老人帮扶服务的性质缺乏科学界定,政府、社会、家庭等提供主体职能错位,帮扶服务资源缺少有效整合。

第一,农村空巢老人帮扶服务的性质缺少科学界定。什么是农村空巢老人帮扶服务?其性质如何界定?目前学界与政界还没有确切定义。事实上,无论空巢老人还是空巢老人帮扶服务都存在不同的类型。如在空巢老人中,既有低龄、健康的空巢老人,也有高龄、病残、失能的空巢老人;在空巢老人帮扶服务中,既有公共性比较突出的卫生保健服务、困难救助服务、公共安全服务、公共信息服务等,也有市场化、个性化比较突出的日常家政服务、康复护理服务、便民利民服务等,而且各种服务大多介于公共产品与私人产品之间,属于社区准公共服务范畴,而服务性质不同,其服务供给方式必然有所差异。如果把空巢老人帮扶服务简单地归之于私人产品,任由市场自发调节,必将

损害农村空巢老人们的合法权益，有违社会公平原则；如果笼统地、不加区别地强调空巢老人帮扶服务的公共性，则不利于帮扶服务供给效率与可持续发展。从现实情况看，长期以来，由于城乡二元结构影响，农村居民包括空巢老人帮扶服务基本上都是由家庭与亲友提供，社会公共部门普遍缺位；而另一方面，目前在开展农村空巢老人帮扶服务试点地区，则各种服务项目大多是作为公共产品由基层政府、村级组织等向目标群体免费提供的；而且大多数农村空巢老人由于经济来源少，只愿享受无偿的帮扶服务，其他低偿、有偿服务项目基本难以开展，导致多元化服务供给体系也难以形成。

第二，政府在农村空巢老人帮扶服务中职能缺位。随着浙江省农村人口老龄化、高龄化问题日益突出，政府对农村老龄工作越来越重视。近年来，浙江省先后出台了《浙江省人民政府办公厅关于促进养老服务业发展的通知》（浙政办发〔2006〕84号）、《浙江省人民政府关于加快推进养老服务体系建设的意见》（浙政发〔2008〕72号）和《浙江省人民政府关于建立城乡居民社会养老保险制度的实施意见》（浙政发〔2009〕62号）等一系列政策文件，有力地推进了农村空巢老人帮扶服务工作的开展。同时，许多地区都建立了农村老年协会和星光老年之家，开展了银龄互助活动，农村老年文体服务设施也得到明显改善。然而，总的来看，政府在农村空巢老人帮扶服务工作中职能缺位、不到位问题依然突出，影响其主导作用的有效发挥。主要表现在：一是对老龄工作的战略地位认识不足，至今老龄工作仍属于民政工作的一个子项目，与现时代老龄化、高龄化、空巢化发展趋势及其服务要求不相适应；二是县乡基层政府对老龄事业，特别是农村空巢老人帮扶服务的财政投入严重不足，相关活动经费没有稳定的预算保障；三是县乡基层老龄工作机构建设严重滞后，有的县市老龄部门仅有一两名工作人员，乡镇老龄专管员大多身兼一二十项分管事务，更是分身乏术，难以有效承担农村空巢老人帮扶服务指导工作；四是农村空巢老人帮扶服务特别是权益保障服务缺乏可操作性的法律制度保障，难以有效地维护和保障广大空巢老人的合法权益。如目前农村空巢老人赡养比较突出的问题是子女越多的老年人越容易出现赡养纠纷，导致这此老年人晚景凄凉。而基层组织在介入处理此类问题也往往感到十分棘手。

第三，政府部门、企业和社会在农村空巢老人帮扶服务中各自为政，资源缺少有效整合。一方面，目前地方政府相关职能部门如妇联、共青团等在农村空巢老人帮扶服务上各自为政，投入方向不明确、不规范，无稳定的制度保障，导致形式重于内容，影响实际效果；另一方面，企业和其他社会组织对农村空巢老人帮扶服务积极性不高、渠道不畅，除了不定期的捐款捐物，缺乏合理的利益引导和激励约束机制，可持续性差；特别是，家庭、子女对空巢老人赡养和帮扶服务责任意识淡薄，无刚性的可操作性约束手段，助长农村空巢老人对于政府与社会帮扶服务的依赖心理和踢皮球行为，不利于农村尊老助老良好风尚的形成。

2. 从农村空巢老人帮扶服务生产机制看

农村空巢老人帮扶服务生产者存在的突出问题是：空巢老人帮扶服务管办不分，老年人协会的积极作用未能充分发挥；没有稳定的专业化、职业化的帮扶服务队伍，服务的社会化水平太低；政府与市场边界不清，农村老龄服务产业和服务市场发展严重滞后。

第一，农村空巢老人帮扶服务组织管理管办不分、功能混乱，基层老年人协会的积极作用未能充分发挥。老年人协会是在村支"两委"领导下的本村老年人开展自我管理、自我服务、自我教育、自我保护的基层老年群众自治组织，代表老年人的利益，反映老年人的要求，维护老年人的合法权益，为提高老年人的生活和生命质量服务[1]。村支"两委"与村老年人协会之间是一种管与办、领导与被领导的关系。然而，在当前农村空巢老人帮扶服务试点地区，我们看到，村支"两委"普遍管办不分，村老年人协会的积极作用未能有效发挥。从宣传发动、方案制定、重点帮扶对象确定，到组织实施、队伍建设及上门服务等整个过程都是村支"两委"干部亲力亲为。他们既是领导者，也是实施者，存在着职能错位、角色混乱、难以监管等问题，容易助长一言堂和乱点鸳鸯谱的问题。也许，在开展农村空巢老人帮扶服务起步阶段，这种管办不分的运作模式具有一定的必然性与合理性，但是从长远看，则不利于农村空巢老人帮扶服务的可持续发展。

第二，农村空巢老人帮扶服务的实施中没有稳定的专业化、职业化帮扶服务队伍，服务社会化水平低。对农村空巢老人特别是对那些高龄、失能半失能及病残老人开展帮扶服务是一项具有一定风险且需要具备专门知识和技能的专门职业，不经过专业培训的服务人员很难胜任。但是，目前农村空巢老人帮扶服务实施中，一方面，专业服务不专业，与现代意义的社工相去甚远。农村专业服务除了村卫生室的乡村医生切实具有一定的专业知识外，基本上就是理发师、家电修理工之类，完全凭经验行事，大多缺少相关机构的专业培训，也没有一个合理的利益回报与激励机制，功能有限。另一方面，志愿者的职业化、专业化水平不高。农村空巢老人帮扶服务供给中起着重要作用的志愿服务人员，一般由村干部、共产党员、共青团员、妇联干部、邻居、爱心人士组成，他们虽然有善心、热情和觉悟，但是专业素养、服务技能欠缺，大部分属于"动员式参与"，是为了响应上级政府号召，是党员团员的政治义务，或是为了配合和支持身为村干部的家属的工作等。其服务的针对性、有效性明显不足，服务绩效难以衡量，许多地方仅仅是"作秀"，走过场而已。

第三，政府与市场边界不清，农村老龄服务产业和服务市场发展严重滞后。农村空巢老人帮扶服务是社区准公共物品，对于其中那些带有明显个人消费品特征的服务，如日常家政服务、康复护理服务、便民利民服务等完全可以纳入农村老龄服务产业发展战略进行市场开发。这既可以有效缓解基层老年服务事业发展经费紧缺的难题，也有助于扩大内需，满足农村老年人多元化、个性化服务需求。但是由于目前农村老龄服务产业

---

[1] 《浙江省基层老年人协会组织通则》，2007年8月1日。

发展严重滞后，服务产品短缺、供给不足，服务人员专业化、职业化水平低下，服务市场没有激活与细分，影响了农村空巢老人的服务认知，诱发其"搭便车"、占便宜的投机心理。

3. 从农村空巢老人帮扶服务消费机制看

农村空巢老人帮扶服务消费机制存在的主要问题是：空巢老人帮扶服务消费者的资格条件、权利义务缺少明确界定。服务供求脱节，难以满足空巢老人日益增长的多元化、多层次化、个性化服务需求。

第一，农村空巢老人帮扶服务准入机制不健全，权利与义务不对称。作为一种社区准公共服务，谁有资格享受这种服务？是作为普惠性服务面向所有村民，还是作为特惠型服务仅仅面向空巢老人？这涉及公共服务的均等化问题。原则上讲，社区公共服务尽可能面向所有社区居民，但由于资源有限，如果标的群体不明确必然导致供不应求，而且也影响服务供给效率。所以，对于特定服务产品适当限定服务对象是必要的，即应重点满足那些处于弱势地位的高龄、失能及病残老人的帮扶服务需求。但目前的主要问题在于，由于空巢老人帮扶服务准入机制不健全，导致有限的公共资源并没有为重点空巢老人群体所享用，而由于空巢老人权利义务不清晰又导致大多数空巢老人只愿享受免费的无偿帮扶服务，其他低偿、有偿服务项目难以开展。

第二，空巢老人帮扶服务主体性与多层次性没有给予足够重视。在现阶段帮扶服务实践中，空巢老人只是作为一个被动的消费者，未能充分地体现服务的个性化、专业化需求与多层次服务需求，未能充分地发掘其作为帮扶服务提供者与生产者的潜能与活力。根据《浙江省基层老年人协会组织通则》的规定，基层老年人协会的任务中，就包括鼓励老年人从事力所能及的社会公益活动及组织会员从事力所能及的生产和劳务活动等任务。但是，这种"积极养老"理念并没有得到充分体现，如现已开展以老助老为主要形式的"银龄互助"活动还缺乏有效的激励机制，其内涵也有待于深化与拓展。

四、推进农村空巢老人帮扶服务机制建设的政策建议

解决农村空巢老人帮扶服务问题，关键在于机制建设。推进农村空巢老人帮扶服务机制建设应着重抓好以下方面：

1. 科学界定农村空巢老人帮扶服务的性质与适用对象，逐步建立无偿与低偿、有偿服务相结合的多层次的农村空巢老人帮扶服务供给体系

什么是公共物品？按照公共选择学派创立者布坎南的解释，"任何由集团和社会团体决定，为了任何原因，通过集体组织提供的物品或服务，被定义为公共物品"。[1] 典型意义的公共物品具有非竞争性与非排他性特征。据此可知，农村空巢老人帮扶服务是具

---

[1] 詹姆斯·布坎南著：《民主过程中的财政》，上海三联书店，1992年版，第13页。

有一定的公共性的社区准公共物品,它具有不同类型,有的接近于纯公共物品,如困难群体帮扶、权益保障服务以及信息服务等,有的接近于私人物品,如对空巢老人的生产帮扶服务、日常家政服务等,其大多数属于准公共物品。那么,对于这种社区准公共物品应如何提供呢?

第一,应考虑服务的性质与类型。对于公共性比较强的服务产品,如困难群体帮扶、权益保障服务以及信息服务等,一般应秉持普适性、均等化原则,由基层政府或社区向所有空巢老人无偿提供;对于社区公共基础设施,如村老年活动室、文体活动器材等应向所有社区老人甚至全体社区居民免费开放和使用;对于私人性比较强的服务产品,如对空巢老人的生产帮扶服务、日常家政服务等,一般应坚持权利与义务对等的原则,应由市场或社区有偿或低偿供给;对于那些既具有消费的私人特性,同时又具有集体供给的公共产品特性的准公共服务产品如卫生保健服务、康复护理服务等,应更多地实行多元化供给方式,把无偿、低偿与有偿服务相结合,以建立可持续的农村空巢老人帮扶服务供给体系。

第二,应考虑空巢老人自身的类型与生存处境。健康老人与病残老人、低龄老人与高龄老人、有儿有女老人与鳏寡孤独老人,对社区帮扶服务的需求各不相同。对于那些病残、失能半失能、高龄老人的帮扶服务需求,即使属于私人性比较强的市场化服务,也应尽可能采用政府购买或社区购买服务的方式,由政府或社会给予低偿或无偿提供。因为扶危济困、帮助弱小,既是中华民族的传统美德,也是促进社会团结与和谐的需要,符合社会正义的底线要求。

第三,还应考虑社区的经济能力和服务供给能力。农村空巢老人帮扶服务作为一种社会福利制度,具有福利刚性与不可逆性。因此,帮扶服务的类型与供给范围、服务水平等都要与一定时期的经济发展水平相适应。随着地方经济社会的发展和社区服务能力的不断增强,农村空巢老人帮扶服务的内涵与水平将逐步提升。

第四篇

公共服务体制与激励机制

第十一章　促进政府公共服务创新研究

> 创新是一个民族的灵魂，是当今时代的主题，也是实现经济社会可持续发展的强大动力，而社会领域的每一次创新都有赖于政府改革的实质性推动和政府公共服务的创新。改革开放以来，杭州经济社会发展迅速。据统计，"十五"期间，杭州市实现生产总值 10911.39 亿元，年均增长 13.6%；人均 GDP（按户籍人口计算）实现了从 3000 多美元到 5000 多美元的跨越。[1] "十五"期末，全市城市化率已经达到 62.1%，人民生活不断改善，城镇居民年人均可支配收入和农民年人均纯收入比"九五"期末的 2000 年分别增长了 71.7% 和 56.4%，恩格尔系数分别从 2000 年的 42.4% 和 41% 降低到 2005 年的 34.8% 和 35.7%。而杭州经济社会事业的持续快速发展，与市委、市政府坚持"以人为本"的发展理念，全面贯彻落实科学发展观，着力破解经济社会发展的难题，积极推进政府公共服务创新是分不开的。

一、政府公共服务创新的内涵与基本趋势

建国以来，我国长期实行计划经济。这种体制下的政府是典型的管制政府、全能政府、命令式政府，这种政府管理模式已经不能适应当前我国政治经济发展的需要，必须进行改革和创新。

所谓政府公共服务创新实质上就是指政府管理模式的转型与创新，即政府要适应社会主义市场经济发展的需要，适应社会主义民主政治和法治国家创建的需要，适应人民群众需求多元化发展的需要，实现从传统的全能政府、无限政府、管制型政府向现代的有限政府、法制政府、公共服务型政府转变。

1. 创新政府公共服务是我国适应经济全球化的需要

根据国际货币基金组织的看法，全球化是指通过贸易、资金流动、技术涌现、信息网络和文化交流，世界范围的经济高速融合。因此，全球化的实质是经济一体化进程。

20 世纪中期以来，随着经济全球化的发展，政府改革与创新成为一种世界性的潮流。它强调政府管理应以顾客或市场为导向，注重提高公共服务的效率与质量；政府管理职能主要是掌舵而不是划桨，政府行政中应引入市场化模式等。在这种理念指引下，西方国家的政府改革几乎都围绕着更好地提供公共服务而展开，并表现出一些共同的趋势，如民营化、市场化、自由化、分权化、民主化、法治化、企业化、扁平化、信息化等。

经过 20 多年的改革开放，中国经济已逐步融入世界经济，经济全球化必然对中国经济的发展产生深刻影响，并对我国政府管理能力和水平提出了新的更高的要求。建设

---

[1]《2006 年杭州政府工作报告》。

公共服务型政府，开展政府管理和服务创新，是中国政府行政改革顺应世界潮流的必然选择。

2. 创新政府公共服务是我国市场经济发展的客观要求

党的十六大提出了在本世纪头二十年建成完善的社会主义市场经济体制的战略目标，市场经济的基本特征是确定市场在资源配置中的基础作用。与经济体制变革相适应，客观上要求政府管理模式转型，即从传统的"全能政府"和"管制政府"向有限政府和服务型政府转变，实现政府职能优化和政府管理法治化。

政府职能优化是指政府要科学配置职能结构，将市场、企业、公民和社会组织能够自己做好的事情移交给后者去做，实现政府"卸载"、"减负"。政府的主要作用是制定和实施经济和社会规则，发挥"掌舵"作用，而不是代替他们"划桨"。

而政府职能法制化则是指用法律来约束政府行为，规范政府与市场、与社会、与公民的关系，它意味着政府权力的行使是有边界的，经济和社会组织的自主权及公民个人的自由权利受到法律保障。

总之，为了充分发挥市场机制在资源配置中的基础性作用，发挥民间组织和中介机构的自我管理作用，必须以市场化和法治化为导向优化政府职能体系和管理方式，实现政府公共服务的创新。

3. 创新政府公共服务也是创建社会主义和谐社会的必然要求

我国已进入全面建设小康社会的历史阶段。根据国际经验，在人均GDP到1000美元至3000美元阶段，既是经济快速发展期，也是矛盾凸显期。实际情况表明，改革开放以来，随着我国经济成分、组织形式、就业方式和分配方式日益多元化，社会利益结构也随之分化、重组，新的利益群体和阶层逐步形成。

如何有效地疏导和整合社会利益关系，化解各种利益矛盾就是一个突出的社会问题。根据社会学的观点，一个稳定的社会运行机制主要包含两个方面：一个是动力机制，一个是平衡机制。动力机制，为社会的运动、发展、变化提供和传输着能量；平衡机制，则维护和保持着社会各阶层及各种力量之间的协调、稳定、平衡。为了建立有效的动力机制，就需要扩大公民政治参与，满足社会各阶层的利益诉求，特别是社会弱势群体的利益诉求，以建立稳定的利益协调机制。为了建立有效的利益平衡机制，则需要加强利益整合，强化政府的公共服务，尤其是法律、制度等社会公共产品的供给，使多元化社会中的合理利益诉求，通过正当、规范的渠道输入公共决策过程中，供决策者调控、整合、汲取，从而推出得到社会普遍认可的公共政策。

当前，随着人民群众物质文化生活水平、思想文化素质普遍提高，公众对政府管理和公共服务提出了新的更高的要求。公民的政治参与意识、维护自身权利意识、纳税人意识、选民意识日益增强，公民的政治行为能力逐步提高。公民日益要求政府官员具有使命感、责任感、服务意识和平等意识，要求政府决策过程开放透明和便利公民参与，要求政府提供优质高效低成本服务，要求政府依法行政公正廉洁。人民群众对政府的殷切期望和要求成为推进政府公共服务创新的强大动力。

二、杭州创新政府公共服务的主要经验

近年来，杭州市委、市政府秉持以人为本、执政为民的管理理念，坚持科学的发展观和正确的政绩观，大力实施"五大战略"[1]，积极应对经济发展中出现的新情况、新问题，着力破解百姓关注的热点、难点问题，努力构建适应社会主义市场经济发展要求的行为规范、运转协调、公正透明、廉洁高效的公共服务型政府，促进了经济和社会事业的健康发展。杭州市在创新政府公共服务方面的主要经验是：

1. 回应百姓需求，促进政府管理的民主化

随着社会主义市场经济的深入发展，社会各阶层的利益需求日趋多元化，各种利益矛盾激增。如何迅速有效地回应社会需求，缓解社会矛盾，提高政府公共服务的针对性与有效性就是一个亟待解决的现实问题。对此，杭州市政府开设的"12345"市长公开电话和"96666"机关效能监督电话，对于有效地反映民意、倾听民声、体察民情、疏导民怨，密切党群联系，加强对机关工作人员的服务态度和效能的监督，促进政府公共服务民主化发挥了重要作用。

1999年6月开设的"12345"市长公开电话属国内首创，目前已形成了以电话、电子邮件、手机短信等多种形式为载体的公共服务平台。其中，"12345"市长信箱和短信平台的开通，极大地方便了聋哑人等特殊社会群体的公共服务诉求。从2004年4月开始，"12345"还与中国杭州政府门户网站联合举办每月一次的"网上接待室"活动，邀请相关职能部门重要负责人，就市民关注的西湖保护与发展、交通"两难"等热点问题，在网上释疑解惑；并专门筛选了一批与市民生活关系密切的48个职能部门及市属9家新闻单位，作为"12345"市长公开电话受理中心的网络成员单位，设立了专门电话，落实了专门人员，明确规定主要领导分管这项工作。同时，将市委组织部的干部作风投诉电话也纳入了网络成员单位，从而大大地强化了"中心"的网络体系和服务功能[2]。

2002年开通的"96666"党政机关工作人员服务态度、效能投诉电话，对于强化社

---

[1] 2003年12月26日，杭州市委九届六次全体（扩大）会议讨论通过了《中共杭州市委关于贯彻落实党的十六届三中全会精神进一步完善社会主义市场经济体制的决定》，提出了推进五大战略的构想。五大战略是指以统筹城乡发展为重点，推进"城市化"战略；以结构调整、产业升级为重点，推进"工业兴市"战略，实施新一轮民营经济"三年倍增"计划；以促进区域经济协调发展和大力发展服务业为重点，推进"旅游西进"战略；以充分利用两种资源、两个市场和接轨大上海融入长三角为重点，推进"开放带动"战略；以突破水、电、地等要素供给瓶颈和生态市建设为重点，推进"环境立市"战略。

[2] 杭州市"12345"市长公开电话受理中心编：《省市领导在指导"12345"工作时的讲话汇编》。

会监督，根治党政机关工作人员的官僚主义、形式主义、行政不作为或"吃、拿、卡、要"等机关顽症，促进机关转变作风，提高服务效率也起到了重要作用。

2. 扩大社区作用，实行政府管理社会化

传统的政府管理强调发挥官僚化行政组织的作用，在权力运行上体现为自上而下的层级节制体系，难以灵敏地反映社会需求的变化。面对复杂多变的市场环境和多元化的公众需求，传统官僚制的弊病越来越明显。如何扩大社会参与，充分地发挥基层组织，特别是社区的积极作用，实现政府管理社会化无疑是政府管理特别是城市政府管理中必须解决的一个重要课题。

近几年，杭州市大力推行城市管理体制改革，努力创建"两级政府、三级管理、四级服务"的新型城市管理体制，实行管理重心下移和属地管理，重视发挥社区基层组织自我管理、自主决策作用，目前城市社区服务体制和服务方式已经发生了深刻变化。如在服务对象上，已由单一的传统民政对象扩展到城市新特殊群体如下岗职工、外来人员等；在服务方式上，由纯服务向服务经营相结合，由无偿服务向无偿与有偿服务相结合，社会效益与经济效益相结合，专职服务与自愿者服务相结合发展；在服务内容上，从满足居民日常一般需求提高到保健康复、家政家教等；在运行方式上，形成了党委政府领导、民政部门主管、有关部门配合、社会各界支持，街道、居委会主办，群众广泛参与社区建设运作机制；在服务范围上，社区服务已扩展到社会治安、社区环境管理、社区文体教育、社区卫生保健、社区社会保障等诸多方面。可见，社区在满足群众多元化公共服务需求方面起着重要的作用。同时，社区自治水平也不断提高。

2004年6月，杭州市进行了社区居委会换届的"直选"试点，全市采取"直选"方式的有115个社区（其中，有3个社区还采取了无候选人的"海选"），占换届社区总数的43.2%[1]。政府部门也主动深入社区，引导和鼓励群众的政治参与，提高社会治理水平。如城建规划部门实行了"阳光规划进社区"，打破原有的规划设计方案仅在机关大厅固定场所展示的单一做法，将规划方案拿到社区进行公示，听取居民群众意见；市城管办在开展背街小巷改善工程建设中，更是鼓励广大群众全过程民主参与。这对于扩大基层民主，保障人民群众的知情权和参与权，提高公共服务的针对性与有效性发挥了重要作用。

3. 坚持民生优先，推进政府管理民本化

当前，我国正处在体制改革和社会转型的关键时期，政府在公共服务中面临的社会问题很多，选择什么问题作为政府管理的主攻方向，集中体现了政府的执政理念，也直接关系到人民群众的切身利益。从2002年起，杭州市委市政府把解决人民群众高度关

---

[1] 杭州市社区建设领导小组编印：《十五期间杭州市社区建设工作资料汇编》（2006年4月），第255-258页。

注的"困难群众生产生活难"、"看病难"、"就学难"、"住房难"、"行路难停车难"、"保洁难"、"办事难"等七大问题作为各项工作中的"重中之重"。过去五年来，围绕破解"七大问题"，杭州市政府做了大量卓有成效的工作，取得了显著的成就。具体来说：

一是解决困难群众生产生活难。杭州市政府抱着"决不让一户困难家庭因贫病交加而生活不下去"的郑重承诺，完善了"四级救助圈"，开展"春风行动"，加大对困难群众帮扶救助力度。仅再就业方面，全市投入财政资金 2.18 亿元，新增就业岗位 15.3 万个，实现再就业 13 万人，安置就业困难人员 4.75 万人，开展再就业培训 5.61 万人，城镇登记失业率控制在 3.7%。

二是解决看病难看病贵。早在 2003 年杭州市就推出了包括多元化的医疗卫生体系构建、医疗处方自由流动、药品集中招标采购、公共卫生市场化运作、药品市场开放、医保定点药店准入、城乡药品零售网络、药品市场监管、个体参保、企业退休人员门诊、弱势群体医疗救助、新型农村合作医疗等解决群众"看病难、看病贵"的 12 项改革举措；2004 年，杭州市进一步推出了医疗卫生体制、药品生产流通体制、医疗保险体制和医疗救助体制改革"四改联动"，目标是小病不出社区，大病确有保障，医疗质量上去，看病费用下来，让老百姓过上更健康的生活。

三是解决就学难。杭州通过完善教育救助券制度和人民救助金制度，实施教育帮扶工程，采取以"公办学校为主，独立设置的外来务工子女学校为辅"的办法，解决困难家庭子女和外来务工人员子女就学问题。级财政也加大了对外来务工人员子女教育专项经费投入。同时，积极推进名校集团化战略，通过采取"名校+新校"、"名校+民校"、"民校+民企"等办学模式，使孩子们不仅能上学，而且能上好学。

四是解决住房难。为解决中低收入家庭的住房难问题，杭州市加大了普通商品房的供应力度，全市已向社会销售经济适用房 289 万平方米，解决了 3 万多户困难家庭住房困难。为了解决拆迁户住房问题，还实行了"就近安置"原则，仅在 2005 年就累计安置了 5667 户，占当年应安置总数的 85.89%。

五是解决行路难停车难。为了解决交通"两难"问题，近几年，杭州市实施了包括"33929"工程、"三口五路"、"一纵三横"、"五纵六路"等一系列道路综合整治工程；坚持"公交优先"原则，积极创新城市公交体制，努力构建以地面快速公交运行系统为主要载体的城市公共交通系统。目前，杭州公交拥有线路 368 条，运营车辆 4200 多辆，其中空调车拥有率达 68%，初步构成了以快速线、准快速线、普通线、高峰线、旅游线、夜间线、专线以及小区巴士等为一体的公交网络。全省首条，也是国内第二条快速公交线路也于 2006 年 4 月 26 日正式开通。

六是解决城市脏乱差。围绕破解"清洁杭州"难题，实现城市"四化"（洁化、亮化、序化、绿化），杭州市大力开展背街小巷改善工程，扩大"示范街创建面和"洁面工程"覆盖面，推进"墙景美化"、"窗台美化"，加大"清洁杭州、美化天堂"宣传力度，开展"清洁杭州"义务劳动。据统计，截至 2006 年 6 月底，市区背街小巷改善工程累计开工 642 条，完成改善 501 条。

七是解决办事难。为了全面贯彻《行政许可法》，深化行政审批制度改革，简化办事程序，杭州市组建了"市行政服务中心"与"公共资源交易中心"，实行一窗式服务、一次性告知、一站式办理、一条龙服务、一次性收费。同时，加快电子政务建设，进一步公开办事依据、程序、时间和结果，建立完善岗位责任制、服务承诺制等制度，使老百姓办事比以前更快捷更方便[1]。

4. 打造数字政府，促进政府管理科学化

现代城市是一个超大规模的复杂系统，政府管理的难度与风险越来越大。借用现代科技手段以提高城市管理科学化水平已势在必行，而"数字城管"无疑是更新城管观念、提高城管效率、提升城管水平的重要手段。所谓数字化城市管理就是运用现代信息技术，基于万米单元网格划分和城市事、部件管理，建立面向对象的城市管理新模式。

2005 年 7 月，杭州市被建设部列为"数字城管"首批试点城市。为加大建设力度，市委、市政府将数字城管纳入"数字杭州"建设的主要内容，作为实现城市长效管理、打造"清洁杭州"重要手段。2005 年 11 月，杭州数字城管系统正式实施，其主要特点是：按照管理流程再造和管理资源整合的要求，建立扁平式、责任化、数字化城市管理组织构架体系；做好和完善城市管理业务系统和数据库建设，搭建城市信息共享交换平台；依托 GIS、RS、GPS 和视频等现代信息系统，实现对城市街面容貌管理、环卫作业、市政养护、地下管线、公用设施、市政公用和环卫行业运行以及社会服务的实时监管；完善社区城管联系站信息系统，力争将问题发现在社区，解决在社区、满意在社区。

杭州数字城管系统运行以来成效明显，仅以 2006 年 6 月份为例，受理问题 5.8 万件，立案 4.4 万件，处置 2.1 万件，每天发现和处置问题的量相当于以往一个月的量。由于问题大量发现并得到及时处置，市民对城市管理问题的投诉以及媒体曝光率明显下降，城市管理呈现由被动向主动、粗放向精细、传统向现代的转变[2]。

5. 引入市场机制，实施政府管理市场化

在市场经济环境下，政府的主要职能是提供社会公共产品或公共服务。凡是适合由市场微观主体运作的经营性事业都应交给市场。为了充分发挥市场在资源配置中的基础作用，提高政府公共服务的效率，近年来，杭州市在城市基础设施建设和社会事业改革中大胆地引入市场机制，取得了积极成果。

在城市管理方面，根据《中共杭州市委、杭州市人民政府关于进一步加强城市管理

---

[1] 王佳佳、岳海智、邹滢君、胡欣梅、陈奕等：《落实科学发展观·破解七大问题》系列报道，《都市快报》2006 年 8 月 11 日至 8 月 20 日。
[2] 杨戌标：《杭州市数字化城市管理信息系统建设和试运行情况汇报》，2006 年 7 月 13 日。

工作的若干意见》（市委〔2002〕9号）的规定，杭州市积极推进城市管理市场化进程，形成政企（事）分开、管养分离、政府主导、市场化运作的城市管理机制；确立了公共服务企业在城市养护作业市场中的主体地位，并加快市场市容、绿化、河道养护等体制改革，实现了将市政、环卫、河道、绿化养护等作业职能与政府管理职能的分离。

为此，一方面，对承担此类职能的单位进行了改制，通过改制、拍卖、承包等多种形式，使其成为自主经营、自负盈亏、自我发展的市场主体；加快对公共服务市场的培育，维护、养护、保洁作业全面实行招投标等市场运作，允许不同所有制性质的有资格（资质）、有能力的各类企业在统一的市场中公平竞争。另一方面，政府要切实转变职能，各级城市管理部门要把管理重心放到对养护、维护、保洁作业企业的指导、监督、考核、服务方面，打破教条，大胆探索，制定相关行业管理规范、技术标准、招标办法、定额标准、准入机制等，营造一个公开、公平的竞争环境。在社会事业改革方面，积极推进公立医院产权制度改革，鼓励民资外资办医院。目前，杭州多元化办医的新格局已基本形成[1]。

6. 重视流程再造，推动政府管理扁平化

近年来，杭州市从提升政府的公共服务水平和城市管理水平的需要出发，积极应用现代信息技术，大力推进电子政务，创新公共管理模式，着力打造规范、透明、高效、廉洁的服务型政府。目前杭州已初步构建起以"中国杭州"政府门户网站为平台，以统一的电子政务网络平台、先进的办公业务资源系统、科学的管理体制和配套的工作体系为支撑的电子政府网络体系。其中，"中国杭州"政府门户网站于2002年9月启动建设，2003年6月28日正式开通。网站包括主频道和市民、企业、投资者、旅游者四个用户频道以及英文频道，访问者可在门户网站上便捷地查阅有关杭州市政务类、新闻类、办事类、咨询类、资料类、服务类等6大类信息。

在互动栏目中设有"12345市长信箱"、"96666效能投诉信箱"、建议提案办理、网上办事统一受理和反馈、网上听证、政务论坛、网上直播、建言献策、网上接待室，并具有个人定制、网上订阅、视频播放、电子地图等功能。为了实现网上互动交流和审批办事，强化机关内部办公业务资源系统对门户网站的支撑，2006年1月1日，杭州市党政机关办公业务资源系统正式运行。该系统以市委、市政府办公厅为中心，上下贯通，涵盖了各区、县（市）委、政府和市级机关180多家单位的电子政务办公系统。

新系统除了具有以往办公自动化系统的各项功能外，还集成了公务电子邮箱、政务外网门户系统、电子文件柜、即时消息、短消息、条型码、视频点播、决策支持等应用。系统采用统一的电子公文格式标准，高度安全的系统设计，为市级机关统一制作和配发电子公章、CA证书，实现全市公文信息的共享交换、单轨制报文、网上会办会签等办

---

[1] 杭州市人民政府城市管理办公室：《杭州市城市管理文件汇编》，2004年3月。

公应用,从而极大地增强了门户网站的服务功能。为了建立和完善一套"网上政府"运行的全新管理机制和政府业务工作体系,形成对建设"网上政府"的"软件"支撑,杭州市还建立了政府信息公开制度,制定了政府门户网站运行管理暂行办法、政府门户网站建设和应用维护目标考核办法,并规范了网站信息员、通讯员、监督员工作机制等,以确保信息报送及时、沟通渠道通畅、督查落实到位[1]。

7. 落实以人为本,实行政府管理人性化

政府管理的人性化是指政府公共服务机构在政策执行过程中坚持以人为本,既要确保政策的严肃性与有效性,同时也注意关心人、保护人、尊重人,以维护行政相对人的合法权益。人性化管理是对以官为本、以管制为本、以物为本、以 GDP 为本而忽视人权的传统政府管理模式的否定与超越。

这几年,杭州市围绕"破七难",创建和谐社会的主题,大力推行政府管理人性化,受到社会的广泛认同。这种人性化管理措施体现在政府管理的全过程,尤其体现在行政执法过程中。如,为了破解交通"两难"问题,杭州市行政执法局转变行政执法理念,不是像以往那样采取简单的违章处罚,或由交警部门进行处理,而是在坚持严格执法、加大人行道停车执法力度的同时,遵循亲民、为民的要求,不断采取措施,实行人性化执法。

2005 年 8 月,行政执法局在广泛听取社会各方面意见和建议的基础上,提出并落实了八项人性化的亲民执法措施。如在发出《接调通知单》的同时,附一份辖区内停车场(点)示意图;制作并设置了一批卡通式禁停指示牌;开放节假日违章处理;当事人在现场的,主要采取教育纠正;送执法文书的同时,附《致驾驶员公开信》,加强宣传教育;开通咨询专线电话和网上查询系统,方便当事人查询等。通过实施人性化的执法措施,收到了良好的社会效果。

三、杭州创新政府公共服务面临的主要问题

政府公共服务创新是一项复杂的系统工程,也是一个不断深化的过程。从近几年杭州市政府公共服务创新实践看,还面临着许多的困难和障碍。

1. 政府公共服务创新受到传统的行政观念的影响

以人为本、执政为民、科学的发展观和正确的政绩观等都是一些符合时代进步潮流并深得民心的公共管理理念。但是,要使这些理念真正付诸实践并成为公共服务人员的自觉行动与内在信念仍需付出艰巨的努力。因为,长期历史发展中形成的传统的行政观念、行政文化难以在短期内改变,如官本位观念、等级观念、人治传统、特权意识、神秘主义、愚民思想等等落后的行政观念和腐朽思想都在不同程度上影响了政府公共服务创新,阻碍着行政效率的提高。

---

[1] 伍彬:《贯彻"执政为民"理念 加快电子政务建设》,2004 年 9 月。

2. 政府公共服务创新的内在动力不足

现阶段政府公共服务创新是在社会主义市场经济深入发展，社会利益矛盾不断加深的背景下进行的。由于我国政治体制改革与经济体制改革不同步，行政事业单位等公共服务体制改革严重滞后，目前的公共服务创新主要局限于理念和政策层面，是一种被动式创新，还缺少激发政府创新的内在动力，缺少广泛的社会基础和法律制度的保障。在公众政治参与渠道不畅、公民与政府间的信息不对称的情况下，这种创新更多地取决于当政者的良知。

3. 政府公共服务创新的社会参与度不够

公共服务是政府的基本职能，但公共服务的运行又不只是单方面的政府行为，它涉及方方面面，需要调动全社会的力量和发挥政府部门、社会组织的作用。如何形成一个以政府为主导、政府部门和非政府组织相协调、社会各方面力量积极支持的公共服务运行机制，仍是个亟待解决的现实课题。

作为我国经济相对发达地区，杭州经济已发展到工业化中期阶段，市场体系比较成熟，社会中介组织在社会经济发展中的作用也越来越突出。但是，目前杭州市公共服务创新除了少数领域外，基本局限于政府的自身，社会参与度不高，没有充分发挥市场力量和社会在满足人民群众多元化服务需求中的积极作用。

4. 政府公共服务创新面临政府能力困境

政府公共服务创新是有成本的，它必须建立在充分的政府服务能力基础上，包括政府的组织动员能力、财政支持能力、利益代表、整合与引导能力、应急反应能力、依法行政能力及政府公信力等。就现状看，目前政府在满足人民群众日益增长的多元化公共服务需求及解决其切身利益问题上还存在着能力困境。

如"12345"市长热线电话和"96666"机关效能监督电话的开设，对疏通人民群众的利益表达渠道、维护其合法权益，加强对政府机关及其工作人员的监督无疑具有积极的作用，同时热线电话的不可或缺，恰恰反映了政府公共服务能力的不足。因为，人民群众所反映的问题，绝大多数都是政府公共服务过程中本应给予解决的问题，是政府职能范围的常规工作。

就群众来说，在他们遇到困难时，不是依靠当地政府职能部门直接处理，而要求助于热线电话，甚至求助于越级上访来解决问题。这在很大程度上正是某些政府职能部门的官僚主义和能力短缺的反映。因此，如何强化各级政府职能部门的服务功能，尽量把矛盾化解在基层和萌芽状态，这是政府公共服务创新中必须面对的重要问题。

5. 政府公共服务创新的内涵有待于进一步深化

目前，杭州政府公共服务创新还是初步的，其内涵还有待于深化和提高。如通过发展电子政务提高行政效率是各国公共管理发展的一个重要趋势。但是，目前杭州电子政务的发展仍局限在技术层面，政府职能、政府行政组织体系并没有发生实质性改变；有的不仅没有简化行政流程，反而增加了新的环节和行政人员，降低了行政效率。而且，当前政府公共服务创新主要集中在城市而没有进一步延伸到农村，在城区与各区县（市）之间也存在着不同步、不平衡、不协调的问题。

四、促进杭州政府公共服务创新的对策思考

"十一五"时期，杭州市已确定了全面建设小康社会，为率先提前基本实现现代化奠定坚实基础的战略目标。要实现这一宏伟目标，必须进一步推进和深化政府公共服务创新。现阶段杭州推进政府公共服务创新应抓好以下几方面：

1. 促进政府公共服务创新必须强化法制建设

"依法治国，建设社会主义法治国家"是宪法确认的治国方略。要实现依法治国、依法行政，必须首先要有法可依，建立和完善保障政府公共服务有效运行的法制规范。

目前，促进政府公共服务法制建设要着重解决以下三个问题：一是政府公共服务人员特别是各级领导干部必须树立依法行政的观念，尊重法律、崇尚法律、遵守法律、善于运用法律手段管理经济、文化和社会事务，并依法妥善处理各种社会矛盾。二是要引导、教育人民群众尊重法律、信任法律、学会用法律来约束自己的行为、维护自己的合法权益。遇到矛盾纠纷或者权益受到侵害，人们能够通过法律途径去化解，去讨回正义和公道。三是要用法制来规范公共服务过程中政府之间、政府与公众、社会团体、社会中介机构之间及政府与市场之间的权利义务关系，明确各自的责、权、利关系，以便使政府公共管理活动有法可依、有法必依、执法必严、违法必究。

2. 促进政府公共服务创新必须深化体制改革

创新政府公共服务必须深化体制改革，以制度创新促公共服务创新，以体制改革来推动公共服务创新的深入。

为此，一要进一步明确政府职能定位，切实解决好各级政府的"越位"、"错位"、"缺位"问题。在市场经济条件下，政府的最基本职能是为社会提供公共产品和公共服务，特别是向农民和城市弱势群体提供基本公共服务。二要继续推进机构改革，完善公务员制度。新公务员制度的出台是我国人事管理制度的重大创新，有利于公务员管理的科学化与法制化，也有利于公务员队伍的稳定和素质的提高。但是，鉴于我国公务员队伍庞大，官僚主义、人浮于事的问题还比较严重，要提高政府公共服务水平，必须进一步深化机构改革，实行精兵简政。三要推进政府管理方式转变，实现由微观管理到宏观管理，由管制到服务的转变。要通过加快电子政府建设和行政审批制度改革，切实转变行政职能，提高效率。四要改革户籍制度，加快城市化步伐。在大力发展大都市、提高服务功能的同时，也要加快发展中小城市，形成大中小城市协调发展的格局；同时要积极探讨农村土地制度改革的有效途径，促进农民市民化。

3. 促进政府公共服务创新必须充分发挥市场机制和社会机制的积极作用

随着社会需求的多元化和社会管理的复杂化，现代社会治理主体逐步演变为由公共部门（政府为主）、营利性组织（企业）和非营利组织（民间社团等）三方面共同组成。其中，政府公共部门在提供制度法律等公共产品，维护社会公平公正，弥补市场缺陷，化解矛盾冲突等方面具有不可替代的作用。但是，能否充分地发挥企业和市场的资源配置作用，提高资源利用的效率；能否有效地发挥社会中介机构和各种非营利组织的利益代表作用，满足人们多元化的服务需求，也直接关系到社会治理的成败。

为此，应适时调整政府与社会、与市场的关系，充分地发挥市场机制与社会机制的积极作用，以提高政府公共服务的有效性与可持续性。具体地说，一要创新公共服务供给方式。如对于水电煤气等公用事业，要在政府统一规划前提下，积极探索市场化运行方式，通过建立资源的核算制度、规划制度、补偿制度和监督制度，达到资源的可持续利用；对于道路交通等公共设施建设，政府要放松管制，积极引入包括 BOT、TOT 等市场化运作机制，吸引包括外资在内的各种社会资本参与开发与建设，以提高公共服务供给水平。二要加强市场中介组织的培育，实现政府对经济运行的柔性管理；要改革市场准入制度，大幅度减少行政性审批，规范政企关系。三要营造政府推动和民间合作的沟通机制。对于公共决策项目，应扩大社会参与，问需于民、问计于民、问情于民，切实保障人民群众的知情权、参与权、选择权和监督权。

4. 促进政府公共服务创新必须坚持城乡统筹发展

由于城乡二元结构的影响，目前我国城乡间及国内不同地区间的经济社会发展差距明显，导致不同社会阶层在享受政府公共服务上的不均等、不公平现象。在杭州，目前农村总体上已达到了小康水平，但在市区与五县（市）间、城市市民与农民（包括城市农民工）间，政府公共服务供给及人们享受公共服务的水平上仍存在着较大差距。特别是农村教育、卫生事业及农村基础设施建设滞后于经济发展，农村上学难、就医难、行路难等问题仍在不同程度上存在，农村社会保障体系还很不健全。因此，创新政府公共服务必须坚持城乡统筹、地区统筹发展的原则，要把改善和扩大对农村、对社会弱势人群的公共服务放在优先发展的战略地位，促进城乡一体化发展。

为此，一要统筹城乡基础设施建设，实现城乡服务功能一体化。二要统筹城乡劳动就业和社会保障发展，实现社会保障一体化。三要强化基层政府的社会管理和服务功能，保障农村居民享有与城市居民同等的政治参与和民主管理的权利。四要调整财政支出结构，进一步加大公共财政对科技、教育、文化、卫生、社会保障的投入，增加对"三农"的转移支付，促进新农村建设，逐步使农村居民能够享受均等的国民待遇。

第十二章 新型农村合作医疗约束性指标问题研究

> 新型农村合作医疗制度是一种具有保险特性的农村基本医疗互助保障制度。根据健康保险的原理,最有经济效率的风险分担方式,莫过于在较大的投保人群中,对发生频率较低但治疗费用较高的疾病进行保险(费尔德斯坦,1993)。因此,覆盖率的高低是衡量医疗保障水平的重要标志,扩大合作医疗覆盖面、提高覆盖率对于新型农村合作医疗制度的持续稳定运行具有决定性的意义。

一、新型农村合作医疗覆盖率指标的含义

由于新型农村合作医疗制度强调政府组织、引导、支持和农民自愿参加的原则,如何扩大覆盖面,吸引广大农民积极参加,一直是政府推进新型农村合作医疗制度的难点,也是各级政府努力追求的重要政策目标。但是,什么是新型农村合作医疗覆盖率?是指制度覆盖率、乡镇覆盖率、乡村覆盖率,还是人口覆盖率?至今没有一个权威性的表述。

第一,制度覆盖率。中央政府下发的新型农村合作医疗制度的规范性文件中,所谓的新型农村合作医疗覆盖率主要是指以县(市、区)为单位的制度覆盖率,实际是指新型农村合作医疗试点县的覆盖范围。国务院办公厅转发卫生部等部门《关于建立新型农村合作医疗制度意见》的通知(国办发[2003]3号)提出,从2003年起,各省、自治区、直辖市至少要选择2~3个县(市)先行试点,取得经验后逐步推开。到2010年实现在全国建立基本覆盖农村居民的新型农村合作医疗制度的目标。《中华人民共和国国民经济和社会发展第十一个五年规划纲要》明确提出,"十一五"时期新型农村合作医疗覆盖率要从23.5%提高到80%以上。卫生部等7部委局联合下发《关于加快推进新型农村合作医疗试点工作的通知》(卫农卫发[2006]13号)提出,从2006年起,国家将调整相关政策,加快推进新型农村合作医疗试点工作。2006年使全国试点县(市、区)数量达到全国县(市、区)总数的40%左右,2007年扩大到60%左右,2008年在全国基本推行,2010年实现新型农村合作医疗制度基本覆盖农村居民的目标。

第二,乡镇覆盖率。由于新型农村合作医疗制度推行以后,浙江省大多数县(市、区),不管其是否纳入中央或省级试点范围,都开始新型农村合作医疗试点,作为贯彻以人为本、科学发展观的重要政策举措。所以,各地政府就把新型农村合作医疗覆盖率从制度覆盖率,即县(市、区)层面进一步延伸到乡镇,实际上是指新型农村合作医疗乡镇覆盖率。根据中央有关精神,《中共浙江省委浙江省人民政府关于进一步加强农村卫生工作的意见》(浙委[2003]21号)提出,争取到2007年,全省基本建立以县(市、区)为单位,政府组织、引导,农民自愿参加,个人、集体和政府多方筹资,以大病统筹为主的农村合作医疗制度。《浙江省人民政府关于建立新型农村合作医疗制度的实施

意见（试行）》（浙政发[2003]24号）则进一步提出了浙江实施新型农村合作医疗制度的目标和步骤。其目标是：争取到2007年，全省建立以县（市、区）为单位的农村大病统筹合作医疗制度，80%以上的农民参加。具体步骤是：2003~2004年为试点阶段，2005~2007年为全面实施阶段，到2007年全省基本建立以县为单位的农村大病统筹合作医疗制度，2008年以后为巩固提高阶段，农村大病统筹合作医疗制度进一步得到巩固，筹资和保障水平逐步有所提高。《浙江省十一五规划纲要》提出，"十一五"时期，新型农村合作医疗覆盖率达到85%以上，力争参保率达到90%以上。建立和完善新型农村合作医疗制度已成为浙江卫生强省建设"六大工程"项目之一。

第三，乡村覆盖率。由于杭州市委、市政府的大力推动，杭州市新型农村合作医疗制度在2005年，即"十五"期末就实现了乡镇全覆盖。所以，在制定"十一五"规划过程中就进一步提出了乡村全覆盖的政策目标，这实际上是指乡村覆盖率。《杭州市国民经济和社会发展第十一个五年规划纲要》（简称《纲要》）提出，要实施"农民健康工程"，完善新型农村合作医疗制度，使乡村覆盖率达100%，逐步提高农民医疗保障水平。需要指出的是，在"十五"规划中，扩大新型农村合作医疗覆盖率仅仅是政府的一项常规工作，并没有将其纳入政府考核指标；更谈不上约束性指标。所以，《纲要》对于新型农村合作医疗覆盖率指标的认定上前后是不一致的。在"十一五"时期经济社会发展的主要目标中，四个社会发展约束性指标就包括新型农村合作医疗乡镇覆盖率100%。而在第七部分建设"一名城四强市"中就包括优化卫生资源配置，建设卫生强市，其中明确提出坚持以农村为重点，实施"农民健康工程"，完善新型农村合作医疗制度，乡村覆盖率达100%，逐步提高农民医疗保障水平。在《杭州卫生强市建设规划纲要(2006-2010)》中，在肯定"十五"时期新型农村合作医疗乡镇覆盖率达到100%的基础上，进一步明确建设卫生强市的总体目标，其中公平与保障指标就包括新型农村合作医疗乡村覆盖率达到100%。

第四，农民参合率。统计资料显示，截至2006年底，杭州市新型农村合作医疗乡村覆盖率也达到了100%。推行新型农村合作医疗制度的一个基本原则是要求农民以户为单位参保。因此，农民参合率是衡量新型农村合作医疗覆盖率的最根本的发展指标。但是，目前，在这个问题上，不同部门在认识有分歧，尤其对要求农户参合率达到100%能否作为考核指标存在较大疑虑和争议。

二、新型农村合作医疗覆盖率指标的执行情况

2003年10月22日，杭州市人民政府出台的《关于建立新型农村合作医疗制度的若干意见（试行）》（杭政函[2003]158号）中，明确提出了加快建立杭州市新型农村合作医疗制度的三阶段总体目标：即，第一阶段：到2004年年底，全市基本建立以区、县(市)为单位的统一筹资、统一管理的新型农村合作医疗制度。第二阶段：到2005年年底，率先基本实现现代化的各城区及富阳、临安市的新型农村合作医疗人口覆盖率达到

80%，其他县(市)人口覆盖率达到60%，并基本建立医疗救助制度。第三阶段：到2006年年底，全市新型农村合作医疗人口覆盖率达到90%，逐步提高筹资水平，进一步完善医疗救助制度，使农民享有的医疗保障达到较高水平，并逐步实现城乡社会医疗保障一体化。

1．总体执行情况

近年来，市委、市政府高度重视新型农村合作医疗工作，着力解决农民群众看病难问题，切实加强对新型农村合作医疗工作的领导。在实施新型农村合作医疗制度3年多的实践中，各级政府不断提高认识、加大投入、完善机制，普遍加大了扩大覆盖面和提高参合率的工作力度。从全市范围看，新型农村合作医疗乡镇（街道）覆盖率从2004年的94%、2005年的97%提高到2006年的100%，新型农村合作医疗行政村覆盖率从2004年的92.70%、2005年的96.34%提高到2006年的100%，均实现了全覆盖；农民参合率（参加合作医疗的农民数与农业人口总数的比例）从2004年的83.33%、2005年的89.64%提高到2006年的94.79%,370多万农民参加了新型农村合作医疗。见表12-1、表12-2。

表12-1　2006年杭州市新型农村合作医疗覆盖率

辖区	乡镇（街道）覆盖率			行政村覆盖率			人口覆盖率		
	现有乡镇数（个）	开展乡镇数（个）	乡镇覆盖率（%）	现有行政村数（个）	开展行政村数（个）	行政村覆盖率（%）	农业人口数（万人）	参合农民数（万人）	参合率（%）
江干区	5	5	100	25	25	100	9.73	9.31	95.66
拱墅区	4	4	100	22	22	100	1.61	1.58	97.60
西湖区	7	7	100	55	55	100	12.64	12.19	96.45
滨江区	3	3	100	23	23	100	8.67	8.61	99.34
名胜区	1	1	100	9	9	100	0.53	0.50	95.03
开发区	1	1	100	12	12	100	1.47	1.42	96.27
萧山区	26	26	100	567	567	100	97.17	94.11	96.85
余杭区	18	18	100	255	255	100	61.38	60.78	99.02
临安市	26	26	100	612	612	100	41.53	38.46	92.61
富阳市	25	25	100	667	667	100	49.85	48.06	96.39
桐庐县	13	13	100	186	186	100	31.47	29.43	93.51
建德市	16	16	100	518	518	100	39.04	31.74	81.29
淳安县	23	23	100	899	899	100	36.75	33.90	92.25
合计	168	168	100	3850	3850	100	391.85	370.08	94.79

备注：上城区已无农民，下城区因农民数量少已尝试纳入城镇医保，两区不实行新农合。

表 12-2 2006 年全省各市新型农村合作医疗参合率对比

辖区	农业人口数（万人）	参合农民数（万人）	参合率（%）
杭州市	391.85	370.08	94.79
宁波市	383.68	361.04	94.10
温州市	518.38	398.71	76.91
嘉兴市	250.63	224.94	89.75
湖州市	434.81	401.99	92.45
绍兴市	347.59	318.54	91.64
金华市	381.52	329.77	86.44
衢州市	200.84	170.68	84.98
舟山市	55.68	48.48	87.08
台州市	456.12	343.14	75.23
丽水市	200.29	165.22	82.49

在扩大新型农村合作医疗覆盖面的同时，参保农民保障水平也逐年提高。市财政根据不同区、县（市）经济发展状况分别给予参合农民每人每年 3 元、5 元、10 元的扶持和奖励经费，各区、县（市）和乡镇都落实了配套资金，并且逐年提高筹资额度。全市新型农村合作医疗受益率（报销人次与参合人数的比例）从 2004 年的 35.34%、2005 年的 56.22%提高到 2006 年（1 至 11 月）的 73.47%，见表 12-3。各地住院起报线不断降低，报销比例和封顶线不断提高，12 个区、县（市）实行了门诊零起报，见表 12-4。2006 年 1 至 11 月，新型农村合作医疗补偿率（报销金额与发生金额的比例）中住院补偿率达到了 22.20%，门诊补偿率达到了 16.98%，见表 12-5。另外，2006 年开始各地为参合农民免费安排两年一次的健康体检，2006 年全市有 216.16 万农民参加了体检，占参合农民人数的 58.41%，超过省下达任务数 8.41 个百分点。

表 12-3 2004-2006 年杭州市新型农村合作医疗参合农民受益率

辖区	2004 年			2005 年			2006 年 1-11 月		
	参合人数（万人）	报销人次	受益率（%）	参合人数（万人）	报销人次	受益率（%）	参合人数（万人）	报销人次	受益率（%）
江干区	8.50	104357	100	8.72	414302	100	9.31	557090	100
拱墅区	1.79	28408	100	1.70	65219	100	1.58	478	3.03
西湖区	11.09	29117	26.25	11.49	59075	51.41	12.19	102603	84.16
滨江区	8.34	81426	97.63	6.45	161369	100	8.61	259433	100
名胜区	0.42	1140	27.14	0.54	4599	85.16	0.54	5394	100
开发区	1.28	38434	100	1.33	33339	100	1.42	30808	100
萧山区	91.56	827027	90.33	94.09	773163	82.17	94.11	831166	88.32

辖区	2004年			2005年			2006年1-11月		
	参合人数（万人）	报销人次	受益率（%）	参合人数（万人）	报销人次	受益率（%）	参合人数（万人）	报销人次	受益率（%）
余杭区	53.5	11377	2.13	58.70	114616	19.52	60.78	274197	45.11
临安市	33.76	4573	1.35	36.66	188562	51.43	38.46	225797	58.72
富阳市	40.03	4845	1.21	40.04	12326	3.08	48.06	212645	44.25
桐庐县	25.33	3754	1.48	28.36	130134	45.88	29.43	80546	27.37
建德市	26.26	5447	2.07	31.07	6157	1.98	31.74	108801	34.28
淳安县	22.28	5570	0.25	30.93	8287	2.68	33.90	29929	8.83
合 计	324.14	1145475	35.34	350.61	1963689	56.22	370.08	2718887	73.47

表12-4 杭州市新型农村合作医疗参合农民报销比例现状

辖区	门诊报销（%）	起报线（元）	住院分段报销（%）							实报封顶线（万元）
			5千元以下	1万元以下	1万元以上	2万元以下	2万元以上	3万元以下	3万元以上	
江干区	30	300		40		45		50	60	10
拱墅区	10	5000		15		30	50			2
西湖区	15	0		30		50	60			3
滨江区	30	1000	30	40				45	50	6
名胜区	20	0		30		40	50			3
开发区	25	0				30				1.5
萧山区	30	500	55			65	50			5
余杭区	20	500		50		60	70			6
临安市	10	500	30	40	50					2
富阳市	15	500	30	35		50	60			3
桐庐县	15	1000	35	45		55	65			5
建德市	10	500	40	50	60					2
淳安县	10	500	30	40	50					1.5

表12-5 2006年1-11月新型农村合作医疗补偿率分析

辖区	参合人数（人）	住院人次	住院发生总经费（万元）	住院报销总经费（万元）	住院补偿率（%）	门诊人次	门诊发生总经费（万元）	门诊报销总经费（万元）	门诊补偿率（%）
江干区	93097	4196	2923	973.09	33.29	552894	4778	1534.75	32.12
拱墅区	15761	395	542.10	121.80	22.47	83	56.93	16.26	28.56
西湖区	121907	3912	3378.12	1125.16	33.30	98691	1820.22	195.72	10.75

辖 区	参合人数（人）	住院人次	住院发生总经费（万元）	住院报销总经费（万元）	住院补偿率（%）	门诊人次	门诊发生总经费（万元）	门诊报销总经费（万元）	门诊补偿率(%)
滨江区	86077	2891	3336.47	662.44	19.85	256542	1306.2	383.01	29.32
名胜区	5047	261	248.48	62.33	25.08	5133	128.42	10.03	7.81
开发区	14182	475	186.66	47.56	25.48	30333	483.98	59.30	12.25
萧山区	941071	30537	22341.50	4432.95	19.84	800629	7634.19	1209.20	15.84
余杭区	607774	21851	11907.84	2968.92	24.93	252346	3318.25	388.01	11.70
富阳市	480565	11149	10624.63	2229.58	20.98	201496	2255.55	273.01	12.10
临安市	384552	16552	9581.73	2264.17	18.15	209245	1350.65	135.65	10.04
桐庐县	294320	6933	5084.34	1134.99	22.32	73613	2870.70	252.18	8.78
建德市	317374	8648	6552.38	1290.66	19.70	100153	992.33	52.66	5.31
淳安县	339035	7339	6907.26	1247.17	18.06	22590	438.01	149.48	34.13
合　计	3700762	115139	83614.51	18560.82	22.20	2603748	27433.43	4659.45	16.98

备注：拱墅区门诊人次为特殊病种人次，普通门诊报销不列入区级基金统筹报销范围，由镇、村承担，为此不列入门诊人次统计。

2．存在的问题

尽管杭州市新型农村合作医疗发展迅速，覆盖率指标提前达到。但是，从覆盖率指标的执行情况看，目前依然存在着一些问题，需要引起重视。

第一，覆盖率指标的确定欠科学，前瞻性不足，指导意义不大。目前，从中央到地方都很强调新型农村合作医疗覆盖率，也有部分地区把它列入政府"十一五"规划社会发展的约束性指标。但是，什么是覆盖率？其内涵和外延是什么？至今没有一个明确的定义。比如，新型农村合作医疗覆盖率究竟是指县覆盖、乡镇覆盖、村覆盖，还是人口覆盖？都不清楚。如果仅仅指县覆盖、乡镇覆盖或村覆盖，那杭州市在"十五"期末就基本达到100%，再将它列入"十一五"规划目标就没有任何指导意义；如果是指人口覆盖率即农民参合率，那么，在坚持新型农村合作医疗农民自愿参加原则下，如何达到100%覆盖率呢？似乎也不切实际。农村居民利益已经分化，医疗需求也是多元化的，如果碰到有些农民坚决不参加，你又能对他怎么样呢？即使新型农村合作医疗达到了100%全覆盖，其内涵也应加以界定，如硬件设备、医疗人员配备、财政要求、配套措施等都应有个基本的规范。否则，不能算真正的全覆盖，也难以对其进行针对性的指导和考核。

第二，省市统计口径不一致，导致覆盖率指标弹性太大，影响结果的客观性与评估的公正性。按照一般的统计口径，参合率=实际参保人数/应参保人数。但问题是哪些人口属于应参保人口呢？比如，中小学生已经参加了由教育行政部门组织的各种学生医疗保险，部分乡镇企业职工已经参加了城镇医疗保险（尽管户籍还在农村），部分外出农民工已经参加了所在地的大病医疗保险,他们是否属于新型农村合作医疗的应保人群呢?能否记入实际参保人数呢?各地的做法不一致,以至于出现个别地区上报给省、市卫生部门的统计数据相差悬殊的情况。如拱墅区2006年上报省卫生厅的统计报表中,农业人口为1.61万,应参保人数8.80万,实际参合人数为2.90万,参合率为33.02%;而上报给市卫生局的统计报表中,农业人口数1.61万,实际参合人数为1.58万,参合率为97.60%,乡镇覆盖率100%,行政村覆盖率100%。其他县(市、区)也存在着同样的问题。而且,目前杭州市的政策规定,没有参加城镇基本医疗保险的城镇居民可以参加新型农村合作医疗,这部分人口全市粗略估计有40多万。他们是否属于新型农村合作医疗的应保人口?已经实现农转非的城郊失地农民(新城镇居民),按照政策规定也有几年过渡期保留原先在村里的福利待遇,这部分居民算不算新型农村合作医疗覆盖范围?又如何统计?也是个问题。

第三,地区发展不平衡,欠发达地区筹资压力较大。截至2006年11月底,杭州市各县(市、区)新型农村合作医疗乡镇覆盖率、行政村覆盖率都已经达到100%。见表12-1。这意味着在实施"十一五"规划的开局之年就已经提前达到了全覆盖目标。目前,各县(市、区)落实新型农村合作医疗覆盖率指标的重点是抓农民参合率。但是,由于杭州市各县(市、区)经济社会发展是不平衡的,而新农合的覆盖面、覆盖率基本上与其经济发达程度、农民的收入水平基本上是一致的。所以,达到新农合全覆盖,对于经济欠发达地区来说其筹资压力比较大。根据市政府2003年158号文件所确定的三阶段政策目标,到2006年全市农民参合率要达到90%以上,筹资标准达到农民年人均纯收入的1%~2%。而事实上,2006年全市新农合人均筹资水平为65元,仅占上年农民纯收入的0.85%。见表12-6。但是,在不同地区农民的筹资压力却相差甚远。如2006年,江干区、名胜区人均筹资水平已经达到了163元和203元,占其上年农民纯收入的1.67%和2.07%;而淳安、建德虽然人均筹资只有50元,但是已占其上年农民纯收入的1.15%和0.89%。而从政府财政收支压力上看,则相差更是悬殊。如2006年杭州江干区新型农村合作医疗实际参合人数为93097人,区镇政府出资为人均40元,其投入总额占当年全区地方财政收入13.3亿元的0.28%;而淳安县实际参合人数为339035人,县乡政府出资为人均10元,其投入总额占地方预算内财政收入32855万元的1.03%。见表12-5。可见,淳安县虽然人均财政投入不多,但由于经济欠发达,地方财政收入有限,农业人口众多,所以,推进新型农村合作医疗的财政投入压力要远远大于其他经济发达地区。如果进一步提高筹资比重,则意味着财政压力将进一步加重。

表12-6 2006年杭州市新型农村合作医疗人均筹资水平

辖区	省级补助(元)	市级补助(元)	县级补助(元)	乡级补助(元)	村级补助(元)	农民自缴(元)	人均筹资水平(元)	占上年农民纯收入比例(%)
江干区	3	10	20	20	50	60	163	1.67

辖区	省级补助（元）	市级补助（元）	县级补助（元）	乡级补助（元）	村级补助（元）	农民自缴（元）	人均筹资水平（元）	占上年农民纯收入比例（%）
拱墅区	5	10	15	15		50	95	0.91
西湖区	5	10	30	30	30	30	135	1.38
滨江区	5	10	20	20		50	105	1.07
名胜区	3	10	20	20	50	100	203	2.07
开发区	3	10	20	20	20	40	113	1.15
萧山区	3	3	20	15		20	61	0.62
余杭区	3	3	20	10		20	56	0.58
临安市	3	5	15	15		25	63	0.87
富阳市	3	5	32	5		25	70	0.92
桐庐县	5	5	10	10		20	50	0.73
建德市	5	5	15	5		20	50	0.89
淳安县	10	10	9	1		20	50	1.15

第四，只问结果不问成本和过程，可持续性能力差。由于目前推进新型农村合作医疗制度基本依靠政府行政推动，稳定有效的筹资机制尚未建立。所以，新型农村合作医疗基金中的农民个人缴费部分仍然采取由村或乡镇负责收取的传统办法，每当缴费期间，乡村干部挨家挨户上门收取，费时费力，工作量大，运行成本极高，且易受人为因素影响。而政府卫生部门只考虑覆盖率达成的结果，而对完成覆盖率的过程、行政成本及可持续性缺少清醒认识，盲目乐观。

三、影响新型农村合作医疗覆盖率指标的主要因素

从新型农村合作医疗覆盖率指标执行情况及发展前景看，影响指标达成的主要因素有以下方面：

第一，筹资供给能力。要落实并稳定新型农村合作医疗覆盖率指标，关键是建立稳定的筹资供给机制。近几年，杭州新型农村合作医疗快速发展的一个重要经验是政府加大了财政支持力度，公共资金在整个筹资总额中的比重都占50%以上。从发展趋势看，影响新型农村合作医疗覆盖率指标的重要因素也是筹资的可持续供给能力。但是，由于地方经济发展不平衡，财政收入水平差距大；由于长期形成的重经济、轻社会的传统发展模式难以在短时期内彻底改变；也由于新农村建设的各方面都需要增加财政投入，导致财政支持能力不足，可持续性差。尤其是，实行分税制以来，县乡政府财政压力普遍加大；取消农业税后，乡镇基层政府的财政收入下降，许多社会事业支出，如农村义务教育费、计划生育费、优抚安置费、民兵训练费、乡村道路建设费等都开始被列入县（市、区）财政预算支出范围；由于村集体经济大多解体，部分经济落后村的村干部误工补贴

支付困难,许多县市也把它列入县财政补贴的范畴,从而进一步加大了县级政府的财政负担。此外,由于受合作医疗财政补助资金拨付方式的影响,导致省市政府财政配套资金到位普遍比较滞后,从而使新型农村合作医疗制度的实施主要依靠县级财政的支持。县级财政支出过大,将使新型农村合作医疗制度的可持续发展面临挑战。

第二,补偿受益水平。新型农村合作医疗制度是政府组织、引导、支持,农民自愿参加的医疗互助共济制度,补偿受益水平的高低对于农民参保的主动性与积极性,减少筹资成本具有决定性的意义。这几年,杭州市通过扩大财政投入,提高筹资额度,通过调整住院起报线和封顶线,提高报销比例等办法,使参保农民的补偿率、受益率都有了明显提高。全市新型农村合作医疗受益率(报销人次与参合人数的比例)从2004年的35.34%、2005年的56.22%提高到2006年(1至11月)的73.47%(见表12-3)。另外,2006年开始各地为参合农民免费安排两年一次的健康体检,2006年全市有216.16万农民参加了体检,占参合农民人数的58.41%,超过省下达任务数8.41个百分点。这对于提前达成"十一五"规划覆盖率指标起了重要作用。但是,总的来看,目前,补偿受益水平仍然偏低,使执行并稳定保持覆盖率指标面临挑战。

第三,制度设计的合理性与稳定性。鉴于我国农村合作医疗曾有过大起大落、"春办秋黄"的历史教训,出现过干部吃好药群众吃草药的不公平现象,许多群众至今仍对政府举办合作医疗的诚意抱有疑虑。事实表明,制度设计本身的合理性与稳定性对于确保新型农村合作医疗覆盖率指标的实现有着重要的影响。目前,新型农村合作医疗发展主要依靠政府行政推动,还缺乏法律保障,政府、医疗机构与农民之间的权利义务关系都有待于规范;对于新型农村合作医疗与企业职工大病医疗保险、学生医疗保险、商业医疗保险等的关系等都有待于清晰的界定;尤其是由于农村利益多元化,农民医疗需求的多层次化,对合作医疗的认识有很大差距。这与政府扩大覆盖面、提高合作医疗覆盖率,加强对政府的约束性考核的政策目标存在着一定的冲突。

四、完善新型农村合作医疗覆盖率考核指标的建议

上述分析表明,经过三年的艰苦努力,杭州市新型农村合作医疗制度框架已初步建成,"十一五"规划所确定的新型农村合作医疗覆盖率指标也提前达到。但是,在新型农村合作医疗覆盖率指标落实过程中,我们也看到了一些需要引起重视的问题,新型农村合作医疗覆盖率指标需要及时地调整与完善。为此提出以下建议:

第一,应明确界定和深化新型农村合作医疗覆盖率指标的内涵和衡量标准。什么是新型农村合作医疗覆盖率指标?覆盖率100%是什么意思?哪些属于新型农村合作医疗覆盖范围,哪些不是?覆盖率达到100%的具体衡量标准是什么?新型农村合作医疗覆盖率指标是个动态概念,其内涵是逐步深化的。目前,新型农村合作医疗总体上还处于进一步扩大试点阶段,从中央政府和省政府的政策精神和工作重点来看,扩大新型农村合作医疗覆盖面、提高覆盖率主要是指制度覆盖面或制度覆盖率。因此,杭州市"十一

五"规划方案所提的乡镇覆盖率或乡村覆盖率是符合实际的。不足之处在于没有对其内涵和标准给予具体界定。如果是制度覆盖率的话,应明确规定乡镇或乡村新型农村合作医疗100%覆盖应具备的要件,如新型农村合作医疗制度具体实施方案、开展医疗服务的场地、人员、设备、经费保障等基本要求。这些要求是否已经具备?或者多大程度具备才算达标?都要有个明确的衡量标准。否则,将留下太多的人为操作空间,容易造成弄虚作假,损害政府的诚信度。而要做好这项工作,还需要同步推进农村公共卫生建设,完善农村三级医疗卫生体制,改革农村医疗服务体制和药品流通经营体制,以及新型农村合作医疗基层民主参与体制等等。

第二,新型农村合作医疗覆盖率指标的确定、分解和落实应充分考虑地区差异。鉴于杭州市已在2006年底,即"十一五"规划的开局之年实现了新型农村合作医疗乡村覆盖率100%的目标(尽管这个指标还需要进一步深化和完善),在今后几年,落实新型农村合作医疗覆盖率指标的重点应放在农民参合率上。因为,从根本上说,推行新型农村合作医疗制度,扩大新型农村合作医疗覆盖面主要是为了解决农村居民因病致贫、因病返贫问题,提高农民的健康品质。对于杭州这样的经济发达地区来说,将新型农村合作医疗覆盖率落实到农民参合率上,也体现杭州市新型农村合作医疗政策的先进性和示范性,与杭州市创建卫生强市,加快全面建设小康社会,提前基本实现现代化的宏伟战略目标相一致。基于此,2007年2月8日,《杭州市人民政府办公厅转发市卫生局关于进一步推进新型农村合作医疗工作意见的通知》(杭政办[2007]7号)明确提出,到2007年年底,全市新型农村合作医疗乡村覆盖率达到100%,农民参合率达到95%,人均筹资额达到上年农民人均纯收入的1.3%。到2010年,农民参合率保持在95%以上,人均筹资额达到上年农民人均纯收入的2%以上。虽然从最终目标来说,理应使所有的农村居民都能享受到基本的医疗保障,实现新型农村合作医疗的全覆盖。但是,由于不同地区经济社会发展的不平衡,对于不同地区新型农村合作医疗覆盖率指标应有不同的考核要求。就杭州全市情况看,大体上可以分为三个层次或三种类型:

一类是江干区、拱墅区、西湖区、滨江区、名胜区、开发区六个区。由于地处杭州老城区的周围,工业化、城市化程度最高,农业人口越来越少,目前虽有部分城乡居民参加新型农村合作医疗,但是已经难以形成必要的参保人口规模,起不到合作医疗统筹共济的作用。所以,建议将这部分居民纳入城镇医保范畴,尽快实行城乡一体化管理,不再纳入新型农村合作医疗覆盖率考核范围。

二类是萧山区、余杭区和富阳市。虽然农业人口比较多,但由于经济较发达,工业化、城市化水平高,地方财力比较雄厚,从而为扩大新型农村合作医疗覆盖面,提高覆盖率奠定了良好的物质基础。2006年,萧山、余杭、富阳三地的农民参合率分别达到96.85%、99.02%和99.51%。所以,建议在"十一五"期末,新型农村合作医疗覆盖率考核指标确定为应保人口的100%,实现全覆盖目标。这里所说的应保人口是指本地农村居民中，除已经参加城镇职工基本医疗保险和其他医疗保险形式、有参保意愿的所有人员。在今后几年里，应确保新型农村合作医疗农民参合率在2006年的基础上逐年有所提高，最终达到全覆盖。

三是临安市、桐庐县、建德市、淳安县等四县（市）。这几个县（市）经济发展水平参差不齐，尤其是建德、淳安的经济相对比较困难，进一步扩大覆盖面的筹资压力比较大，地方财政支持能力也有限。2006年，其新型农村合作医疗参合率分别达到92.61%、93.50%、80.65%和92.24%，离市政府确定的2007年达到95%的参合率还有一定差距。所以，建议在今后几年里，加大筹资力度尤其是增加财政投入，使新型农村合作医疗覆盖率逐步达到并稳定在95%以上。见表12-7。

表12-7 2006年度杭州各县（市\区）新型农村合作医疗实施情况汇总表

辖区	农业人口数（万）	应参合人数（万）	实际参合人数（万）	参合率（%）	人均筹资（元）	受益情况				住院补偿情况		
						住院结报人次数	门诊结报人次数	住院受益率（%）	门诊受益率（%）	均次住院费用（元）	均次补偿费用（元）	住院补偿率（%）
全 省	3373.61	3376.96	2908.41	86.13	63.13	1022699	8115166	3.52	27.90	6769.31	1510.90	22.32
江干区	9.73	9.73	9.31	95.67	315	4717	626617	5.07	673.06	4838.20	2660.82	55.00
拱墅区	1.61	8.80	2.90	33.02	95	1937	65455	6.67	225.41	12305.63	2471.97	20.09
西湖区	8.05	12.64	12.19	96.44	133	5733	169320	4.70	138.90	6734.96	2203.23	32.71
滨江区	8.67	8.78	8.61	98.08	105	3423	289693	3.98	336.55	10984.40	2313.26	21.06
萧山区	82.90	97.17	94.11	96.85	61	33126	862220	3.52	91.62	6480.45	1487.34	22.95
余杭区	59.79	61.38	60.78	99.02	50	24109	286577	3.97	47.15	6943.73	1361.65	19.61
临安市	41.52	41.52	38.46	92.61	63	17163	209245	4.46	54.41	5933.47	1392.57	23.47
富阳市	51.21	49.85	49.61	99.51	70	12946	221740	2.61	44.70	8228.00	1954.68	23.76
桐庐县	29.22	31.48	29.43	93.50	95	9523	344201	3.24	116.96	6054.97	1372.34	22.66
建德市	38.45	38.45	31.01	80.65	58	10039	122399	3.24	39.47	6077.45	1522.52	25.05
淳安县	38.40	36.75	33.90	92.24	51	9048	34363	2.67	10.14	8761.05	1663.35	18.99

第三，指标的确定与调整还要放眼全国，与国内其他副省级城市比，既要保持一定的先进性，也要注重可行性。见表12-8。从我国部分副省级城市"十一五"规划有关社会发展指标看，将新型农村合作医疗覆盖率纳入考核指标的城市有9个，其中，作为约束性指标的有杭州等6个城市。所定指标一般都在90%以上，但是除了杭州市，没有一个城市的指标是100%。这表明，杭州市在落实新型农村合作医疗覆盖率指标方面在全国也处于领先地位。但是，由于新型农村合作医疗坚持政府组织、引导、支持，农民自愿参加的基本原则，而农民的医疗需求是多元化的。因此，不能不顾地方实际和农民医疗需求的差异，简单地强调新型农村合作医疗100%覆盖，指标的确定与分解落实必须注意其可行性，就杭州市来说，达到并保持新型农村合作医疗覆盖率95%以上比较恰当。

表 12-8 我国部分副省级城市"十一五"规划主要指标

城市	指标名称	2005 年实际	2010 年目标	年均增长	指标属性
杭州	新型农村合作医疗覆盖率（%）	乡镇100	乡镇100	---	约束性
成都	新型农村合作医疗覆盖率（%）	89.4	90	---	约束性
长春	新型农村合作医疗覆盖率（%）	---	90(人口)	---	
哈尔滨	新型农村合作医疗覆盖率（%）	12.5	80	---	约束性
武汉	新型农村合作医疗覆盖率（%）	---	>90(参合率)	---	预期性
西安	新型农村合作医疗覆盖率（%）	---	95		约束性
南京	新型农村合作医疗覆盖率（%）	90	>95		约束性
济南	新型农村合作医疗覆盖率（%）	86	90		预期性
厦门	新型农村合作医疗覆盖率（%）	93.9	95	——	约束性

第四，要抓好覆盖率指标落实的配套与保障，既要有压力，也要有激励。要落实并保持新型农村合作医疗覆盖率指标，必须抓好配套和保障工作。主要做好三方面工作：一是提高新型农村合作医疗补偿率和受益率。坚持大额住院医疗费用和门诊指定项目大额医疗费用的补助为主，努力减轻参合农民的大病负担，缓解农民因病致贫、因病返贫问题；要重视兼顾小额门诊医疗费用补助，照顾到受益的广泛性，激发农民参合的积极性；要深入了解和分析农民对新型农村合作医疗存在的疑虑，有针对性地做好宣传和引导工作，使广大农民积极拥护、自觉参加；要采取多种激励措施，鼓励广大农民自觉参加新型农村合作医疗；还要兼顾外出打工人员医疗费用补偿，对外出打工的参合农民凡在异地不同等级医疗机构就诊的费用，可按照一定比例给予报销。二是加大财政支持力度，提高筹资标准。新型农村合作医疗补偿率与受益率的提高，必须以提高筹资标准的适当提高为前提。据了解，2007 年，宁波、嘉兴等地人均筹资额将在 100 元以上，要使杭州在新型农村合作医疗中发挥龙头、领跑作用，杭州市人均筹资额必须有所提高。由于 2006 年杭州农民人均纯收入是 8460 元，可确定 2007 年杭州市的筹资率应达到 1.3%，人均筹资额为 110 元，这样才能继续在全省名列前茅。从 2008 至 2010 年分析，《社会主义新农村卫生指标体系（2006~2020 年）》修改稿中提出，至 2010 年筹资率要达到 2%，按 2007 年杭州市 1.3%的筹资率环比计算，2008、2009 年的筹资率要分别达到 1.51%和 1.74%，才能在 2010 年达到 2%。同时，根据杭州市"十一五"规划纲要

中提出的农民人均纯收入年均递增 8%测算，2007 至 2009 年的农民人均纯收入分别为 9136 元、9866 元和 10655 元，2008 至 2010 年的人均筹资额应该分别为 138 元、172 元和 213 元，人均筹资标准从 2008 年起年均增幅为 25%，见表 12-9。因此，从 2008 年起到 2010 年，各区、县（市）要建立人均筹资额年均增长 25%的动态筹资增长机制，才能确保到 2010 年实现筹资率达到 2%的目标。对于经济欠发达地区，省市财政要适当支持与照顾；三是加快新农合地方立法进程，规范各级政府间、政府与医疗服务机构及参保农民间的权、责、利关系等。

表 12-9 "十一五"期间杭州市新型农村合作医疗人均筹资标准测算表

	2006 年	2007 年	2008 年	2009 年	2010 年	年均增幅
农民人均纯收入（元）	8460	9136	9866	10655	11507	8%
人均筹资标准（元）	65	110	138	172	213	25%（2008 年起）
占上年农民人均纯收入比例（%）	0.85	1.30	1.51	1.74	2.00	

第十三章　大部制与医疗卫生体制改革研究

> 党的十七大报告明确提出,加大机构整合力度,探索实行职能有机统一的大部门体制,健全部门间协调配合机制。如何以大部制改革为契机,深化医疗卫生体制改革,切实解决人民群众看病难、看病贵问题是当前我国各级政府面临的一项重要课题。作为我国经济发达地区,杭州市近年来在医疗卫生体制改革上也进行了积极的探索。从"四改联动"改革到促进公立医疗机构管办分离,建立"人"字形治理结构;从部门分割的医疗保障体制到确立"三医合一"、城乡统筹发展的综合性医疗保障体系。从一定意义上说,这些改革都贯穿着大部制改革的创新思维和构建服务型政府的执政理念,但同时也存在着许多现实困境。深入分析杭州医疗卫生体制改革经验,对于推进医疗卫生大部制改革无疑具有重要的启示意义。

一、医疗卫生体制的结构及特点

医疗卫生体制是指生产和提供医疗卫生服务保障的一种制度安排。狭义上的医疗卫生体制是指组织、分配和利用现有的医疗卫生资源为全社会提供医疗保健服务的一种制度安排,包括健康促进、疾病预防、治疗和康复等;广义的医疗卫生体制是指生产和提供医药卫生服务和医疗保障服务,以化解疾病风险,维护和促进公众健康的一种制度安排,包括公共卫生、医疗服务、医疗保障、医疗救助、药品供给保障等。一般所说的医疗卫生体制改革主要指的是广义上的医疗卫生体制。

医疗服务和医疗保障问题既是个民生问题,也是个政治问题。所以,一直被认为是"世界难题"。无论是医疗服务还是医疗保障,其最基本的关系都是供需关系,而且这两重关系是相互依存、不可分离的。

与养老等保障供求关系不同,医疗保障的特殊之处是,它涉及两重供求关系。一是医疗保障机构与被保障对象之间的关系;二是医疗服务机构与被保障对象之间的关系。由于医疗保障的需求者与医疗服务的需求者是同一人,即被保障对象,由此构成医疗特殊的三方关系。

同时,被保障对象的健康得到有效保障,政府还必须通过政策、法律、行政、经济等手段来协调和保障三方的利益,规范各方的行为。因而,在医疗保障系统中,形成了一种由医疗保障机构、被保障对象、医疗服务机构和政府组成的三角四方关系[1],如图13-1。

---

[1] 张琪著:《中国医疗保障:理论、制度与运行》,中国劳动和社会保障出版社,2003年7月版,第2页。

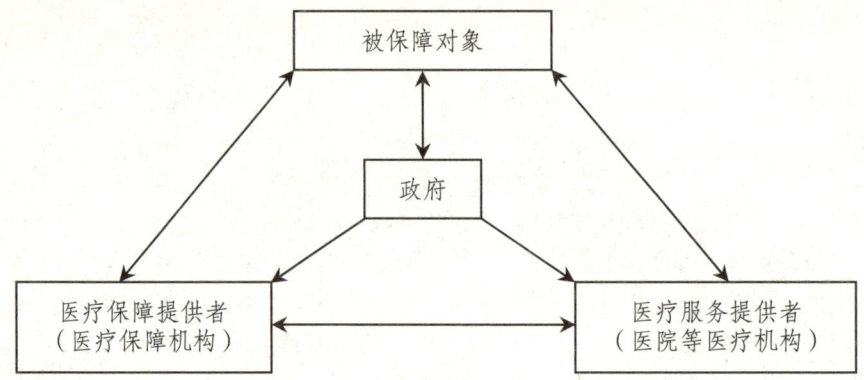

图 13-1 医疗卫生体制的理想结构图

当然,任何医疗服务与药品的供给与使用也是须臾不可分离的。而且,从健康促进和实现的终极意义上说,疾病预防和疾病治疗也是密切相关的,健康促进、疾病预防和疾病治疗与康复是一个连续的完整的生命过程。鉴于此,世界卫生组织提出,健康不仅仅是指躯体健康,而是包含心理、社会适应能力和道德的全面状态[1];并且明确主张,解决城乡居民的健康问题,必须树立科学的健康理念,改变重医轻防的传统医疗模式,由单纯治疗疾病变为治疗和预防、保健、养生、康复、健康教育相结合的综合医疗模式,实行防治结合、以防为主,把现代医学与传统医学相结合、医院医生治疗与家庭自我调理相结合。

上述分析表明,医疗卫生体制改革具有两个显著特征:

一是改革的复杂性。医疗卫生体制改革是一项涉及面广、难度极大的系统工程,牵一发而动全身。它包括公共卫生、医疗服务、医疗保障、药品供应保障、医疗救助等诸多领域,每个领域内又存在深层次的矛盾。而且,由于我国人口多、底子薄,经济发展水平低,城乡之间、区域之间差距大,长期处于社会主义初级阶段。这一基本国情决定了改革的艰巨性和复杂性。同时,医疗卫生体制改革关系到广大人民群众的切身利益,关系到千家万户的幸福安康。而且,不同的群体又有不同的要求,这又进一步增加了改革的难度与复杂性。鉴于此,许多专家认为,医疗卫生体制必须强化"大卫生"概念,最起码要实现公共卫生、医疗服务、医药和药物,以及医疗保障四个方面的融合,实现防和治结合,医和药结合,还有中医和西医结合,医疗实践和医疗保障结合。[2]

二是主体的多元性。医疗卫生体制的构成特征表明,健康维护和实现是一个完整的生命过程,疾病预防、疾病治疗、医疗保障和药品供给保障等必须协调配合,合力推进。但是,就医疗卫生行政管理体制现状而言,却是一种部门分割、机构重叠、职责交叉、

---

[1] http://www.who.int/suggestions/faq/zh/。

[2] 李玲:《医疗卫生大部制符合国际发展趋势》,第一财经日报(上海),2008年1月15日。孟庆普:《"大卫生部":从体制上为医改铺路》,http://health.fzbm.com/news/html/20084116114211267.html。

政出多门的状态。正如钟南山院士所说:"目前的体制是铁路警察各管一段,有些环节管理重叠,有些环节无人管理,造成不协调。"尽管卫生部是全国卫生主管部门,但是,我国涉及医药卫生与国民健康领域管理的至少有 10 个部门。其中,药品由国家食品药品监督管理局负责,国境和国际旅行卫生由国家质量监督检验检疫总局管理,国家发改委管理医药价格,也管卫生机构的基本建设投资,财政部管日常的业务费和人头费,民政部负责医疗救助,劳动和社会保障部主管城市职工和居民的医疗保障,卫生部主管农民的医疗保障,等等。就一级政府来说,从政府分工看,管卫生、管药、管医疗保障和医疗救助的都是由不同领导分管。一旦涉及食品药品查处或其他医疗保障问题,协调起来很麻烦,不知道以哪个部门为主,医和药、医和保分别管理导致行政成本成倍增加,见图 13-2。

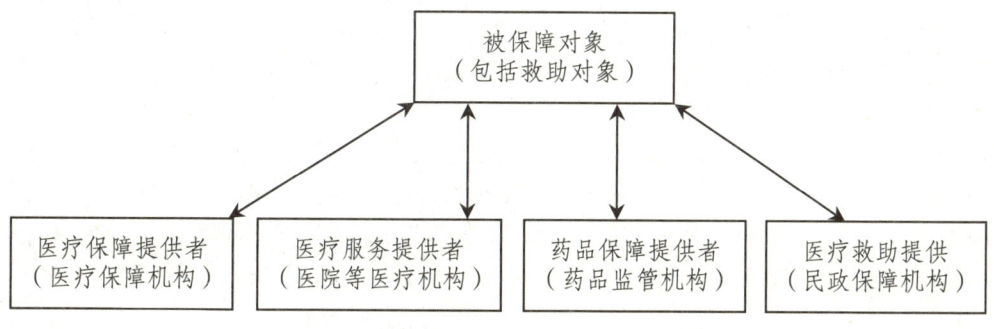

图 13-2 医疗卫生部门分割管理体制示意图

第一,在医疗保障提供者、医疗服务提供者与被保障对象之间,在正常的医疗保险制度环境下,其关系理应是:被保障对象(受保方)到医保机构投保,参加医疗保险,医保机构(承保方)作为受保方的代理人负责监督医疗服务机构的行为,保障受保方的医疗保障权益,而被保障对象与医疗服务机构之间只有医疗服务的供求关系,没有费用支付与直接利益关系。但实际上,在我国现有医疗保障环境下,患者到医疗机构就医没有任何地域限制,患者与医疗服务机构及医生之间是一种直接的医疗服务买卖关系,并且主要按照项目付费。由于信息不对称和供给者主导医患关系的制度环境下,根本难以避免诱导需求和道德风险的发生。由于医疗卫生与医疗保障部门均存在管办不分和部门利益考量,而且医疗保障部门除了事后的医疗费用审核、群众举报和不定期的检查督促等传统的监督手段外,并不能对医疗机构的行为实行有效监督,难以发挥其代理人的应有作用。对于农村居民来说,由于我国大多数地区新型农村合作医疗主要是由政府卫生部门举办,既由其系统内的定点医疗机构提供医疗卫生服务,而且也由卫生部门自己负责监管。在这种情况下,就更难以有效保障参保人的合法权益。

第二,在医疗服务提供者、药品保障提供者与被保障对象之间,在正常的医疗保障环境下,其关系理应是:被保障对象(受保方)到医疗机构接受医疗卫生服务,医疗机构根据患者的实际需要,在科学诊断、分级医疗基础上,提供必要的、价格合理的药品保障,而药品监管部门则对药品生产、流通、消费等全过程实行有效监管,并配合医保机构(承保方)对医疗机构的医疗行为和药品使用进行有效监管,以保障消费者的合法权益。但实际上,在我国现有医疗保障环境下,药品监管实行分段监管,生产、流通、消费环节的监管分属于不同的政府部门,而且大部分医疗机构除了从市场上进药外,还自主生产大量内销药且完全不受任何监督;医院消费的药品,不论数量、种类还是价格,医疗机构都处于绝对主导地位,致使药品监管部门很难有效监督医疗机构,并保障广大消费者的医疗和用药权益。

第三,在医疗救助、医疗保障、医疗服务与被救助对象之间,在正常的医疗保险制度环境下,其关系理应是:有医疗保障部门对全社会实行基本医疗保障(即全民医保),在此基础上对因生理因素、社会因素或因其他突发事件导致的医疗风险实行医疗救助,而且在医疗救助与医疗保障、医疗服务之间也应建立一种制度性的协调和连带关系,而不至于出现医疗机构因担心医疗费用无着落而拒收或为了争病员而无序抢收的不正常现象。但是,实际上,在我国现有医疗保障和医疗救助制度环境下,由于存在城乡二元体制,由于没有实现全民医保,由于医疗救助与医疗保障缺少必要基础性制度联系,而完全由政府民政部门作为社会救助的一项补充性的制度安排发挥作用,且更多地强调短期效益,导致许多危困患者由于户籍因素、地域因素、经费因素等诸多原因而得不到及时、必要的医疗救助,并因之而陷入生存绝境。

二、杭州"四改联动"改革的主要成效及面临的问题

改革开放以来,为了解决群众看病难、看病贵问题,我国医疗卫生体制改革经历了一个艰难而曲折的探索过程。20世纪90年代末,这一改革的主导思路逐渐明晰,这就是实行以"四分开"即政企分开、管办分开、医药分开和营利性医院与非营利性医院分开为核心的产业化、市场化的医药卫生体制改革。

在2000年上海会议和青岛会议后,又进一步提出在建立城镇职工基本医疗保险制度的同时,推进医疗卫生体制、医疗保险体制和医药生产流通体制"三改合一"的改革构想。杭州"四改联动"改革是对"三改合一"改革的进一步深化和创新,也是卫生大部制改革的重要步骤。其中,在"四改联动"改革中,医疗卫生体制是基础,药品生产流通体制是关键,医疗保险体制是前提,医疗救助体制是保障,目标是小病不出社区,大病确有保障,医疗质量上去,看病费用下来,让老百姓过上更健康的生活。[1]

总的来看,自2003年9月推出"四改联动"改革以来,杭州市在医疗卫生体制改革、医疗保险体制改革、药品生产流通体制改革及医疗救助体制改革方面都取得了很大进展。但是,由于"四改联动"涉及复杂的利益关系调整,加之国家宏观政策环境的制约,目前改革成效仍不明显,"四改联动"的运作机制仍需建立与完善。

---

[1] 《杭州市人民政府关于医药卫生和医疗保险救助体制改革的若干意见》(市委[2003]18号)。

1. 医疗卫生体制改革进展较快，但是管办不分、以药养医的格局依然如故

推进医疗卫生体制改革是一个破旧立新的过程，既要不断地革除传统计划经济体制的弊端，引入市场机制，提高医疗机构的活力与效率，也要强化基本医疗保障和公共卫生服务充分发挥政府主导作用。其中，能否有效地发挥政府作为医疗公共服务提供者、安排者、规划者的主导作用是医疗卫生体制改革成败的关键。这涉及政府医疗卫生发展规划、资源配置、医疗卫生行政管理、医疗服务供给等诸多方面。就杭州医疗卫生体制改革现状看：

第一，公立医院改革有所突破，但是产权改革的价值导向有待进一步明确。在市属公立医院产权制度改革上，市政府出台了《关于杭州市属公立医疗机构产权和用人制度改革的实施意见》（杭政办〔2004〕11号），明确了公立医疗机构在产权制度、劳动用工制度和内部用人制度改革上的具体政策，并在职工的养老保险、医疗保险以及政府对这些医疗单位的扶持政策上明确了衔接措施。市第四人民医院和市整形医院作为杭州市公立医院产权制度改革的试点单位，改制方案得以顺利实施。为了推进管办分离，加快市属医院产权制度改革，2004年杭州市组建了市卫生国有资产发展有限公司；在区级医院产权制度改革上，上城区、拱墅区公立医院产权制度改革有了实质性进展，拱墅区和睦医院已于2004年7月转让给上海康新医院管理有限公司。同时，杭州市还加大医疗资源优化重组力度，针对市妇保院硬件设施落后、医疗保健力量薄弱，难以全面承担全市妇幼保健工作业务指导、管理和监督任务的现状，决定将其与市属一家三级医院实施资产重组。但是，由于目前国家医药卫生体制改革方案重新强调了公益性原则，公立医院产权改革的价值导向存在争议。就第四医院改革而言，虽然改革方案已经实施，但是，在医院定位、领导体制、财政补助方式、企业营利模式、新旧职工身份认同及社会认同方面一直存在争议，亟待完善解决。

第二，医疗市场的开放力度进一步加大，多元化办医新格局开始形成，但是公立医院的垄断地位依旧，不同所有制医疗机构平等竞争，功能互补的医疗秩序尚未建立。为了打破公立医院一统天下的垄断局面，引入竞争机制，杭州市出台了《关于鼓励民资外资兴办医疗机构的实施意见》，对民资外资兴办医疗机构明确提出实行"四个不限、四个鼓励"。[1]积极鼓励民资外资投资办医，批准创办了华夏、绿城、博爱、蓝鸟、钱江5

---

[1] "四个不限、四个鼓励"，即一是不限制办医主体。符合国家有关规定的投资者均可来杭申办医疗机构，鼓励杭州市以外的境内医疗机构或民资、外资在杭兴办医疗机构。二是不限制办医类别。民资、外资兴办医疗机构可自选营利性或非营利性、独资（指内资）或股份制、综合医院或专科医院等类别，鼓励投资兴办护理院、老年病医院、康复医院、精神病医院、传染病医院等公益性非营利性医院。三是不限制兴办数量。只要符合条件，均可申办医疗机构，不限制兴办数量。鼓励民资、外资兴办大型高水平、高档次的综合性医院和高精尖专科医院及专门为来华人员提供医疗服务并连接境外医疗保险体系的高档次营利性医院。四是不限制设置区域。民资、外资兴办医疗机构，不限制其设置区域；鼓励杭州市以外的境内医疗机构或民资、外资在市区、远郊兴办医院，并与杭州市区域卫生规划接轨。

家医院。同时，外资也开始进入杭州医疗市场，市中医院和美国格林斯玛投资公司投资2亿元共同兴建的爱德医院已开始运营。杭州市还出台政策，凡符合条件的民资、外资非营利性医疗机构可申请为医保定点医院，与公立医院享受"同城待遇"。但是，目前杭州医疗市场上，公立医院仍占绝对垄断地位，不同医疗机构有序竞争的医疗服务体系还未形成。

第三，单病种项目限价服务试点取得了进展，但是仍缺乏行之有效的制度规范，大面积推广还有困难。为了减轻群众医疗费用负担，2004年起，全市医院推广"均费双控、超收双缴"制度，建立医疗收费责任追究制度，严格控制门诊和住院费用，切实抓好处方药放开工作。2005年，为了解决群众"看病难"问题，杭州市还推行医学检查检验报告结果互相认可制度，积极探索医疗收费方式改革，以杭州市第二人民医院作为试点单位，在浙江省率先推出了单病种项目限价收费服务。[1]首批推出的单病种收费项目有20余项。但是，目前这项服务在病种选择、收费标准、受益范围、手术方式、病人信任度及政策依据等方面都还存在许多问题，大面积推广仍有困难。

第四，社区卫生服务体系建设取得重要进展，"收支两条线"管理已在部分地区实行，但是社区医疗机构的管理体制、补偿机制，特别是与协作医院间的双向转诊关系还需进一步规范和完善。为了方便群众看病就医，实现"小病不出社区，大病确有保障"的目标，从2004年起，杭州市大力推进疾病预防、医疗、保健、康复、健康教育、计划生育技术服务等"六位一体"的社区卫生服务体系建设。按照2004年市18号文件精神，每3~5万居民拥有一个卫生服务中心（站）。在2006年下城区长庆潮鸣社区卫生服务中心开展"收支两条线、部分基本医疗用药零差率"试点基础上，2007年又在下城、滨江两区全面推行。但是，由于地方政府财政能力参差不齐，社区卫生服务机构与其协作医院间的双向转诊关系还未建立，社区卫生服务补偿规范、激励机制不健全，实行"收支两条线"管理仍面临巨大挑战。

第五，医疗机构加强管理，改进服务，医疗服务质量有所提高，但是和谐健康的医患关系仍有待建立。对医院实行了分类指导，调整核算方式，加强监督检查，加大医疗服务信息公示制度和加强行风建设，提高了医疗服务质量，方便了群众看病。如杭州市第三医院曾尝试推出了"预付款"服务。患者挂号时只要先预付百来块钱，做B超、化验、拍片等辅助检查就不用再来回跑收费窗口排队，为病人提供了许多方便。但是，目前医院分类管理还缺少宏观政策支持，公立医院的公益性淡薄，医患关系还比较紧张。

---

[1] 单病种收费最高限价是指看病"包干收费"，在不伴有其他并发症的情况下，一种疾病从诊断、治愈，到出院最高的费用，手术费、麻醉费、检查费、治疗费、药费、床位费、护理费、医用耗材费用等都包含在里面，超了医院负责。

2. 医疗保险覆盖面有所扩大，但是监管乏力，运行机制仍不健全，弱势群体医疗保障难题有待破解

医疗保险体制改革是"四改联动"重要保障。近几年，在"四改联动"改革中，医疗保险体制改革取得了明显的进步。

第一，新型农村合作医疗制度建设进展顺利，但保障水平还有待提高。根据市政府《关于建立杭州市新型农村合作医疗制度的若干意见》（杭政函[2003]158号）精神，近几年，杭州市积极支持各区、县（市）推进新型农村合作医疗制度建设。据统计，截至2007年年底，全市新型农村合作医疗乡村覆盖率达到100%，农民参合率达到95%，人均筹资额达到上年农民人均纯收入的1.3%。从2008年起到2010年，各区、县（市）要建立人均筹资额年均增长25%以上的动态筹资增长机制，确保到2010年，新型农村合作医疗农民参合率保持在95%以上，人均筹资额达到上年农民人均纯收入的2%以上。根据2005年省政府对杭州市新型农村合作医疗工作的督查结果，杭州市参保率、覆盖率和受益率均居全省首位。目前，杭州市新型农村合作医疗建设中存在的突出问题是，筹资水平和保障能力偏低、科学有效的缴费机制尚未建立、经办机构的监管能力有待加强、农民参保的主动性和积极性有待提高，基层医疗机构的服务水平比较低，"小病在乡村（社区）、大病进医院"的基本医疗服务格局尚未完全建立，因而新型农村合作医疗可持续发展仍面临严峻考验。

第二，城镇基本医疗保险覆盖面不断扩大，但政府监管能力有待加强。2003年7月1日起，杭州市区非农户籍，符合法定就业年龄，尚未到达法定退休年龄的城镇自由职业者；与原单位终止（解除）劳动关系以及农转非后的"失土农民"全部纳入基本医疗保险参保范围；完善了基本医疗保险配套政策。根据新的基本医疗保险政策，重新制定了《杭州市城镇基本医疗保险定点医疗机构管理办法》、《杭州市城镇基本医疗保险服务设施范围和支付标准管理办法》、《杭州市城镇基本医疗保险诊疗项目管理办法》及《杭州市城镇基本医疗保险用药管理办法》，进一步规范了医疗消费行为和医疗服务行为。这一政策实施后，杭州市的城镇居民将人人享有基本医疗保障，[1]后续的医疗保险服务和管理重点将由制度建设向加强监管转变。

第三，基本医疗保险定点医疗机构和定点药店范围进一步扩大，但医药分业管理和处方外流仍存有困难。在完善城镇基本医疗保险定点医疗机构体系的基础上，农村也加强了村级药品监管网络建设。同时，杭州市积极运用监管法规和市场机制两种手段，推动乡村两级医疗机构药品配送规范化，全市规范配送的乡镇、建制村都达到了100%。由于加强了农村医疗机构"两房"建设，在2005年底，各区县（市）县级医疗机构药房规范建设已达100%、乡镇卫生院完成100%、村卫生室完成了99%、个体诊所完成了98%，从而为解决农村居民"看病难"问题提供了坚实基础。目前，杭州市在定点医

---

[1] 徐芳：杭州55万老年儿童大病将有医保，《都市快报》2006年11月30日。

疗机构管理方面存在的主要问题是监管不力，个人账户使用不规范，而且大部分村卫生室没有纳入新型农村合作医疗定点医疗范围，影响农民就医的可及性。

第四，企业退休人员实行门诊统筹，提高了基本医疗服务的可及性。根据《杭州市退休人员门诊医疗费社会统筹暂行办法》，杭州市从2004年1月起，开始对全市企业退休职工医疗费进行社会化管理；住院起付标准从原先的1500元调整为600元（以二级医疗机构为例），退休人员门诊统筹起付标准从700元调整为300元。近年来，杭州市进一步降低退休人员住院费起付标准，完善城镇基本医疗保险参保人员医疗困难互助救济办法和城镇困难人员医疗救助办法，降低参保人员困难补助准入门槛，扩大企业退休人员医保约定医院，从而使退休人员门诊医疗得到了基本保障，从根本上满足了企业退休人员"老有所医"的愿望。

第五，城市农民工医疗保障问题已经引起重视，但多层次医疗保障体系仍有待建立与完善。目前杭州每年有近200万外来流动人口，如何解决他们的医疗保障问题，提供同等服务、享受同城待遇、实施统一管理是城镇医疗保障制度建设中面临的新课题。杭州市委、市政府历来重视和关心城市农民工医疗保障问题，有关政策明确规定，用工企业单位必须对就业人员的就业保险和医疗保险负责；还开展了街头无主病人的医疗救助工作，确定了杭州市第四人民医院为外来无主病人的收治医院，对他们实行免费救治。当然，在建立城市农民工医疗保障制度，由于涉及面广、政策性强，目前实施尚有难度。存在的主要问题是：现行的社会医疗保险制度虽然没有排斥正规就业的农民工，但是，由于农民工就业状态不稳定，农民工、用人单位和地方政府对参保积极性不高，社会医疗保险筹资费率高、转移难度大以及社会保障政策设计不合理，城镇基本医疗保险与新型农村合作医疗互有交叉，部分农民工重复参保缴费而未能提高保障水平，对政策有抵触心理等，导致目前农民工医疗保险实际参保率普遍偏低。

3. 医药生产流通领域监管能力有所加强，但是药品药械管理秩序仍需进一步规范

目前，大多数群众"看病难"问题实质上是"看病贵"，而造成"看病贵"的主要原因则是医药定价机制不合理，医生滥开药、滥检查、诱导需求、开高价药等。所以，如何通过医药生产流通体制改革控制药品、药械价格，规范药品生产流通秩序，解决药品"虚高定价"，并加强对医生用药规范的监管，对于解决群众"看病贵"问题，提高"四改联动"改革成效具有关键性意义。

第一，定点医疗机构基本药品和医疗器械实现了集中招标采购，但具体操作仍不够规范，招标药械价格仍然偏高。为了解决药价太贵问题，杭州市实行了大规模的药品集中招标采购。按照《杭州市医疗机构药品集中招标采购价格管理办法（试行）》，实行药品价格"双控"，对非招标药品，也要求医疗机构按照"双控"办法作价，以切实降低药品价格。为了解决以药养医问题，杭州市放开医院处方，患者在医院看病后可持处方到零售药店购药。这不但使群众减轻了负担,还为医药分业管理打下了基础。但从实际效果看,目前药品集中招标采购中仍存在着一些问题,如药品招标采购主体分散;招标品种不多,范围不广;药品集中招标采购运作不统一、不规范;中标药品降价利益的分成上,患者得到的好处不多;缺少一套规范的药品招标制度和体系等。此外,在政企不分、管办不分的医疗卫生体制下,把药品集中招标采购办公室设在市卫生局也不利于摆脱医药利益关系的纠葛,不利于站在消费者立场切实解决看病难、看病贵问题。

第二,实行了"宽进严管",零售药店发展迅速,但医院药房在药品零售市场的垄断地位仍难以撼动。为了促进药品经营企业之间的有效竞争,杭州市建立了"宽进严管"的药店药品管理制度。所谓"宽进",就是取消新开办零售药店限制,将乙类非处方药销售扩大到普通商业企业。所谓"严管",就是严厉打击非法行医和制假、贩假、售假等非法药品生产交易行为,建立药品稽查快速反应机制,实行受理、稽查全年无休日制度和有奖举报制度。"宽进严管"的政策的实施,激活了整个药品零售市场。但是,由于目前公立医院补偿机制还不完善,分类管理也未真正实现,以药养医、医药不分仍是公立医院普遍的生存方式。因此,零售药店的增多并没有给医院药房在医药市场的垄断地位产生实质性的冲击与竞争压力,患者持医院处方到零售药店购药也不普遍,实行医药分开难度很大。

第三,药品市场监管力度加大,群众用药安全得到一定程度保障,但农村医药市场仍有待规范,假冒伪劣药品不时危害群众健康。2005 年 9 月 12 日,《杭州市医疗机构药品使用质量监督管理办法》经杭州市人民政府第 83 次常务会议审议通过,并于 2005 年 11 月 1 日起正式施行。该《办法》的出台和实施,对规范医疗机构用药、确保群众用药安全,发挥了积极的作用,同时也为加强医疗机构药品使用监督管理提供了法律依据。同时,由于杭州市全面实施 GSP、GMP 认证,加强医疗机构用药监管,开展农村医疗机构药房规范化建设,加大打假治劣力度,积极推进药品放心工程,从而使药品市场秩序明显好转,药品质量日趋稳定。但是,由于农村居民用药安全意识不强,药品监管力量比较薄弱,监管体系还不健全,导致农村药品市场秩序比较混乱,存在着严重的安全隐患。

第四,药品流通网络建设取得一定进展,但农村药品配送体系仍不完善,亟待加强。在推进农村"两网"建设的同时,2004 年,杭州市在建德进行了药品零售连锁企业下设农村配送网试点,推动了农村药品配送规范化。同时,药监部门还会同劳动保障部门做好医保定点药店准入工作,扩大医保定点药店范围,方便了群众购药配药。通过几年的努力和探索,杭州市药品供应网络基本建成。

4. 城乡贫困人口医疗救助受到高度重视,但是受惠面太窄,社会参与机制亟待建立

杭州"四改联动"改革的一个重要创新就是在"三改合一"的基础上加上了医疗救

助,使城乡困难人群"看病难"问题得到有效缓解。目前,杭州市医疗救助体制改革中存在的主要问题是:

第一,市惠民医院的建立有助于缓解城镇困难人群的看病难问题,但救助范围太窄,实际功能有限。作为"四改联动"的重要举措,2003年9月27日,杭州市惠民医院在市三医院挂牌成立。杭州市惠民医院的救助对象是:户籍在杭州市区(不含萧山、余杭区)范围内,持有有效《杭州市困难家庭救助证》的常住非农居民家庭成员,常住非农户籍人员与农业户籍人员组成的家庭,其农业户籍的未成年子女和本市市区连续居住满五年的配偶。这部分人总共有9000户,约3万多人,约占杭州市城镇户籍人口的1%。这就是说,杭州市惠民医院只优惠了很少一部分人。其救助范围太窄,实际功能有限。市区每年近200多万农民工群体中的特困人口未能享受应有的医疗救助。

第二,民政医疗互助救济工作受到高度重视,但救助主体单一,社会参与度不高,社会化的医疗救助体系还有待建立。为了解决困难人群"看病难"问题,2004年,杭州开展市区困难家庭医疗救助工作,实施参保人员医疗困难互助救济办法,对困难人员实行医疗救助,医疗救助受惠面涵盖杭州近100万城镇参保人员及7000户困难家庭中没有参保的非农困难人员。但是,目前城乡困难人群医疗救助主要依靠政府力量,社会组织、群众自愿团体与个人积极参与、支持这项事业的还不多,也缺少相应的政策支持。

三、影响杭州"四改联动"改革深化的主要根源

上述分析表明,"四改联动"改革在方便群众就医,控制医疗费用,扩大医疗保障覆盖面和受益面,特别在保障弱势人群医疗服务与医疗保障,推进公共服务均等化方面都起到了积极作用。但是,在推进公立医院管办分离、医药分开和医疗卫生行业管理方面进展缓慢;在扩大多元办医,引入竞争机制,强化供方约束方面困难重重;在控制医疗费用,加强医疗保障监管,解决城乡居民特别是农村居民和其他社会弱势群体看病贵方面仍然力不从心;医疗卫生体制改革政策不稳定、不连续,社会共识度仍然不高。究其根源,主要是:

1. 部门分割、多头管理,影响改革联动机制的建立

医疗卫生体制是个系统工程,涉及防和治、医和药、服务和保障、中医和西医,涉及卫生、药监、医疗保障、财政等多个部门,各部门在管理体制上各自为政,互不隶属,且又职责交叉,机构重叠,相互间主要通过一些功能性的议事协调机构来协调统一行动并解决部门间的利益冲突。

如杭州市为了推进医疗卫生体制改革,组建了医药卫生和医疗保险救助体制改革领导小组,由杭州市委副书记任组长,分管副市长任副组长,并由市委办公厅、市委政研室、市发改委(体改办)、市卫生局、市劳动和社会保障局、市财政局、市民政局、市人事局、市食品药品监管局、市物价局、市工商局、市国土资源局、市法制办等相关职

能部门负责人组成,办公室设在市发改委。但是,由于医疗卫生、药品供应、社会保障与救助管理都具有很强的专业性、技术性特点,并都建立了一套相对独立的功能系统来从事其管理服务工作,都有其受法律保障的职能范围与部门利益;由于医疗卫生各相关部门的职责不清、功能重叠,而市医药卫生和医疗保险救助体制改革领导小组只是一个议事协调机构,日常管理运作主要通过设在市发改委的办公室来进行,并没有实际约束力,结果导致医疗卫生体制改革在实际推行过程中,往往由于涉及部门利益而困难重重。如药品价格调控上,2007年,国家发改委曾连续采取了23次药品降价行动,但结果是越调价格越高,其原因就是部门利益作祟。

目前,新医改争议最多的地方,发生在基本药物制度上。因为基本药物制度,改变的是药物生产、流通、定价等的整个产业链条,调整的是一大批有组织的经济体的利益。争议主要发生在两大部门之间,即卫生部与人力资源和社会保障部。两部门就医改方案的基本药物制度,为了各自的部门利益,展开激烈的利益博弈。两部门之所以对《基本药物目录》心存芥蒂,根本原因在于:谁掌握了基本药物目录,谁就主导了基本药物采购、生产、供应等的整个链条。这种部门利益影响改革联动机制建立的情况,从中央到地方均如此。

2. 单兵突进、上下脱节,影响改革整体效能的提高

杭州"四改联动"改革是杭州市委、市人民政府根据国家医疗卫生体制改革精神,结合杭州实际,为解决人民群众"看病难、看病贵"问题而制定的。它也是在没有国家强制性法律和制度规范,缺少上下改革协调推进的情况推行的地域性的体制改革创举,难以避免出现单兵突进、上下脱节等问题。

如根据《中共杭州市委、杭州市人民政府关于医药卫生和医疗保险救助体制改革的若干意见》(市委〔2003〕18号)的规定,按照社会主义市场经济的要求,转变卫生行政管理部门职能,实行卫生全行业管理;弱化医疗机构的行政隶属关系和所有制界限,积极推进医疗卫生机构的属地管理;充分发挥市场基础性作用,实施区域卫生规划,统筹各类非营利性医疗机构协调发展,引导医疗卫生资源合理配置。但是,在杭州现行医疗服务市场上,既有省属医院、校属医院、军队医院,也有市属医院、区属医院和街道社区医疗机构等;既有国有医院,也有股份制民营医院和中外合资合作医院等,这些不同类型医疗机构的管理主体、资产结构、所有制类型等都不同,很难实现行业管理和区域属地管理。

又如,上述《意见》提出,进一步落实区、县(市)级以上公立医疗机构内部医药分开核算、分别管理制度,严格执行"收支两条线"管理的政策;全市区、县(市)以上的公立非营利性医保定点医院的药品都要实行集中招标采购,建立规范的药品招标制度和体系。但是,药品集中招标采购政策得不到省政府相关部门和省属医疗机构的积极响应,其结果是你降价它涨价,难以采取统一的降价行动,影响了药品集中招标采购政策的实施成效。即使市级医疗机构与下属县（市）及乡镇医疗机构之间，同样也由于利益分歧和利益冲突的存在，而影响到上下转诊关系的建立与实施。

3. 政策多变、配套滞后，影响改革措施的有效实施

改革开放 30 多年来，我国医疗卫生体制改革一直作为经济体制改革的配套工程来实施，缺少明确而科学的理论指导，导致政策多变，难以准确把握，这也影响了改革措施的实施成效。

如，《中共杭州市委、杭州市人民政府关于医药卫生和医疗保险救助体制改革的若干意见》（市委〔2003〕18 号）规定，坚持政府、社会、市场相结合的原则，加大政府对公共卫生的投入，保障社会公共卫生安全；开放医疗市场，鼓励和引导社会力量参与医疗、医药市场竞争；规范市场运行，发挥市场机制作用；主张实行政府宏观调控与市场配置资源有机结合，推进国有医疗卫生资源战略调整，各级政府不再新办国有独资或国有控股的公立医疗机构，重点资助一定数量的能确保提供基本医疗服务及体现区域水平的综合性医院；引导多元投资主体在新区、远郊新建多元化多层次的医疗机构。但是，由于公立医院改革滞后，财政投入不足，导致分类管理难以推行，甚至已经推出的改革项目如杭州第四医院改革等，也由于各种原因而停滞不前，目前正在进行公立医院复建，以体现公益性原则。

由于政策导向不明确，也由于部门利益困扰，导致杭州市非公立医疗机构发展缓慢，至今难以使公立医疗机构与非公立医疗机构之间形成有效竞争，公立医院垄断局面仍然难以撼动。同样，要实现公立医院管办分离、医药分开，必须解决公立医院投入保障，同时也涉及药品监管的统一；管办分离与行业管理，必须解决医院独立经营，国有资产保值增值与监管，必须解决医疗机构的有效监管，根本上必须转变政府职能，推进服务型政府建设，以及解决医疗服务公益性与市场性的关系等。

四、杭州深化医疗卫生体制改革的实践探索

自 2003 年 SARS 危机以来，我国医疗卫生体制改革开始逐步强化公益性原则。杭州市也在推进多元办医、探索实施社区卫生服务"收支两条线"改革、药品集中招标和控制药品价格；在推进公共服务均等化，扩大医疗保障覆盖面和保障水平等的同时，在医疗卫生体制改革方面实现了两大历史性突破：一是推行"三医合一"，统筹城乡医疗保障；二是实行"人字形"管理体制，探索公立医院管办分离的新途径。这些改革标志着杭州市医疗卫生大部制改革已经取得了实质性进展。

1. 推行"三医合一"破解医保困境

近年来，杭州市委、市政府十分重视城乡居民医疗保障工作，把它作为贯彻落实科学发展观、推进民生社会建设的重要举措。2001 年 4 月，杭州市启动城镇职工基本医疗保险制度改革，2003 年开展新型农村合作医疗试点工作，2004 年制定了城镇困难人

员医疗救助办法，2007 年实施城镇居民大病住院医疗保险办法。自此，杭州市医疗保险基本实现了人群的全覆盖。但是，由于城乡医疗保障和医疗救助工作分别由劳动和社会保障部门、卫生部门和民政部门分别管理，各项保障项目不仅水平差异较大，而且不能贯通与衔接，从而不利于保障资源的整合，也不利于农民工等人户分离群体医疗保障问题的有效解决。

为适应城乡一体化发展趋势，构建和谐、公平、有效的医疗保障制度体系，2007 年 12 月 4 日，杭州市委、市政府按照"城乡统筹、全民覆盖、一视同仁、分类享受"的原则，出台了《杭州市基本医疗保障办法》。这个办法将前期单独运行的各项医疗保险制度进行了有效整合。同时，统一管理经办资源，加强经办机构能力建设，从而在杭州市初步建立了政策能衔接、待遇较均衡、风险可调控、管理更高效的医疗保障政策和管理服务平台。[1]

第一，统筹城乡的医疗保障制度的基本框架。

一是制度整合。杭州市新的基本医疗保障制度是一个包括城镇职工基本医疗保险、城镇居民基本医疗保险、新型农村合作医疗以及城乡医疗救助在内的多层次医疗保障体系（即 3+1 医疗保障体系）。制度之间有层次、能选择、能衔接、能转换，城乡居民可以随着身份、就业状况和经济条件的变化，在不同制度之间实现医保关系的转换。

二是合理归并管理服务职能。政策规定，市劳动保障行政部门主管全市的基本医疗保障工作，医保经办机构负责具体实施工作。根据这个要求，原由卫生部门管理的新农合、民政部门管理的医疗救助工作统一调整到劳动保障部门。这种整合有利于政策的衔接和城乡居民在各项具体制度之间进行选择和转换。同时，也可降低管理成本，统一基础数据和技术标准，规范业务流程，有利于日常服务和监督管理，从而加大政策的执行力度，防止财政资金的重复投入。

第二，实施医保城乡统筹的具体做法。主要包括：

一是扩大政策覆盖人群。已参加城镇职工基本养老保险的本市农村居民也可参加城镇基本医疗保险；降低农民工参保门槛，在职工医保的框架内，按照"低缴费、保当期、保大病"的原则，建立农民工大病住院基本医疗保险；允许外地户籍人员以个人身份继续参加职工医保；降低老年居民参保户籍准入门槛；扩大少年儿童的参保范围。真正实现凡是在杭州工作、学习、生活的人"人人享有基本医疗保障"的目标。

二是明确政府责任。困难家庭成员以及重症残疾人将由各级财政全额补贴，免费参加基本医疗保险并享受医疗救助。同时，进一步加大了对居民医保的补贴，政府补贴不低于人均筹资标准的 1/2，其中对少年儿童每人每年补贴 250 元，对老年居民每人每年补贴 500 元。

---

[1] 徐玮：《大势所趋的城乡医保统筹及实践路径》，《中国医疗保险》，2009 年第 9 期，第 35~36 页。

三是打通制度通道。符合参保条件的人员，在同一时期内可参加一种基本医疗保险，其中非从业人员可以按规定转换不同的基本医疗保险险种。即参加职工医保的非从业人员也可转为参加城镇居民基本医疗保险或新型农村合作医疗；参加城镇居民基本医疗保险非从业人员也可以转为参加城镇职工基本医疗保险或新型农村合作医疗；参加新型农村合作医疗的法定年龄内的农民也可以转为参加城镇职工医保；农民工可参加城镇职工医保，也可以参加其他医保形式。为避免逆向选择的道德风险，政策规定，参保险种选择由低到高的，有6个月的待遇等待期，等待期内享受原医保待遇。

四是均衡待遇水平。为了扩大医疗保险受益面，提高参保的积极性，吸引更多的城镇居民参加医疗保险，对城镇居民增加门诊医疗保障，起付标准为300元，起付标准以上部分医疗费，个人负担约50%。

五是统一管理标准。加强医保信息化建设，规范基础数据管理，以职工基本医疗保险信息管理系统为基本架构，在此基础上加载新增人群的参保信息，统一技术标准。

六是完善配套办法。转变服务理念，注重服务延伸和服务下沉，充分利用街道社区的老师保障和医疗卫生服务平台，方便居民参保。加强医保监管工作，同步实施违规行为处理办法、检查考核办法等。为落实责任，加强管理，杭州市政府出台了社会保障责任目标考核办法，进一步明确各级政府的责任。

七是调整基金结构。城镇职工医保缴费基数的0.2%充实重大疾病医疗补助资金。同时，建立基本医疗保险调剂制度，从每年基本医疗保险费的腙抽资额中提取5%作为调剂基金，用与各类基本医疗保险基金之间的调剂，以防范基金风险。

2. 构建"人字形"体制探索管办分离的实现途径

近年来，我国的卫生体制改革实践中，出现了以山东潍坊为代表的"管办一体"模式和以上海、北京海淀、江苏无锡为代表的"管办分离"模式。两种模式都有其存在的价值和现实的理由，也都有其缺陷与不足。它们为杭州推进医疗卫生体制改革，构建"人字形"体制提供了宝贵的经验与启示。

第一，杭州构建"人字形"体制的基本背景。

一是潍坊"管办一体"模式。[1]鉴于公立医院的人财物分属有关部门管理，权力分散，责任不清晰。卫生行政部门不管人财引管事，对公立医院缺乏制约，很难体现政府卫生工作的基本职能。从某种意义上讲，公立医疗机构是政府职能的延伸，卫生行政部门不可能像工商、质检和药监部门一样，与医院成为一种纯粹的执法与被执法、监督与被监督的关系，必须实行"管办一体、权力归队"。所谓"权力归队"是指将原组织、人事、财政（国资）等部门分别面对医疗机构的权利，把医院院长原不该拥有的权利，

---

[1] 北京市公共卫生信息中心：《医改模式："管办一体"与"管办分离"（一）》，《中国卫生经济》，2006年第8期。

逐步地收归卫生局行使，实质上是一种原始权力的归位。其本质意义是，"谁的权利谁行使，谁的责任谁承担"。而"管办一体"则是指管办职能集于卫生局一身，但在内设机构上则按照"明确所有权、扩大经营权、强化监督权"的内在规律运作。这样，通过"一体"，保持了卫生事业的系统性，有利于沟通协调，避免内耗，提高了工作效率，降低管理成本；通过"权力归队"，组织、人事和财政等部门不再直接面对医院，卫生局也没有分设新的机构。这样，面对公立医院的就是卫生局一个机构，而且有利于做到指导、考核和监管等标准上的统一，使公立医院执行起来顺畅、平稳和有序。潍坊市卫生局在职能上相当于"一分为二"，即局内设机构在职能上进行大调整，在设置上进行重新编队。

（1）设置相对"外包式"机构。即将医院管理、卫生监督、疾病控制三大职能，分别赋予公立医院管理、疾病预防控制和卫生监督执法三个中心，由它们承担新体系的相应职能，其他科室在工作上重点倾向于三个中心。

（2）三个中心的支持机构。局机关的人事、财务、监察等科室重点倾斜于医院管理中心，即相当于医院管理中心的人力资源部、财务部、监察部，但也同时是其他机构、科室的服务性组织。潍坊市卫生局成立的总会计师管理办公室，在将来是医院管理中心的内设机构，在医院管理中心没有组建之前，承担着医院管理中心的大量职能。

（3）设有与三个中心"地位"相称的爱卫办（副县级）、红会办（副县级）、学会办、基妇科、120指挥中心等机构和科室。

（4）以上所有机构和科室的服务性科室。如办公室、政策研究室、机关服务中心等。这样的内设机构调整，加之科学的运行机制，承担着其他地方"一分为二"的职能，相当于两个机构"合二为一"。

此外，卫生局的其他医疗机构也进行了职能调整，比如把120指挥中心作为延伸性事业单位，代表卫生局行使院前急救监督管理职能，不再面对医政科，而是直接对局长负责。这样，潍坊市卫生局已经变成了一个由核心层、紧密层、半紧密层组成的管办一体、职能分离性质的卫生局集团。可见，潍坊模式的实质属于内部管办分离模式。

二是上海、无锡等"管办分离"模式。以上海为例，上海的医改历程，先是着眼于投融资体制改革，成立上海卫生事业国有资产经营有限公司和上海申康投资有限公司，实行企业化管理和市场化运作。早在2002年2月，为了"在卫生领域率先进行市级财力拨款改投资"，上海市国资委将卫生系统内的全部国有资产进行剥离，然后授权给新成立的上海卫生事业国有资产经营有限公司经营，该公司的资本总量按国资部门授权经营的部分计入。按照当时的设想，作为政府投资主体，申康公司将"逐步承担政府办医疗中的非营利性固定资产投资职能"，并从银行、企业等社会各界吸引投资，为医疗行业筹集资金。此外，根据卫生事业单位建设改造的需要，将现有存量国有资产经过评估后逐步投入到上海申康投资有限公司。同时，原有的上海国有资产经营有限公司将作为上海市政府对卫生系统增量投入的出资人。随着我国医改形势的发展,"管办分离"成为上海市政府2005年重要改革内容之一。2005年9月9日上海申康医院发展中心正式挂牌成立,这是上海市在医疗卫生领域推出的一项重大体制改革举措,标志着该市市级公立医疗机构"管办分离"改革工作正式启动。按照推进市级医疗机构管办分离改革的有关精神,新成立的上海申康医院发展中心是市政府设立的国有非营利性的事业法人,是市级公立医疗机构国有资产投资、管理、运营的责任主体和政府办医的责任主体。

一方面,申康医院发展中心受市国资委委托,承担投资举办市级公立医疗机构的职能,对市级公立医疗机构的国有资产实施监督管理,履行出资人职责,承担国有资产保值增效责任;另一方面,作为市政府的办医主体,申康医院发展中心将根据市政府的要求,坚持正确的办医方向,办好市级公立医疗机构,进一步提高市级医疗机构的整体水平,为患者提供质优、价廉的医疗服务。这意味着,申康管人,今后部分市级医院的人事任免归申康;申康管事,行使对医院的管理职能;申康也管资产,工作上轨道以后,资产化转工作也会进行,而且今后财政拨款都会从申康这个渠道走。"申康成立"最突出的好处在于:公立医院的国有资产可以在市级医院自由调配,合理配置资源。原本卫生国有资产是固化在医院的,现在可以把死钱变成活钱。

在此次管办分离改革中,申康投资有限公司的人员将被划到中心下面,公司今后仍然是中心投融资的一个平台。申康的级别配置是正局级(卫生局也是正局级),申康不对卫生局负责,但遵守卫生局制定的规章制度和行业管理安排。下设规划发展与绩效评估部、资产监管部、投资建设部、医疗事业部、财务部、办公室等8个部门,核定编制50多人。旗下拥有上海20多家市级公立医院,总盘子超过100亿元,其中不乏瑞金医院、华东医院这样资产过亿元、全国知名的大医院。改革后,市卫生局作为主管全市卫生工作的政府组成部门,除继续全面履行公共卫生管理职能(包括直接举办部分公共卫生机构),还将进一步全面强化对全市医疗卫生行业管理的职能,今后的工作重点也将放在加强宏观调控、规划管理、政策制订、准入管理、质量监控、信息发布、监督执法和为本市卫生改革及医院发展创造公平、规范的良好环境上。

"管办一体"与"管办分离"模式的核心都是转变政府职能,即重点强化宏观调控职能、公共卫生职能、开放市场职能和行业监管职能。其意义在于:(1)从根本上打破过去"政事不分、管办不分"的格局。摆脱以往政府既办又管,办又办不好,管又管不了,既当运动员又当裁判员的尴尬局面。(2)加强卫生全行业管理。改革后的卫生局从"总院长"的位置上换下来,只作为一个卫生主管部门,对卫生事业进行全行业管理,即从大卫生、全局的角度来管。(3)把公共卫生和基本医疗摆到了更加重要的位置。主要抓社区卫生、农村卫生和传染病防治,更多地考虑其他公益性机构如血站、急救、疾病控制和卫生监督等机构的建设以及它们与医院的协调等。(4)强化了卫生行政部门的准入和监管职能。依据有关法律、法规,对医院进行监督执法。卫生局对医院的监管手段主要有 4 个，即执法监督、行政管理、准入制度和公共卫生考核。（5）推进公立医院改革。经过职能转变，由于剪断了与所属医院的"利益链条"，使得卫生行政管理的公平性大大提高。对于公立医院不规范行为的惩治不再患得患失、"板子高高举起，轻轻落下"；对于民营医院、外资医院和基层医院也不再是"一娘两待"、"冷热有别"。

目前面临的主要问题是：

（1）相关配套政策法规缺失。要达到改革的目的，"管办分离"职能要分得清，"管办一体"机构要分得明。在"管办分离"分设机构的前提下，面临的突出问题是原卫生局和新设机构职能上的"分离"。无锡市的有关人员曾提出，"医管中心和卫生局之间关系的梳理、管理权限的划分，是最难的事情。""卫生部下发的所有文件、行政法规中，都规定医院的管理权限归卫生局。现在强调依法行政，中心管什么不管什么就很难界定"。"下改上不改，卫生部卫生厅没有改，上面工作的规范、程序都是按卫生行政主管部门逐级部署下来的，上面一条线，下面就成了两条。这种运作的模式，跟上面是不对接的，在本地也有一个习惯的改变问题。""这个矛盾在无锡还不是很突出，因为管理中心三分之一的人员来自卫生局，协商起来比较容易，但是以后怎样很难说。上海的申康以事业单位之壳，行医疗国资委之实，也面临着同样的问题。"

（2）如何合理设置"代理"机构。区分出了政府与市场的着力点，还应合理设置其"代理"机构，这就提出了是"管办一体"还是"管办分离"的问题。管办分离的一个理论基础是政事分开，目的是明确公立医院产权，扩大公立医院的经营权提高行政效率。一个必然的趋势是机构分设。其假设前提是，集政事于卫生行政部门一身，就不可能实现管办职能上的分离。但现实中一个普遍的现象是，一提重视就增编制、提工资，一提需要就设机构、扩队伍。自建国以来，原本在卫生行政部门的职能随着不断的"重视"和"需要"，已经分设出了出入境食品卫生检验、环境保护、计划生育和食品药品监管等机构，医疗保险划到了劳动保障部门，而近几年在职业卫生、保健品和化妆品等职能上与有关部门理扯不清。即使在卫生行政部门内部，中医药管理机构成为二级机构，现在卫生监督、疾病控制又成了相对意义上的二级机构。仅为了处理之间的关系，协调事务，就占用了相当大的人力、财力和精力。政府的卫生职能当然通过卫生行政部门来行使。但市场对于公立医院的作用，是否必须依靠分设新机构来行使应进一步加以探索和研究。

（3）模式各有"适应症"，不应盲目照搬。以无锡医改为例，无锡在探索医改时曾到同样实行管办分离的香港取经，但无锡并没有套用香港模式。原因很简单，香港医管局是一个独立的非营利机构，由董事会管理。董事会包括各种利益群体的代表，平等地行使职权，医管局的总经理是由董事会聘任的。医管局赢利后，董事们都是志愿者身份，并不分红。这样的西方公司制治理模式虽好，但无法在现阶段的中国套用，就是勉强推行，效果也未必好。最后，无锡还是研究出了适合自己的"管办分离"。无锡"管办分离"改革是一种医改创新，而这又是在无锡这样的富裕地区进行，其改革有健全的医保体系做支撑,并非任何地区拿来就能适用的。因而,在借鉴已有模式的同时,各地如何依据客观实际探索出适合的改革创新模式,还是尚待研究的课题。实际上,"管办一体"与"管办分离"两种模式各有利弊。上级主管部门应该正确面对、鼓励并支持两种模式乃至更多有益的尝试和实践,努力促进我国的卫生体制改革的不断深入开展。

第二,构建"人字形"体制结构,推进名院集团化办医。

鉴于上海、无锡等地"管办分离"模式存在诸多现实问题,而政事分开、管办分离又是医疗卫生体制改革的必然趋势,杭州市委、市政府权衡利弊,决定在推进名院集团化战略过程中,创新行政管理体制,实行"人字形"的体制。这是一种兼顾管办分离发展要求和卫生行政体制现状及管理便利,同时又能达到资源整合与倍增效益的过渡性体制安排。

所谓"人字形"结构,即由市卫生局党委统一领导,市卫生局履行行政管理职能,市卫生事业发展中心负责新医院建设和营运。这就是说,在"人字形"结构下,市卫生局和市卫生事业发展中心不是完全分开,而是由市卫生局党委统一领导,承担各自的管理职能。市卫生事业发展中心,不仅要负责管理6家新建医院,而且在整个建设过程中,要确保"五保"、"四集中"。"五保",就是要做到保质量、保进度、保安全、保稳定、特别是保廉洁;"四集中",就是所有的设计、建设、监理单位都要做到领导集中、人员集中、设备集中、资金集中,以完成预期目标。当然,市卫生事业发展中心的功能并不仅仅是兴建和监管这六所医院,而是具有管办分离发展空间、承担国有资产保值增值功能的一种制度安排。

根据杭州市机构编制委员会《关于杭州市卫生事业发展中心职能配置内设机构和人员编制规定的通知》杭编[2007]168号规定,杭州市卫生事业发展中心为杭州市卫生局管理的相当于副局级事业单位。其主要职责有四项:(1)承担市本级卫生系统新建项目的基本建设及建设中的融投资工作。(2)受委托承担市本级卫生系统公立医疗机构国有资产的监督管理工作,推进国有资产进退盘活,提高资产运作效益。(3)以投资主体身份参与多元化办医,促进公益性卫生事业的多元化、多层次化发展。(4)承担市卫生局交办的其他工作事项。目前,杭州市卫生事业发展中心事业编制15名,其中,单位领导职数2名,中层领导职数6名,其经费形式实行财政补助。[1]

五、杭州推进卫生大部制改革的政策启示

从"四改联动"改革到推进"三医合一",创建"人字形"体制结构,杭州医疗卫生体制改革已经跨出了关键的一步。从大部制改革的视域下,其创新意义体现在:见图13-3。

---

[1] 杭州市机构编制委员会:《关于杭州市卫生事业发展中心职能配置内设机构和人员编制规定的通知》杭编[2007]168号,2007年11月4日。

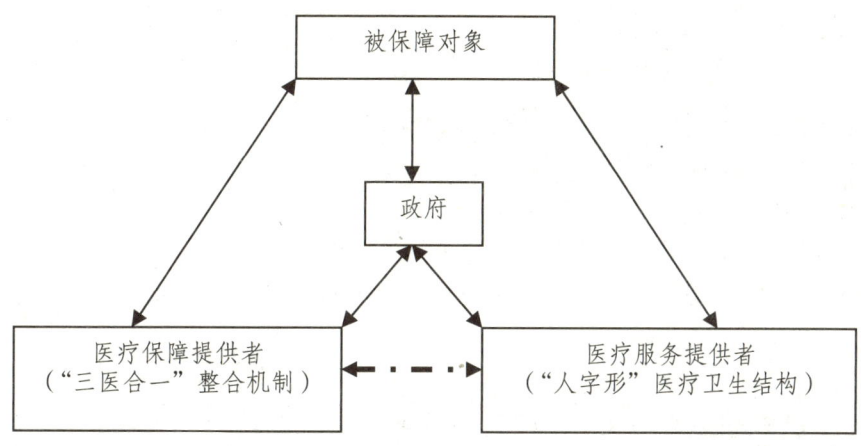

图 13-3 杭州医疗卫生体制创新

1. 杭州医疗保障"3+1"框架的确立,有利于强化医疗服务监管,切实发挥受保方代理人的作用

杭州"三医合一"体制的确立,解决了城镇职工基本医疗保险、新型农村合作医疗、城镇居民基本医疗保险和城乡困难人群医疗救助的部门分割状态,实现了医疗保障资源的有效整合;尤其是把新型农村合作医疗纳入"三医合一"体制框架,明确了其医疗保险的本质属性,从而也有助于确立医疗保险"第三方"支付作用,这对于强化对定点医疗机构医疗服务行为,防范医患双方的道德风险,强化基金监管具有重要意义。因此,杭州新的医疗卫生体制框架的确立,对于切实维护受保方的合法权益,发挥医疗保险经办机构的代理人作用提供了制度保障。

2. 杭州卫生"人字形"结构的确立,有利于优化公立医院运行机制,形成决策、执行、监督既相对独立又相互制约的关系

卫生局党委领导下的"人字形"体制结构的确定,使得卫生局党委、卫生局及卫生事业发展中心与公立医疗机构之间形成了类似于决策、执行、监督功能既相互独立又相互制约的内部运行机制。一方面,局党委作为全市卫生事业发展的决策中心,发挥领导决策功能,履行行政管理职能的市卫生局与受委托承担市本级卫生系统公立医疗机构国有资产监督管理工作的市卫生事业发展中心,分别发挥全市医疗机构特别是公立医院的监管工作,而实行董事会领导下的公立医院则成为自主经营的非营利国有控股股份制医院,成为医疗服务市场上平等的竞争者和服务提供者。作为医疗服务提供者,它同时也受到医疗保险机构和社会其他方面的有力监督与制约。因此,"人字形"结构的确立,作为公立医院管办分离改革的一种过渡性形式,是卫生大部制改革的一种积极探索。

3. 杭州医疗卫生体制改革与创新，也有利于强化顾客导向，促进卫生大部制的建设进程

目前，国内许多学者认为，推进卫生体制改革，需要建立部门间的协调机制或整合成立统一的部门。因此，认为成立统一的国家健康委员会，把所有与医疗卫生相关的职能统筹协调起来，有利于清晰地授权和问责，避免职能交叉和部门间的利益冲突，把有限的行政资源用到刀刃上；认为把"收钱的部门"和"花钱的部门"合起来，由一个部门统筹资源配置，协调各个方面的监督和管理，目标一致、手段一致，易于问责。[1]这就是说，要在国家层面上建立大卫生部，把所有涉及防和治、医和药、服务和保障、中医和西医等职能都整合进一个部门。

这种看法是不切实际的。因为，推进大部制改革的核心思想是为了推进服务型政府建设，更好地满足公众对政府公共服务的需求。如果建立了超级大部委，而没有转变政府职能，没有形成权责一致、分工合理、决策科学、执行顺畅、监督有力的行政管理体制，仍然坚持管制性思维，则非但不能改善公共服务品质，反而强化了官僚体制和官僚习气，诱发权力腐败，从而与人民群众的意愿背道而驰。建立卫生大部制并不等于要构建一个超级卫生部，而是要强化卫生管理与医疗服务机构的顾客导向和服务意识，以便更好维护广大被保障对象合法权益，切实解决其看病难、看病贵问题。

4. 卫生大部制改革是个逐步实现的过程，杭州医疗卫生体制改革只是推进卫生大部制改革的重要一步

从图 13-3 可知，按照完善的医疗卫生体制的要求，杭州目前的医疗卫生体制仍然是不完善的。其主要缺陷有二：

一是"人字形"体制结构只是卫生内部管理运行机制创新，离规范的政事分开、管办分离、医药分开的改革目标还有很大距离，它只是一种阶段性成果。

二是在医疗保障机构与医疗服务机构之间仍没有形成严格的规范的监督制约关系，尤其是医疗保障机构本身也没有真正实现管办分离，还没有实现真正的"第三方支付"。而且，在药品监管部门整体并入卫生部门后，如何解决医药分开，切实保障人民群众就医用药的权益，还有待于进一步观察。

---

[1] 中国社会科学院医改课题组：《从管办分离到大部制是本轮医改成功的组织保障》，中国经营报，2008 年 11 月 15 日。李玲：《医疗卫生大部制符合国际发展趋势》，第一财经日报（上海），2008 年 1 月 15 日。孟庆普：《"大卫生部"：从体制上为医改铺路》，http://health.fzbm.com/news/html/20084116114211267.html。

后 记

我在大学里学的是政治教育，硕博期间学的是政治学和行政管理，与社会政策没有多少直接关系。我涉足社会政策问题研究纯属机缘巧合。1994年，我在杭州师范大学政治系工作期间，应邀参加了时任人口研究所所长李南寿教授主持的杭州市科委软科学课题"杭州市欠发达乡村的人口、经济、社会问题与发展对策研究"，而后又加入了该所黄公元教授主持的国家教委"八五"规划课题"不发达乡村人口经济社会问题与发展对策研究"。正是在两位前辈大师的引导和帮助下，我逐渐产生了对于贫困问题以及其他社会政策问题的兴趣。1998年我发表的论文《论城市扶贫与制度创新——浙江省城镇贫困层问题浅析》获浙江省"五个一"工程奖。这进一步激发了我研究社会政策问题的热情。虽然我工作单位几经变动，研究重心也从贫困问题转向了老龄问题、医疗卫生问题等，但对于社会政策问题的关注一直持续至今。这里请容许我对两位前辈表示由衷的敬意和感谢！

1995年我调入中共杭州市委党校工作。由于在党校工作的便利和重视社会调查的立校传统，特别是受党校浓厚的政策研究氛围的影响，我在党校工作的十多年里，先后完成了各类研究项目20多项，其中省级及以上项目9项，市级项目16项，大部分是对于杭州社会政策问题的观察和思考。本书就是在这些研究成果的基础上，经过修改整理而成的。根据研究主题分成四编13章，其中，养老服务政策3章、健康服务政策4章、社会救助政策3章和相关的公共服务体制与激励机制3章。

虽然我现已离开党校、离开杭州，但是党校工作的十多年，无疑是我人生中最宝贵、最拼搏、也最值得回顾的几年。本书的出版主要是为了给自己一个交代，给过去的努力一个总结，也是对杭州市委党校多年培育的一点感恩。同时我还要感谢所有帮助过我的前辈、老师、同事和合作伙伴，感谢浙江省老龄办，杭州市卫生局、市民政局、市老龄办、市人力资源和社会保障局、市发改委等部门领导的大力支持。最后还要感谢我的家人多年来对我工作和事业上的理解和帮助。